TRAITÉ ÉLÉMENTAIRE

THÉORIQUE ET PRATIQUE

DES FONCTIONS DE LA POLICE JUDICIAIRE

DE LA POLICE ADMINISTRATIVE ET MUNICIPALE

A L'USAGE

DE LA GENDARMERIE.

Cette petite ENCYCLOPÉDIE, car tel est son véritable titre, renferme, dans un ordre qui en rend l'étude facile, tous les éléments propres à guider les militaires de *tous grades* de la Gendarmerie dans l'application intelligente, approfondie et sérieuse de leur service.

Ce livre s'offre aux officiers de l'armée et particulièrement à ceux dont l'intention est de passer dans le corps de la gendarmerie ; ils y puiseront les connaissances qui les mettront à même de se présenter à l'examen avec un succès incontestable.

DIVISION DE L'OUVRAGE.

2ᵉ ÉDITION.

Revue, corrigée et notablement augmentée.

TRAITÉ ÉLÉMENTAIRE

THÉORIQUE ET PRATIQUE

DES FONCTIONS DE LA POLICE JUDICIAIRE

DE LA POLICE ADMINISTRATIVE ET MUNICIPALE

A L'USAGE

DE LA GENDARMERIE,

DES FONCTIONNAIRES ET AGENTS DE L'ORDRE JUDICIAIRE,

ADMINISTRATIF ET MUNICIPAL

Par M. NADAU DE LA RICHEBAUDIÈRE

Chevalier de la Légion d'honneur

CAPITAINE DE GENDARMERIE EN RETRAITE.

PARIS,

LÉAUTEY, IMPRIMEUR-LIBRAIRE,

Rue Saint-Guillaume, 23.

1863

UN MOT SUR L'EXERCICE EN GÉNÉRAL

DU MAINTIEN DE L'ORDRE PUBLIC.

———

Un peuple voisin, a dit M. Cere dans son *Manuel de police judiciaire*, donne au monde l'exemple du calme maintenu sans soldats dans des villes immenses, et de l'ordre assuré par les citoyens.

La police bien faite est le chef-d'œuvre de la civilisation, a dit un philosophe du siècle dernier.

Pourquoi n'en est-il pas de même dans notre pays? Pourquoi, en France, au lieu de venir en aide aux fonctionnaires, aux agents chargés d'assurer la sûreté publique, est-on peu disposé, généralement, à prêter le concours auquel la loi oblige?

C'est que ce peuple voisin ne confond pas la police chargée de surveiller les complots et les réunions dangereuses avec la police de sûreté qui prévient les accidents, réprime les délits et les crimes, assure le maintien de l'ordre, la libre circulation, et prend toutes les mesures utiles de salubrité.

Dans notre pays, au contraire, l'opinion publique fait une confusion complète ; que la police s'appelle judiciaire, administrative et municipale, c'est toujours, aux yeux du vulgaire ignorant, l'espionnage se préoccupant plus de surprendre le secret des individus que de les protéger dans leurs intérêts légitimes. On ne saurait trop combattre un préjugé et une erreur dont les résultats sont funestes à la société.

Dans tous les temps, sous tous les gouvernements, sous les règnes des meilleurs princes, il y a eu des complots et des agitations qui, agissant dans l'ombre, ont dû, dans l'intérêt de tous, être surveillés dans l'ombre, afin de ne porter aucune inquiétude au sein de la population tranquille et laborieuse. Tous les gouvernements ont donc nécessairement une police préventive, secrète, chargée de surveiller les complots et leurs fauteurs ; mais cette police salutaire ne doit inspirer de crainte qu'à ceux qui conspirent, et on peut facilement deviner quels sont les lieux où elle étend son action. — Pour faire le bien, il faut poursuivre le mal.

La police judiciaire, la police administrative, la police municipale et sanitaire, n'ont rien de commun avec la police dont il est question.

La police judiciaire recherche les crimes, les délits et les contraventions ; elle en fait punir les auteurs et

leurs complices; elle protége, par conséquent, les citoyens dans leurs personnes et leurs propriétés.

La police administrative et municipale surveille et
protége tous les intérêts généraux et particuliers; sa
mission spéciale, exclusive, est d'empêcher tout ce qui
peut nuire, et de prescrire, au contraire, tout ce qui
peut être utile à la masse des intérêts moraux et matériels. L'exercice des fonctions de la police judiciaire,
administrative et municipale, est attribué à des magistrats au nombre desquels sont placés, à des degrés
divers, les officiers, sous-officiers et gendarmes.

TRAITÉ ÉLÉMENTAIRE ET PRATIQUE

DES FONCTIONS

DE LA POLICE JUDICIAIRE

DE LA POLICE ADMINISTRATIVE, MUNICIPALE, ETC.

A L'USAGE

DE LA GENDARMERIE.

— ⸺⸺✦⸺⸺ —

> La gendarmerie est une des plus pures émanations de la loi.
>
> Il y a deux choses bien distinctes dans le gendarme qui agit; son caractère moral qui dérive uniquement de la loi, et le signe extérieur qu'elle lui attribue comme avertissement, comme marque de son caractère moral et public.　　N. D. L. R.

DE LA POLICE JUDICIAIRE.

CHAPITRE 1er.

Distinction des faits punissables.

Les mauvaises actions humaines dont s'occupe la justice répressive sont divisées en trois catégories, les *crimes*, les *délits* et les *contraventions*.

Les *crimes* sont les méfaits qui peuvent être punis des peines suivantes : la mort, les travaux forcés à perpétuité ou à temps, la déportation, la détention, la réclusion, le bannissement et la dégradation civique.

Les *délits* sont les mauvaises actions qui peuvent être punies d'un emprisonnement de plus de cinq jours ou d'une amende de plus de quinze francs.

Les *contraventions* sont les faits qui donnent lieu à un emprisonnement de moins de six jours ou à une amende de moins de seize francs.

Faits punissables; par qui constatés.

Les faits punissables doivent être constatés par les officiers de police judiciaire et par les agents auxquels les lois ont dévolu ce pouvoir.

La police judiciaire a pour objet de rechercher et constater les crimes, les délits et les contraventions. Elle est nommée police judiciaire par opposition à la police administrative.

La police administrative tente de prévenir le mal ; la police judiciaire le constate et en recher les preuves, afin que les auteurs en soient punis.

La véritable utilité des officiers de police auxiliaires et des agents de la force publique existe dans le droit de dresser des procès-verbaux contre tous les faits punissables qui arrivent à leur connaissance, qu'il y ait ou non flagrant délit ; et plus ces faits sont graves, plus la constatation en est nécessaire. Il ne peut y avoir d'exception à cette règle que pour le cas où la loi s'oppose spécialement à telle ou telle constatation. Ainsi, par exemple, hors le flagrant délit (réputé crime), l'officier de gendarmerie et les gendarmes ne peuvent faire de visites domiciliaires ni entendre des témoins par prestation de serment, ni se transporter sur les lieux pour s'y livrer à une enquête, à moins de mandats spéciaux. Ces prohibitions spéciales, d'ailleurs énoncées aux art. 248 et 615 du décret du 1ᵉʳ mars 1854, doivent être respectées; mais tout ce qui n'est point ainsi textuellement défendu, peut et doit être fait.

Il est de règle générale que les officiers, sous-officiers et gendarmes n'ont point à s'occuper, lorsqu'il s'agit de *constatations*, du point de savoir quelle valeur leurs procès-verbaux auront en justice.

C'est aux tribunaux chargés de juger, d'apprécier et de distinguer, selon les art. 154, 189 et 342 du Code d'instruction criminelle, ce qui est renseignement ou preuve. Quant aux rédacteurs de ces procès-verbaux, leur devoir est de se borner à constater ce qu'ils voient et ce qu'ils entendent.

De la forme et du contenu des procès-verbaux.
Rédaction.

La loi ne trace point de forme pour la rédaction des procès-verbaux, c'est-à-dire qu'elle n'impose pas l'obligation d'adopter telle ou telle formule. En toute espèce de rédaction, ce qui est le plus clair est le meilleur. C'est la principale règle à observer.

Ils ne sont point annulés pour vice de forme
(art. 498 du décret du 1ᵉʳ mars 1854).

La loi du 28 germinal an VI, l'ordonnance du 20 octobre 1820 et le décret du 1ᵉʳ mars 1854 qui réglemente aujourd'hui le service de la gendarmerie, ont successivement consacré ce principe, que les procès-verbaux rédigés par les militaires de cette arme, en exécution des lois, ne pourraient être annulés pour vice de forme.

Ce qui ne dispense pas d'observer un certain ordre dans leur rédaction.

Si c'est une maxime au Palais que la forme emporte le fond, la maxime directement contraire devient la véritable lorsqu'il s'agit de procès-verbaux qui ont pour but d'assurer l'exécution des lois répressives protectrices des intérêts de la société.

La vérité, c'est le procès-verbal, mais encore faut-il que cette vérité soit énoncée avec clarté, concision et un certain discernement; que les faits articulés y soient groupés, cousus, rangés dans un ordre aussi logique que possible, de façon qu'à la première vue, qu'à la simple lecture du procès-verbal, le ministère public puisse facilement saisir les éléments de culpabilité indispensables aux poursuites à diriger.

Du procès-verbal. — Sa division.

Toute infraction aux lois, décrets, arrêtés, doit être relevée par un procès-verbal.

Tout procès-verbal dressé par la gendarmerie se divise dans sa rédaction en trois parties distinctes :

La formule initiale, comprenant la suscription et le préambule;

La narration, qui est la reproduction fidèle de ce qu'on a vu, entendu ou touché;

La formule finale, comprenant la solution, la date et la signature des rédacteurs du procès-verbal.

Les procès-verbaux ne peuvent être faits sur simples renseignements.

On ne doit pas rédiger des procès-verbaux de contravention sur de simples renseignements ou sur des rapports de quelque personne que ce soit, car un tel procès-verbal serait radicalement nul; il renfermerait même un véritable faux, si, n'y mentionnant pas qu'il est rédigé sur de simples renseignements ou rapports, les gendarmes paraissaient avoir personnellement constaté la contravention.

Les procès-verbaux des sous-officiers et gendarmes peuvent se partager en sept classes.

La 1re classe. — Les procès-verbaux constatant des infractions aux lois sur le régime des douanes et des contributions indirectes, sont crus jusqu'à inscription de faux. L'assistance au moins de deux gendarmes est nécessaire. Ces procès-verbaux sont assujettis à des formalités particulières.

La 2e classe. — Les procès-verbaux constatant des infractions édictées par le décret du 1er mars 1854 et aux lois, donnant à la gendarmerie un pouvoir particulier, sont crus jusqu'à preuve contraire des délits ou contraventions prononçant des peines de police ou correctionnelles.

La 3e classe. — Les procès-verbaux rédigés dans le cas d'arrestations spontanées, telles qu'arrestations de mendiants, de libérés en rupture de ban, etc., etc.

La 4e classe. — Les procès-verbaux dressés lorsqu'il s'agit de crime ou délit flagrant nécessitant le transport immédiat sur les lieux des officiers de police judiciaire. Ces procès-verbaux sont considérés comme dénonciations officielles, ou renseignements des faits qu'ils rapportent.

La 5e classe. — Les procès-verbaux établis en

vertu de formules exécutoires émanant des officiers de police judiciaire.

La 6ᵉ classe. — Les procès-verbaux ne rendant qu'un compte sommaire des opérations qui ont eu lieu par suite de la main-forte prêtée aux agents auxquels les lois confèrent ces droits.

La 7ᵉ classe. — Comprend, sous la dénomination de procès-verbaux ou rapports transmis à l'autorité administrative, les abus, dérogations ou transgressions aux règlements en matière de grande voirie, de conduite des détenus par la voie cellulaire, de convois de militaires marchant isolément, etc.

Les procès-verbaux de ces cinq dernières classes ne sont assujettis à aucune formalité fiscale; ils sont exempts de toute formalité.

Suppression du pluriel pour désigner une seule personne.

Dans les procès-verbaux de toute nature, il est indispensable d'indiquer, par son nom, ou, dans tous les cas, par sa qualité, l'agent ou l'officier de police judiciaire rédacteur. — Il est d'un usage fort général que ce rédacteur se désigne au pluriel, et qu'ainsi, par exemple, il écrive *devant nous*, au lieu de *devant moi*. — On n'entrera ici dans aucun examen de l'origine et des causes de cet emploi du pluriel au lieu du singulier. Que ce soit dans la bouche d'un souverain un moyen d'adoucir la rudesse des mots : *je veux, j'ordonne*, ou d'annoncer que la volonté du monarque est fondée aussi sur l'avis de ses conseillers ; que ce soit de la part d'un simple fonctionnaire un moyen d'augmenter son importance, et de se représenter comme ayant plus de savoir ou de pouvoir qu'on n'en suppose en une seule personne, peu importe; la vérité est que l'usage est établi, et que la plupart des fonctionnaires le suivent sans réflexion, par cela seulement qu'il existe.

Il semble qu'il est toujours temps d'abandonner un usage que la raison n'approuve pas. Dans le style écrit, comme dans le style parlé, le mieux est d'être simple. Cette vérité s'applique surtout aux actes judiciaires. Déjà le style des procès-verbaux et des rapports des militaires de la gendarmerie est purgé d'une foule de mots dont la bizarrerie paraissait, pour beaucoup d'entre eux, faire partie essentielle de la science de rédaction (1).

Quelques hauts fonctionnaires de la magistrature ont déjà abandonné le mot *nous*. Ils seront probablement imités. Je crois que les officiers de gendarmerie et les sous-officiers et gendarmes feront bien de renoncer aussi à ce mot. Un officier de gendarmerie peut dire : *Devant moi... s'est présenté*, etc., au lieu de dire *devant nous*, sans rien enlever à l'importance de ses fonctions. Cette expression sera plus naturelle, et aura l'avantage, en outre, de rendre la rédaction plus facile, en évitant les difficultés que présente souvent, dans une narration, l'emploi des pronoms au pluriel pour désigner une seule personne.

_____

(1) On voit journellement employer dans les rapports ou procès-verbaux la conjonction QUE après les verbes *informer*, *avertir*, *instruire*, *rendre compte*, *prévenir*, *faire savoir*, *faire connaître*. C'est une incorrection: on informe *de*, *sur* ou *contre*; on avertit, on instruit, on prévient, on rend compte *de*; on fait savoir *à*; on fait connaître *un*.

*Formule de procès--verbal constatant une déclaration,
une plainte ou une dénonciation.*

« Aujourd'hui (*date*), devant moi (*prénoms et nom*
« *de l'officier, son grade*), s'est présenté le sieur
«   qui m'a fait la déclaration (ou la
« plainte, ou la dénonciation suivante.... »

Formule de procès-verbal constatant un fait.

« Aujourd'hui (*date*), sur les renseignements qui
« m'ont été donnés, ou sur l'invitation de...., ou
« d'après la clameur publique, moi (*prénoms, nom et*
« *grade de l'officier*), me suis transporté (*en tel lieu*),
« et j'ai constaté ce qui suit...., ou bien, j'ai trouvé,
« etc. »

Rédiger les déclarations à la première personne.

Il faut toujours rédiger les déclarations à la première personne, c'est-à-dire faire parler le déclarant
lui-même. Si l'on se sert de la forme suivante : *lequel*
a dit qu'*il* a vu.... *qu'il lui a*, etc., on se jette dans
des constructions amphibologiques telles, qu'il devient
fort difficile pour le lecteur de comprendre à qui les
il, les *qui* et les *que* se rapportent. En faisant parler
le déclarant à la première personne, ces embarras disparaissent. L'officier de gendarmerie et les sous-officiers et gendarmes, après les mots : « S'est présenté
« le sieur..., qui m'a fait la déclaration suivante »,
écriront donc la déclaration comme elle leur est faite,
c'est-à-dire : « Tel jour on *m'a* volé telle chose, ou

« j'ai été attaqué en tel lieu, par tel homme, ou *j'ai*
« vu tel homme attaquer tel autre, etc. »

Rédiger en bon français, mais conserver tous
les termes importants.

S'il est vrai qu'il faille faire parler les plaignants,
déclarants et témoins à la première personne, on n'entend pas dire par là qu'on doive employer dans la
rédaction le langage de ceux dont on reçoit les déclarations ; et on croit qu'il est permis, sans qu'on puisse
être accusé d'altérer la vérité, d'écrire en français ce
qui est énoncé en un idiôme plus ou moins éloigné de
la pureté de notre langue. — Cependant il est certaines expressions qu'il faut bien se garder de changer
ou d'affaiblir par des équivalents. Une fausse délicatesse de style, ou un sentiment de pudeur inopportun,
ne doit pas être écouté à l'égard de tout ce qui est
véritablement utile. Ainsi, de même qu'il serait évidemment déplacé d'insérer dans une déclaration les
j'avons ou les *juremens* d'un plaignant ou d'un témoin, de même, ou plutôt, bien plus encore, on aurait
tort de ne pas écrire textuellement, malgré leur gros-
sièreté, toutes les expressions rendant avec exactitude
ce qui s'est passé dans l'exécution du délit ou du crime,
ou dans les menaces, ou révélations, qui l'ont précédé
ou suivi. S'il est des mots qu'on n'ose pas écrire, on
peut avoir recours aux lettres initiales. Mais il vau-
drait mieux tout écrire en toutes lettres que de laisser subsister de l'incertitude sur un point important.
— Il faut bien supporter la lecture de tout ce qui peut
éclairer la justice, dans des matières où il s'agit, non
d'être élégant et pur dans la forme, mais d'être rigoureusement exact au fond. — Un procès-verbal doit

être le narré fidèle de ce qu'on a vu et entendu. Il fait
foi en justice des faits matéri... que l'on peut constater par l'usage des sens. En un mot, il faut savoir
écrire ce que la loi sait punir, et que les tribunaux
doivent juger.

Éviter l'emploi fréquent de certains mots.

Dans un grand nombre d'actes judiciaires ou autres,
il est d'usage d'employer souvent les mots *ledit, ladite, lesdits*. Peut-être ne serait-il pas facile à tous
les rédacteurs de se passer entièrement de ces mots,
qui sont souvent cependant d'une fatigante inutilité.
Mais il est à désirer au moins que l'usage en soit le
plus rare possible.

Clôture, mentions.

Les sous-officiers et gendarmes, présumant qu'il
est convenable de terminer leurs actes d'une manière
qui sente la pratique, adoptent parfois une formule à
peu près semblable à celle-ci : *De tout quoi,* ou *de
tout ce que dessus nous avons dressé le présent procès-verbal pour servir et valoir ce que de raison.* Ces
formules sont assurément sans inconvénient. Cependant il est mieux, comme on vient de l'indiquer, de ne
rien dire d'inutile et de parler français. Un procès-
verbal, comme toute chose en ce monde, est toujours
destiné à *servir et valoir ce que de raison,* c'est-à-dire,
à servir à quelque chose ou à ne servir à rien. La
formule n'est donc sous ce rapport qu'une évidente
inutilité. — Quant au *tout quoi* ou au *tout ce que dessus,* c'est une vieillerie bizarre, dont il faut débarrasser

le style des procès-verbaux, qui ne doit pas être autre que le style français.

Les procès-verbaux se terminent naturellement.

Les procès-verbaux se terminent naturellement, sans qu'il soit besoin de formule, par la fin du récit. Seulement il est à propos d'y placer la mention, s'il s'agit d'une déclaration reçue, qu'il en a été donné lecture au déclarant, afin que ce déclarant sache bien comment ce qu'il a dit est rendu; et aussi la mention que les personnes appelées à signer ont signé, ou ne savent pas signer (1)

Différence entre la dénonciation et la plainte.

Il y a entre la dénonciation et la plainte, qu'on ne doit pas confondre, cette différence que le droit de dénonciation appartient à tout citoyen qui a connaissance d'un attentat soit contre les personnes, soit contre les propriétés, et devient pour lui un droit civique, tandis que pour être admis à rendre plainte, il faut avoir tout à la fois, un intérêt direct, un droit réel et actuel à la constatation du crime ou du délit, lorsqu'il existe, et à en poursuivre la réparation.

On peut diviser en deux parties le droit de dénoncer les crimes et les délits : 1° le droit qui appartient à tout fonctionnaire public, qualifié de dénonciation *officielle*; 2° et l'obligation imposée à tous les citoyens, autrement dit dénonciation *officieuse*.

(1) La gendarmerie a adopté une formule à la fin du récit; on doit la suivre.

Plaintes, dénonciations. — Main étrangère.

Les règles relatives aux dénonciations sont conte-
nues dans l'art. 31 du Code d'instruction criminelle
placé dans le chapitre des procureurs impériaux, et
dans les art. 243, 244, 245 et 246 du décret du
1er mars 1854. Celles relatives aux plaintes sont
énoncées dans les art. 63 et 65 du Code d'instruction
criminelle au chapitre des juges d'instruction, 243,
244, 245 et 246 du décret précité. Mais ce classement est sans importance. La vérité, du reste, est
que les dénonciations et plaintes sont aussi portées
devant les officiers de gendarmerie. Les art. 40,
50 et 53 du Code d'instruction criminelle, et les
art. 243 et suivants du décret du 1er mars 1854 le
disent formellement pour les dénonciations, et l'article 243 du même décret pour les plaintes (1).

Les officiers de gendarmerie se rappelleront donc
que les dénonciations et les plaintes doivent être ré-
digées par eux (2), s'ils en sont requis (art. 31 et 65
du Code d'instruction criminelle et 247 du décret du
1er mars 1854), ou par les dénonciateurs, les plaignants ou leurs fondés de procuration spéciale.

Cette obligation imposée aux officiers de gendarmerie de rédiger, s'ils en sont requis, n'est pas une

---

(1) La *dénonciation* est la déclaration faite par celui qui
n'a point à souffrir personnellement du fait dénoncé. La
plainte est la déclaration de la partie qui a souffert dans
sa personne ou sa propriété.

(2) Les sous-officiers et gendarmes n'étant point officiers
de police auxiliaires du procureur impérial, n'ont point qualité pour recevoir les plaintes ni les dénonciations.

obligation d'écrire eux-mêmes. Ainsi, rien ne s'oppose, s'ils ont l'habitude ou le besoin de se servir d'une main étrangère, à ce qu'ils l'emploient en cette occasion comme en toute autre (1).

Mais la loi leur impose d'une manière impérative l'obligation de recevoir les dénonciations et plaintes, et, à moins qu'il ne soit très-évident que le fait qu'on leur dénonce ou dont on se plaint ne constitue ni crime ni délit, ils doivent déférer à la réquisition qui leur est faite. Ils ne peuvent s'en dispenser, sous peine de commettre un véritable déni de justice, lors même qu'on ne leur présente ni preuves ni témoins du fait dénoncé, que les auteurs sont totalement inconnus, ou que le délit ne paraît pas d'une gravité suffisante pour être poursuivi.

Nécessité de rédiger les déclarations des témoins, etc., séparément du procès-verbal de délit.

La loi défendant de remettre aux jurés les déclarations des témoins, il convient de ne pas confondre dans les procès-verbaux les plaintes, dénonciations, dépositions de témoins et interrogatoires, et de dresser un procès-verbal séparé de chacune de ces espèces d'actes.

---

(1) Ceci ne s'applique toutefois qu'aux officiers de police judiciaire qui peuvent recevoir des plaintes et dénonciations, c'est-à-dire, qui sont auxiliaires du procureur impérial. — Quant aux gardes champêtres qui ne savent pas écrire, ils ne peuvent, pour leurs procès-verbaux, employer que la main d'un fonctionnaire public. (*Arrêt de la Cour de cassation du 27 décembre 1832.*) — Les gardes forestiers doivent suivre l'art. 105 du Code forestier.

Ratures, renvois, etc.

Dans la rédaction des déclarations, plaintes ou dénonciations reçues, on ne doit point faire de rature ni de renvois sans approbation, point d'interlignes, point de blancs, surtout point de grattages. Toutes les irrégularités commises sous ces divers rapports, pourraient donner lieu de croire que des changements ont été faits aux déclarations, plaintes ou dénonciations après leur rédaction, et en l'absence des parties. Ce qui ferait naître la plus légère allégation à cet égard doit être par-dessus tout évité.

Signatures.

Les procès-verbaux et interrogatoires doivent être signés de l'officier de gendarmerie et des assistants, à chaque feuillet, dans les cas de flagrant délit (art. 42 du Code d'instruction criminelle, et art. 252 du décret du 1er mars 1854); les dénonciations et plaintes doivent être signées de la même manière (art. 31, 65 du Code d'instruction criminelle, et art. 244, 246 du décret du 1er mars 1854). Cette formalité de signature à chaque feuillet n'est pas très-souvent observée; c'est blâmable sans doute; cependant, on n'a jamais vu résulter de là aucun inconvénient. Mais la signature à la fin est toujours indispensable, puisque sans elle l'acte n'a aucune existence légale. — Lorsque, pour éviter toute amphibologie, l'officier de gendarmerie n'a pas mis son nom au commencement du procès-verbal, il doit mettre son grade au-dessus ou au-dessous de sa signature, afin que l'on sache bien de qui cette signature émane, et que l'authenticité de l'acte soit évidente.

Quelques militaires de la gendarmerie ont l'habitude de signer d'une manière illisible. C'est un tort véritable de la part d'un agent public surtout, car les signatures sont faites pour être lues ; et c'est une inutilité, car il est aussi facile de contrefaire une signature illisible qu'une lisible. — Les grands paraphes et les grandes queues de lettres, qui effacent tout ce qui les entoure, sont aussi dans les signatures des inutilités à supprimer.

Quant aux renvois en marge, il vaut mieux les signer que les parapher, si la place le permet. Les paraphes valent mieux que rien ; mais ils ne sont souvent que des signes entièrement incertains, à peine reconnaissables par ceux qui les ont faits, que les autres ne reconnaissent pas du tout, et qui ne peuvent pas valoir des signatures. Les interpolations sont proscrites.

Choses à énoncer.

Après avoir parlé de ce qui tient à la rédaction des actes de police judiciaire, on passe aux choses essentielles que ces actes doivent contenir dans l'intérêt des poursuites.

Date.

D'abord, tous les procès-verbaux, plaintes, déclarations, etc., doivent être datés, et la date doit énoncer l'année, le mois, le jour, et l'heure de la rédaction.

Point d'inutilités.

On évitera, dans tous les procès-verbaux et autres actes de police judiciaire, les longueurs et les inutilités qui fatiguent le lecteur et qui embarrassent la marche du récit. Ainsi, par exemple, quand on se transporte dans une habitation pour y constater l'état d'un blessé, il est tout-à-fait hors de propos de faire la description de la chambre dans laquelle le blessé se trouve, et de dire (comme le font encore par routine quelques notaires quand ils vont recevoir un testament), que cette chambre a son entrée sur tel corridor, et qu'elle prend ses jours, au nord, sur telle cour, au midi, sur telle rue. — On en dit autant de toutes autres superfluités.

Mais tout ce qui est utile.

Mais on doit bien se garder aussi de tomber dans le défaut contraire, en rédigeant les procès-verbaux avec une telle brièveté qu'on ne puisse y trouver les circonstances utiles à connaître. Ainsi, il ne faut rien omettre de ce qui qualifie exactement les plaignants, les témoins et les inculpés; leurs noms, leurs prénoms, leurs professions, leurs demeures. Il est presque toujours à propos de désigner l'âge, surtout des inculpés; car l'âge fait non-seulement juger mieux qu'un nom inconnu, les motifs de certaines actions auxquelles l'inexpérience, ou les passions, ou l'habitude, prennent part; mais encore, il met à même de connaître si, à raison de cet âge, les parents sont soumis à la responsabilité civile.

Dans la constatation des grands crimes, comme le

meurtre, l'assassinat, l'incendie, etc., il est de certains détails, en apparence minutieux, qu'il peut être d'une haute importance de recueillir avec soin.

Blessures graves.

A l'occasion des blessures graves, on ne doit rien négliger de ce qui est relatif à l'aspect et aux souffrances du malade, à l'état de ses vêtements, au nombre, à l'étendue, et à la nature de ses plaies et contusions.

Coopération d'un ou plusieurs médecins, souvent indispensable.

La coopération d'un ou plusieurs médecins est souvent indispensable pour la constatation de l'état d'un cadavre ou d'une personne blessée (art. 262 du décret du 1er mars 1854). Les médecins appelés en pareil cas doivent prêter serment de faire leur rapport et de donner leur avis en leur honneur et conscience. (art. 44 du Code d'instruction criminelle et 262 du décret du 1er mars 1854). — Leur rapport pourrait, sans doute, se trouver compris, sans de graves inconvénients, dans la rédaction du procès-verbal de l'officier de gendarmerie; cependant, le mieux est que ce rapport soit rédigé séparément et forme une pièce à part. Il est de la sorte plus entièrement l'œuvre réfléchie des médecins; et il est aussi plus facile à retrouver et à consulter dans la procédure.

Faux.

Le crime de faux et celui de fausse monnaie né-

cessitent une description attentive de tous les signes
auxquels la fausseté des pièces peut se reconnaître.

Vols.

En ce qui touche les vols, il est indispensable
d'exprimer si le lieu où le vol a été commis est
habité ou dépend d'une habitation; s'il reste des traces
d'escalade, d'effraction, d'usage de fausses clefs ou
crochets; si le voleur est domestique de la personne
volée ou chez laquelle le vol a été commis; s'il est
compagnon, apprenti, ou s'il travaille habituellement
dans l'habitation où il a volé; si le vol a été commis
sur un chemin public; s'il y a eu des violences; si ces
violences ont laissé des traces; si le voleur était porteur d'armes apparentes ou cachées.

Indications à donner pour tous les crimes et délits dans les procès-verbaux.

Pour tous les crimes ou délits, l'indication précise
du jour de l'événement, et même de l'heure, ne doit
pas être oubliée. — Le lieu où les faits se sont passés
est toujours indiqué, et, dans certaines circonstances, il faut même le décrire avec la plus grande
exactitude; un plan visuel, quelqu'imparfait qu'il soit,
peut être à cet égard fort utile.

Compléter les renseignements.

En général, les officiers de gendarmerie exerçant les
fonctions d'auxiliaire du procureur impérial, ont à consulter leur bon sens pour apprécier ce qu'il est nécessaire

d'insérer ou d'omettre dans les procès-verbaux. Ils se rappelleront qu'ils n'ont pas à faire une simple opération mécanique comme le serait la transcription matérielle d'une déclaration faite par un plaignant, sans intelligence ou sans bonne foi. Les procès-verbaux seront rédigés de manière que le ministère public, en les recevant, soit éclairé sur la nature, les circonstances et la moralité des faits, et puisse agir en connaissance de cause. Ils doivent aussi contenir une sorte d'information première où se trouvent, rapprochés des faits eux-mêmes, toutes les preuves, tous les indices, tous les renseignements qu'il est possible de recueillir, au moment de la rédaction, contre ceux qui seront présumés coupables. — Il faut ajouter enfin que, si quelques explications utiles ne pouvaient pas facilement être insérées dans les procès-verbaux, les officiers de gendarmerie seraient tenus de donner ces explications dans une lettre d'envoi; de telle sorte que tout ce qu'ils ont vu, constaté, ou pensé d'utile, soit connu du ministère public, dont ils sont les auxiliaires, et qu'ils sont tenus d'aider de tout leur pouvoir. — Tout ce qu'on dit à ce sujet s'applique non-seulement aux procès-verbaux dressés par les officiers de gendarmerie remplissant les fonctions d'officiers de police auxiliaires du procureur impérial; mais encore à tous les procès-verbaux rédigés par les sous-officiers et gendarmes.

Témoins (1).

Lorsque les officiers de gendarmerie reçoivent des

---

(1) Un officier de gendarmerie peut être cité à paraître devant un tribunal pour y déposer de faits qu'il a rapportés dans un procès-verbal, quand ces faits sont personnels; autrement, non.

dépositions de témoins, ils doivent distinguer s'ils agissent en flagrant délit ou non. S'ils agissent en flagrant délit, ils peuvent faire prêter serment aux témoins. Le Code d'instruction criminelle, dans les articles 32 et 33, rendus applicables aux officiers de gendarmerie par l'art. 49, ne leur en impose pas textuellement l'obligation ; il n'exige que la signature des personnes entendues. Néanmoins, comme toutes opérations faites en flagrant délit sont importantes pour l'établissement des charges, et qu'elles peuvent être opérées aussi règulièrement par un officier de police auxiliaire que par le juge d'instruction qui, en thèse générale, est obligé de faire prêter serment aux témoins, d'après l'art. 75 du Code d'instruction criminelle, on doit regarder comme certain que tous les fonctionnaires qui ont le droit d'opérer en flagrant délit *peuvent* faire prêter le serment. — Il est permis même de penser que faire prêter serment est un *devoir* en pareil cas; car l'art. 44 veut que les gens de l'art appelés pour donner avis devant le magistrat qui opère en flagrant délit, prêtent un serment. Et les dépositions de témoins, qui peuvent être d'une bien plus grande importance que le rapport conjectural d'un homme de l'art, doivent être accompagnées nécessairement d'une semblable garantie.

Quand les officiers de gendarmerie agissent hors du flagrant délit, il est généralement fort utile qu'ils entendent aussi des témoins à l'appui des allégations faites par les dénonciateurs ou plaignants, afin que le procureur impérial puisse juger sur-le-champ de ce qu'il convient de faire. Mais en pareil cas, les déclarations de témoins ne sont que de simples renseignements; et si les officiers de gendarmerie les faisaient précéder de la formalité du serment, ils usurperaient par là sur les fonctions du juge d'instruction, auquel seul la loi confère le droit de recevoir les dépositions de témoins, lorsque le flagrant délit est passé.

Témoin. — Sa capacité.

Dans l'acception générale, chacun est témoin de ce qu'il a lui-même perçu par ses sens; dans une acception moins étendue, le témoin est celui qui dépose ce qu'il a perçu. — Sous ce dernier rapport, suivant les motifs que l'on a de regarder son témoignage comme vrai ou comme faux, ce témoignage se dit authentique.

Pour qu'un témoin soit digne de foi, il faut : 1° qu'il ait réellement vu, entendu, etc., ce qu'il croit avoir vu, entendu; 2° que sa déposition soit d'accord avec sa propre conviction, c'est-à-dire qu'il croie vrai ce qu'il dépose comme tel; 3° enfin, que sa déposition soit claire et ne puisse être interprétée dans un autre sens que celui qu'elle a réellement.

La première et la troisième de ces trois conditions constituent la *capacité* du témoin; la seconde, sa *véracité*.

On ne perçoit rien que par les sens, mais ils ne suffisent point à la perception, car ce qui les frappe n'est réellement perçu que lorsqu'on le remarque et que le cerveau se le représente. Il résulte de là que les personnes chez qui les sens ont perdu leur délicatesse n'ont pas la *capacité* nécessaire pour être reçues en témoignage, lors même que leur déposition fournirait des indices propres à faire connaître la vérité, et que les dépositions des individus affectés de *faiblesse d'intelligence*, comme les imbéciles au troisième degré et les stupides au degré le plus élevé, ne prouvent rien par elles-mêmes, etc.

Faux témoignage.

Non-seulement, le faux témoignage est puni par la loi en matière criminelle, mais il est encore puni en matière de délit et de contravention. Tout mensonge fait à la justice, sous la foi du serment, est un *faux témoignage*.

Serment. — Son caractère.

Le serment est nécessairement un acte religieux ; c'est à l'occasion de la force du serment chez les Romains qu'on a dit ces belles paroles : « Rome était un vaisseau tenu par deux ancres dans la tempête, » la religion et les mœurs.

Au commencement de la monarchie française, on admettait le serment dans presque tout les cas, et on regardait tellement le parjure comme un crime impossible que le serment innocentait quiconque était accusé d'un délit.

On ne saurait blâmer un peuple qui croyait à la foi sacrée du serment, et qui ne soupçonnait pas qu'on pût mentir en attestant et en profanant le nom de Dieu.

Le serment, quelle que soit sa nature, lorsqu'il ne tire pas sa force de l'imprécation (1), est un des actes les plus sérieux de la vie, aussi a-t-il été toujours

---

(1) Qui ne connaît ce serment de l'Israélite captif : « Si « je viens à t'oublier, ô Jérusalem ! que j'oublie l'usage « de ma main; que ma langue soit muette si je ne me « souviens toujours de toi, si je ne me propose le souvenir « de Jérusalem pour principal objet de ma joie. »

environné de solennité. Le serment est donc, pour tous ceux à qui il est déféré, une garantie sacrée de l'accomplissement scrupuleux d'un devoir envers Dieu qu'ils prennent à témoin, le souverain et la société.

En France, il se prête aujourd'hui debout, la tête découverte et la main droite levée; de plus, dans le sanctuaire de la justice, nul n'étant supérieur à la loi, les militaires prêtent le serment sans armes.

Parenté.

Le caractère dont les officiers de gendarmerie sont revêtus dans leurs fonctions d'auxiliaire du procureur impérial, ne permet pas de s'arrêter aux rapports de parenté qui peuvent exister entre eux et les personnes inculpées. Ces officiers, dans l'accomplissement de leurs devoirs, agissent pour un intérêt général, celui de la vindicte publique. La Cour de cassation a plusieurs fois consacré ce principe.

Dépositions, longueur, brièveté. — Questions sur la moralité.

A l'occasion des dépositions de témoins, on fera deux observations : la première, c'est qu'il faut, en les écrivant, éviter l'excès du laconisme et celui de la prolixité. Des dépositions trop longues fatiguent l'attention. Une rédaction trop brève ne fait pas toujours assez connaître la vérité, et fournit matière à discussion lorsque le témoin vient ensuite donner oralement des détails qui n'avaient point été écrits. A cet égard, il faut consulter non-seulement le bon sens, mais la nature des faits à constater. Si l'affaire a peu de gra-

vité, et surtout si les charges sont claires, les longueurs de rédaction sont rebutantes. Dans la constatation des crimes, c'est à l'exactitude complète qu'il
faut viser plutôt qu'à la concision. — La seconde observation est relative aux questions à faire sur la moralité des personnes poursuivies. Il peut y avoir
quelque utilité à demander aux témoins ce qu'ils
savent de la réputation d'un inculpé; mais on ne doit
pas insister à cet égard. La justice criminelle ne juge
point les réputations; elle juge les faits punissables.
Rien n'est d'ailleurs plus incertain au monde que les
réputations qui, quand elles ne sont pas basées sur
des faits précis, peuvent être créées par la passion
aussi bien que par l'équité.

Père, mère, frères, sœurs, femme et enfants de l'inculpé.

Il est à propos de parler d'une difficulté susceptible de se présenter. Les frères et sœurs, les père et
mère, enfin, la femme et les enfants même d'un inculpé, peuvent avoir à fournir d'importants documents
sur les faits à établir. Que fera l'officier de gendarmerie en pareil cas? Entendre ces personnes comme
de véritables témoins, provoquer des révélations de
famille, pour perdre un fils par la déposition de son
père, un père par la déposition de son fils, c'est faire
un acte qui soulève l'indignation. Se refuser à recevoir
de telles dépositions, c'est peut-être laisser échapper
les plus utiles renseignements que l'on puisse obtenir
sur un crime dont la société entière réclame le châtiment. — On ne voit pas de règle absolue à tracer sur
cette matière si délicate. — Voici seulement ce qu'on
fait remarquer :

D'abord, il y a certains crimes à l'occasion desquels les dépositions des plus proches parents même peuvent être demandées sans qu'aucun sentiment en soit blessé. Ainsi, quand un homme a voulu assassiner son frère, sa femme ou sa mère, nulle considération morale ne semble s'opposer à ce que l'officier de gendarmerie demande à ces personnes les détails du crime dont ils ont été victimes. — Mais c'est *sans serment* qu'il faut recevoir leurs déclarations, et seulement à titre de renseignements pour aider la justice dans la continuation de ses recherches. — Ces renseignements doivent être demandés et recueillis avec la plus grande circonspection. Les questions sont faites avec ménagement. Le silence et le refus d'explication sont respectés. Il faut enfin que l'officier de gendarmerie se borne à écrire ce que le témoin énonce sans aucune contrainte, et paraît disposé à dire à tout le monde aussi bien qu'à la justice. — Ensuite, et en droit, ce n'est que devant les tribunaux chargés de juger, que la loi défend d'entendre comme témoins les ascendants et descendants, frères, sœurs, mari ou femme des prévenus (art. 156, 189, 322 du Code d'instruction criminelle). Aucune défense semblable ne se rencontre dans les articles relatifs à l'instruction écrite.

Saisir, cacheter, etc. — Présence du prévenu. —
Assistance de témoins.

Les autres formalités à observer, et dont il doit être rendu compte dans la rédaction des procès-verbaux, consistent notamment (dans le cas de visite au domicile d'un inculpé) à clore et cacheter, si faire se peut, les objets saisis, dans une enveloppe, ou bien dans un vase ou un sac sur lequel on attache une bande de

papier scellée du sceau de l'officier de gendarmerie ;
à agir en présence du prévenu ou de son fondé de
pouvoir, et à lui faire parapher les objets saisis ; enfin,
à se faire accompagner d'un des fonctionnaires municipaux (1), ou de deux citoyens domiciliés dans la
commune (art. 261 du décret du 1er mars 1854). —
Quelque importante que soit cette dernière formalité
pour la garantie même de l'officier de gendarmerie
qui opère, s'il y avait difficulté de se procurer des
témoins, et que l'opération à faire fût urgente, il
faudrait y procéder sans témoins (2).

Paraphe de papiers.

Il faut ajouter que, dans une saisie de papiers, il
est souvent nécessaire de parapher chacune des pièces
saisies. Il peut arriver, en effet, que ces pièces soient
d'une utilité fréquente dans le cours d'une information ; qu'elles ne doivent pas, par conséquent, rester
dans une enveloppe jusqu'au jugement, et qu'à cette
époque du jugement il s'élève des contestations sur le
nombre ou la sincérité de ces pièces. En les numé-
rotant et les paraphant au moment où on les saisit, ce
danger est évité.

Absence du prévenu.

Quant à la présence de l'inculpé ou de son fondé

---

(1) Le maire ou l'adjoint, et non un membre du conseil
municipal ; ces messieurs ne sont pas fonctionnaires.

(2) Ces formalités ne sont prescrites par les art. 38, 39
et 42 du Code d'instruction criminelle que pour les cas de
flagrant délit ; mais il est évident qu'elles doivent être observées dans tous les cas de visites domiciliaires et de saisies des pièces.

de pouvoir aux opérations qui sont faites à son domicile, la loi n'a pas pu en faire une condition indispensable de la régularité des procès-verbaux, puisqu'il n'est pas toujours possible de contraindre l'inculpé à se présenter ou à donner sa procuration. Aussi l'art. 39 du Code d'instruction criminelle et l'art. 238 du décret du 1er mars 1854 disent-ils : « Et s'il ne « veut ou ne peut y assister, en présence d'un fondé « de pouvoir *qu'il pourra* nommer. » On voit, par cette expression, que la loi a voulu laisser à l'inculpé le droit de se faire représenter aux opérations faites chez lui. Mais elle ne pouvait pas dire et n'a pas dit en effet, qu'à défaut de présence d'un fondé de pouvoir, les opérations n'auraient pas lieu.

Ce qu'il faut conclure de ces articles, c'est que, quand l'inculpé est arrêté, ou libre, mais présent, il ne faut agir chez lui qu'en sa présence, parce que, dès ce moment, commence le droit sacré de la défense ; que, s'il est absent et qu'il veuille se faire représenter, il faut admettre son fondé de pouvoir ; et qu'enfin, s'il ne veut ni se présenter, ni se faire représenter, il n'en faut pas moins agir. Seulement, en pareil cas, la prudence exige que l'on adopte tous les moyens raisonnables de remplacer l'inculpé. Ainsi on opérera en présence de sa femme, ou de ses enfants, ou de son plus proche parent, ou de son ami.

Interrogatoire.

Le dernier alinéa de l'art. 40 du Code d'instruction criminelle et l'art. 260 du décret du 1er mars 1854 veulent qu'en flagrant délit le prévenu soit interrogé sur-le-champ. Hors le flagrant délit, rien ne s'oppose à ce que la personne soupçonnée soit interrogée par l'officier de police judiciaire qui constate le crime ou le délit. La forme de l'interrogatoire, tracée par l'usage, est simple. Elle consiste à écrire l'une à la suite de l'autre, et toujours à la première personne, les demandes et les réponses (V., p. 57 et 58, et le procès-verbal, p. 66).

Observation importante.

L'officier de gendarmerie qui interroge un inculpé doit s'abstenir d'engager cet inculpé à faire des aveux. Une provocation à avouer ne peut être faite avec apparence de succès, que si elle est accompagnée de l'espoir présenté à l'inculpé que ses aveux lui seront utiles. Or, l'officier de gendarmerie ne peut jamais avoir la certitude de cette utilité. — Et il faut être de bonne foi avec tout le monde, même avec les criminels. — Presser l'inculpé de questions est un devoir ; mais il faut l'interroger loyalement, et ne faire au crime lui-même qu'une bonne guerre.

Procès-verbaux en originaux.

C'est l'original même de chaque procès-verbal qui doit parvenir au ministère public ; et le registre des procès-verbaux tenu dans les brigades ne peut en contenir que la transcription ou la copie.

Enregistrement et timbre (1).

Il est nécessaire de parler ici de la formalité de.

---

(1) Les procès-verbaux des sous-officiers et gendarmes constatant des crimes et des délits d'une nature criminelle ne sont pas enregistrés (circ. du ministre de la justice du 24 septembre 1823).

l'enregistrement à laquelle sont soumis quelques procès-verbaux.

Une circulaire du ministre de la justice, du 24 septembre 1823, donnée de concert avec le ministre des finances, après avoir pris l'avis du conseil d'Etat, porte : « 1° Que les procès-verbaux destinés à con-
« stater les crimes, et 2° les procès-verbaux destinés
« à constater certains délits, sont exempts de la for-
« malité du timbre et de l'enregistrement, sauf les
« procès-verbaux des sous-officiers et gendarmes,
« des gardes ruraux et forestiers, et sauf aussi ceux
« concernant les contraventions de police qui restent
« soumis à la double formalité (1). »

Le délai pour présenter les procès-verbaux à l'enregistrement est de *quatre jours* (art. 20 de la loi du 22 frimaire an VII).

Ils sont présentés à cette formalité par les gendarmes, lorsqu'il se trouve un bureau d'enregistrement dans le lieu de leur résidence ; dans le cas contraire, l'enregistrement a lieu à la diligence du ministère public (art. 491 du décret du 1er mars 1854).

Le jour de la rédaction n'est pas compté, non plus que le dernier jour, s'il tombe un jour de fête consacrée ou un dimanche (art. 25 de la loi du 22 frimaire an VII).

Les gendarmes ne peuvent être astreints à déposer leurs procès-verbaux chez les receveurs de l'enregistrement pour venir les reprendre ensuite. — Des instructions ont été données à ces fonctionnaires pour que les gendarmes n'éprouvent jamais de retard, et

---

(1) Quand ces formalités sont nécessaires, elles ont lieu en *débet* toutes les fois qu'il n'y a pas partie poursuivante à la requête de laquelle l'acte est fait (même circulaire).

que les pièces qu'ils soumettent à l'enregistrèment leur soient remises sur-le-champ.

Il est bon de savoir néanmoins que le défaut d'enregistreme   ns les cas même où cette formalité est prescrit , n'entraîne pas la nullité des procès-verbaux auxquels le ministère public donne suite. La Cour de cassation a décidé, par un grand nombre d'arrêts, que, d'après le rapprochement des art. 34 et 47 de la loi du 22 frimaire an VII, le défaut d'enregistrement n'était une cause de nullité qu'à l'égard des actes et procès-verbaux présentés en justice dans l'intérêt des particuliers.

Ce principe, cependant, reçoit maintenant une exception à l'égard des procès-verbaux en matière forestière et en matière de pêche. Ces procès-verbaux sont nuls à défaut d'enregistrement, aux termes de l'art. 170 du Code forestier, et de l'art 47 du Code de la pêche fluviale.

Mandat d'amener. — Taxe.

L'exécution des mandats d'amener donne lieu, au profit des huissiers, à la taxe fixée par les art. 71 n° 3 du décret du 18 juin 1811, et 5 du décret du 7 avril 1813. Lorsque c'est la gendarmerie qui met le mandat d'amener à exécution, il ne lui est rien dû. Tel est le sens donné à l'art. 77 du décret du 18 juin 1811. — On se fonde sur ce que l'exécution d'un mandat d'amener n'est pas une *capture*, dans le sens du n° 5 de l'art. 71.

L'exécution d'un mandat d'amener est tout aussi difficile que celle d'un mandat d'arrêt, d'un jugement, etc. La saisie de la personne est la même, avec un peu plus de formes peut-être ; le danger est le même ;

la distinction n'est donc fondée que sur une différence
de mots et non sur une différence de choses. — Il est
si vrai que l'exécution d'un mandat d'amener est difficile, et parfois périlleuse, qu'on trouve prudent de la
confier à la gendarmerie plutôt qu'aux huissiers. La
taxe fixée par l'art. 71 n° 3 est peut-être un peu forte,
mais un décret pourrait la réduire; et l'allouer aux
gendarmes, qui font un service si pénible, si utile et
si peu rétribué, serait un acte de justice.

*Les officiers de gendarmerie officiers de police auxi-
liaires et les sous-officiers et gendarmes restent
étrangers aux poursuites.*

Une fois la transmission de leurs procès-verbaux
opérée, les officiers de gendarmerie et les sous-officiers
et gendarmes n'ont plus à s'occuper de la direction
des poursuites. Ils peuvent bien et doivent même
continuer à recueillir, *à titre de renseignements*, tous
les documents capables d'éclairer la marche de la justice et fortifier les preuves de culpabilité et d'innocence; mais la poursuite ne les regarde plus.

Droit de grâce.

Les officiers de gendarmerie, les sous-officiers et
gendarmes se rappelleront, avant tout, deux vérités
de la plus haute importance : la première, c'est qu'ils
n'ont pas le moindre pouvoir pour faire grâce; la
seconde, qui est la conséquence de la première, c'est
qu'ils doivent constater tous les faits que le procureur
impérial a charge de poursuivre d'office, sans jamais
être arrêtés par aucune considération personnelle.

Mander.

Un officier de gendarmerie, hors du flagrant délit, peut avoir besoin, pour la rédaction d'un procès-verbal, de parler à un inculpé ou à des témoins; pour leur parler, il faut qu'il se rende chez eux ou qu'il les appelle chez lui.

Comme personne ne doit supposer qu'un fonctionnaire se plaise à déplacer les habitants sans motif d'utilité, ceux qui sont invités par ce fonctionnaire à se rendre près de lui ont tort de s'y refuser. Mais en fin, hors les cas où l'on agit en flagrant délit, il n'existe pas de moyen de contraindre ni de faire punir ceux qui feraient un pareil refus, et le fonctionnaire doit en conséquence, quand son invitation n'est point écoutée, s'abstenir d'insister de manière à rendre le refus plus formel et plus irrespectueux.

Ce cas arrivant, l'officier de gendarmerie examinera, suivant l'importance des faits à éclaircir, s'il est à propos de se rendre lui-même chez la personne à interroger, en mettant de côté les considérations d'amour-propre qui disparaissent devant des motifs graves d'intérêt public; à moins que cet officier ne préfère instruire le ministère public de la mauvaise volonté qu'il rencontre, ce magistrat avisera, s'il y a lieu, au moyen de forcer judiciairement les refusants à se présenter.

De l'obligation d'informer le procureur impérial.
(Art. 266 du décret du 1er mars 1854.)

L'officier de gendarmerie est soumis à toutes les obligations imposées aux officiers de police auxiliaires;

ils exercent, en cette qualité, sous la surveillance du juge d'instruction et du procureur impérial (art. 267 du même décret).

Délits et crimes.

La poursuite des délits et crimes est confiée au procureur impérial (art. 22, I. C.), et c'est à lui que doivent être transmis, sans aucun retard, les plaintes, dénonciations, procès-verbaux, actes et renseignements relatifs aux délits et aux crimes (art. 20, 53, 54, 64, I. C. et art. 248 du décret du 1er mars 1854.)

Si les crimes ou délits dénoncés ou constatés n'ont pas beaucoup de gravité, le procureur impérial peut se croire suffisamment averti par l'envoi des procès-verbaux et des prévenus, lorsqu'ils ont été arrêtés.

Devoir de toute personne.

Il faut remarquer ici qu'indépendamment du devoir imposé à l'officier de police auxiliaire, la loi charge toute personne qui aura été témoin d'un attentat, soit contre la sûreté publique, soit contre la vie ou la propriété d'un individu, d'en donner avis au procureur impérial (art. 30, I. C.). Aucun honnête homme ne doit reculer devant l'accomplissement de cette obligation, qui est une des garanties de la sûreté générale.

Obtempérer à toutes réquisitions.

En terminant ce chapitre, on fera remarquer, quant aux faits mêmes qui sont de nature à ce que la poursuite puisse en être laissée aux parties intéressées, que l'officier de gendarmerie, s'il en est requis, ne peut jamais se dispenser d'en faire la constatation. Il faut, en effet, distinguer entre cette constatation des faits et l'envoi des procès-verbaux au procureur impérial. Les parties intéressées, qui peuvent vouloir poursuivre, ont besoin du ministère de l'officier de police judiciaire, soit pour recevoir leur plainte, soit pour constater un fait important et fugitif, et l'officier de gendarmerie qui refuserait d'obtempérer à la demande qu'on lui ferait à cet égard, méconnaîtrait son devoir et serait coupable d'une sorte de déni de justice, puisqu'il priverait le plaignant d'un moyen légal d'établir la plainte ou le fait.

Il demeure bien entendu, au surplus, qu'il n'est question seulement, en ce point, des faits qui sont punissables en police correctionnelle ou en simple police, et que l'officier de gendarmerie n'est point aux ordres de ceux qui voudraient exiger des constatations de faits purement relatifs à des difficultés civiles.

CHAPITRE II.

Objet de la police judiciaire,

La police judiciaire a pour objet de rechercher les crimes, délits et contraventions, d'en rassembler les preuves et d'en livrer les auteurs aux tribunaux chargés de les punir (art. 8 du Code d'Instruction criminelle et 238 du décret du 1er mars 1854).

Définition du mot police.

L'expression *police* vient d'un mot grec qui signifie administration de la ville. La police, en effet, a pour objet la surveillance d'une collection d'intérêts; son principal caractère est la vigilance.

La *police judiciaire* ne saurait être confondue avec la police administrative, ainsi qu'il l'a été dit page 10. — La première s'occupe de la recherche des crimes, etc.; elle est exercée par les fonctionnaires dont il est parlé à l'art. 9 du Code d'instruction criminelle. — La seconde prévient les crimes, délits, etc. Elle est exercée par des administrateurs à la tête desquels se trouve le ministre de l'intérieur (page 10).

DES AGENTS DE L'AUTORITÉ ET DE LA FORCE PUBLIQUE.

Agents de l'autorité publique.

On entend par agent de l'autorité publique toute personne investie d'une portion quelconque du pouvoir.

Doivent être considérés comme agents ou dépositaires de l'autorité publique, ou comme investis d'un caractère public, ceux-là seuls qui, par délégation médiate ou immédiate du gouvernement, exercent, dans un intérêt public, une portion de son autorité, ou font exécuter ses ordres.

Officiers de police auxiliaires (1).

La loi désigne par officiers de police auxiliaires du procureur impérial, tous ceux auxquels il est permis de recevoir, comme lui-même, les dénonciations et les plaintes, et de faire les actes d'instruction préliminaire qui lui sont attribués en cas de flagrant délit ou de réquisition de la part d'un chef de maison.

Dans ces deux cas, les officiers de gendarmerie que l'art. 9 du Code d'instruction criminelle range au nombre des officiers de police auxiliaires du procureur impérial sont, comme ce magistrat, investis d'un pou-

---

(1) Dans ce traité, nous considérons constamment l'officier de gendarmerie dans les fonctions d'officier de police auxiliaire de procureur impérial. L'auteur a donc substitué à la qualification d'*officier de police* celle d'*officier de gendarmerie*.

voir extraordinaire résultant de la nécessité de réprimer les crimes, d'empêcher la disparition du prévenu et des objets qui peuvent attester le fait, car ces actes d'instruction appartiennent, en principe général, au juge d'instruction.

Agents de la force publique.

On désigne sous ce nom toute personne chargée par la loi d'une mission coërcitive.

La force publique se divise en trois parties : l'armée, la garde nationale et la gendarmerie (1).

La gendarmerie impériale tient le premier rang parmi les agents de la force publique ; considérée comme corps militaire, elle est l'élite de l'armée ; appréciée dans la mission spéciale que la société lui confie, elle seconde avec zèle, intelligence et discernement, l'exécution tutélaire des lois ; bras puissant de la justice, elle en est l'auxiliaire infatigable ; son action vigilante veille sans cesse à la sûreté des personnes et à la conservation des propriétés qu'elle couvre de son égide protectrice.

Les sous-officiers et gendarmes sont, dans un assez grand nombre de cas, agents de l'autorité et même fonctionnaires publics, leur caractère d'agents de la force publique n'est point, bien qu'il ne les abandonne jamais, permanent dans le même sens, puisque, par-

---

(1) Sont aussi agents de la force publique les gardes champêtres, les gardes forestiers, les préposés de la partie active des douanes et les gardes-pêche, lorsqu'ils exercent la surveillance qui leur est confiée ou lorsqu'ils sont chargés, les deux premiers, de l'exécution d'un arrêté municipal.

3.

fois, il est sinon effacé, du moins couvert par un caractère plus élevé.

Le service de la gendarmerie est le plus difficile qu'il y ait à remplir, puisqu'il consiste en constatations faites loin de tous les secours et de tous les regards, sous la seule influence du devoir.

Un brigadier de gendarmerie accompagné d'un seul gendarme est commandant de la force publique.

Un brigadier de gendarmerie, même lorsqu'il n'est accompagné que d'un seul gendarme, n'en doit pas moins être considéré comme commandant de la force publique, dans l'étendue du territoire assigné à sa brigade. Ainsi, l'outrage, par paroles, gestes ou menaces qui lui est fait dans ce cas, lorsqu'il est revêtu de son uniforme et qu'il agit dans l'exercice de ses fonctions, rentre dans les dispositions des art. 224 et 225 du Code pénal. (*C. de cass. du 14 janv.* 1826.)

Quelques tribunaux, procédant par analogie, ont pensé que lorsque deux gendarmes marchent ensemble pour un service commandé, le plus ancien doit être aussi considéré comme un commandant de la force publique pendant la durée de ce service; ce militaire est officier instrumentaire, assumant toute la responsabilité morale, tandis que le gendarme qui l'accompagne n'a le rôle que d'agent de la force publique préposé à la main-forte, toujours prêt à appuyer de son action toute résistance, toute entrave qu'éprouverait son camarade dans l'exécution du service; sa responsabilité est toute matérielle.

CHAPITRE III.

Du flagrant délit.

—

« Le crime a trois freins : la loi, la
« religion et l'honneur. »

CRIME ET DÉLIT.

(Art. 32, 40, 41, 46, 48, 49 du Code d'instr. crim.,
249 et 263 du décret du 1er mars 1854.)

L'expression flagrant délit, ardeur, encore brûlant,
expression figurée qui désigne un crime dont l'auteur
est pris sur le fait, ou qui vient d'être commis, ou dont
le corps du délit est encore exposé à tous les regards.
Le corps du délit est donc le délit lui-même.

L'art. 249 du décret du 1er mars 1854, qui reproduit l'art. 41 du Code d'instruction criminelle, porte :
« Le délit qui se commet actuellement ou qui vient
de se commettre, est un flagrant délit. » — Seront
réputés flagrant délit : le cas où le prévenu est poursuivi par la clameur publique, et celui où le prévenu
est trouvé saisi d'effets, armes, instruments ou papiers faisant présumer qu'il est auteur ou complice,
pourvu que ce soit dans un temps voisin du délit.

Pour qu'un individu soit réputé en flagrant délit, à

raison des objets dont il est saisi, il faut que les effets, armes, instruments ou papiers le désignent comme auteur ou complice du crime qui se commet actuellement, ou qui vient de se commettre; il faut que ces soupçons, que ces indices se rattachent spécialement à un fait *déterminé*, et que la saisie soit effectuée dans un temps *voisin du délit* (Code d'instr. crim., art. 36 et suiv., et art. 249 du décret du 1er mars 1854).

Ces art. 36 et 249 emploient le mot *délit* et non celui de *crime*. Mais le mot délit est pris ici dans son ancienne acception générale, c'est-à-dire qu'il comprend les crimes comme les délits eux-mêmes. C'est ce que l'on voit, notamment dans les art. 32 et 40 du même Code où la loi qualifie de flagrant délit des faits qui sont de nature à entraîner des peines afflictives ou infamantes. Ainsi le crime flagrant et le délit flagrant sont l'un et l'autre désignés par l'expression *flagrant délit* (1).

On doit dire même que, le plus fréquemment, les mots *flagrant délit* sont employés pour désigner le *crime flagrant*. — Cependant, ce serait une erreur de penser qu'on ne doit l'appliquer qu'aux crimes. L'art. 16 du Code d'instruction criminelle parle du *flagrant délit* qui emporte peine d'*emprisonnement*, ce qui est bien le *délit* et non le crime. Les art. 35, 36, 43, 46, emploient tous les quatre, en traitant du flagrant délit, les mots *crime* ou *délit*. — C'en est assez pour démontrer que si l'expression *flagrant délit* s'applique aux crimes, il n'est pas moins vrai qu'elle s'applique également aux délits.

---

(1) Le caractère essentiel du flagrant délit est la spontanéité et la publicité, bien que la détention d'un objet soit par sa nature un délit permanent, continu et successif.

L'art. 157 de l'ordonnance du 29 octobre 1820 et
le décret du 1er mars 1854, art. 250, *sur le service
de la gendarmerie*, posent une règle contraire, et dé-
cident que le flagrant délit doit être un véritable crime.
C'est une erreur qui a passé inaperçue dans la rédaction de ces deux longs règlements. L'erreur est démontrée par la simple lecture des articles que l'on
vient de citer du Code d'instruction criminelle.

Sens du mot : *Qui vient de se commettre*,

Il est bien facile de comprendre ce que c'est que le
cas où un crime ou délit se commet actuellement. Il
ne l'est pas toujours également de savoir jusqu'où
s'étend le sens des mots : *qui vient de se commettre*.
— S'agit-il du fait qui s'est passé il y a une minute,
une heure, ou plusieurs heures; un jour, plusieurs
jours?

L'exacte appréciation de l'expression *flagrant délit*
n'a d'importance qu'eu égard aux opérations permises
aux officiers de gendarmerie dans les cas de flagrant
délit, et qui ne le seraient pas aussi clairement dans
d'autres cas.

La définition du flagrant délit doit être entendue
largement, et non dans un sens restrictif, sauf la juste
réserve à mettre dans l'exécution des mesures qui,
quoique légales, ont un caractère de rigueur.

Ainsi on pense que les mots, *qui vient de se commettre*, doivent s'appliquer aux faits accomplis dans les
vingt-quatre heures, du moment où l'officier de gendarmerie est informé, si ce fonctionnaire habite la
commune où s'est commis le crime ou le délit. On
peut doubler ce délai dans le cas où une distance de
hameau à hameau sépare l'officier de gendarmerie du

lieu où les faits se sont passés, puisque ces faits viennent de se commettre à son égard, quand il ne s'est
écoulé que *le temps nécessaire pour que la nouvelle
arrive jusqu'à lui.* Enfin, ce délai peut augmenter
encore selon que l'on se trouve trop éloigné du théâtre
du crime pour en être informé dans les quarante-huit
heures.

Et, de clameur publique.

On peut élever la question de savoir si les mots qui
terminent l'art. 41 du Code d'instruction criminelle
et 249 du décret du 1er mars 1854, *pourvu que ce
soit dans un temps voisin du délit,* s'appliquent à la
fois au cas de poursuite par la clameur publique et au
cas où le prévenu est trouvé nanti d'effets, armes, etc.
On n'hésite pas à reconnaître que le cas de clameur
publique est distinct et forme un sens trop complet
pour que cette condition *pourvu que,* etc., lui soit
applicable. Ensuite, la circonstance qu'une personne est trouvée saisie d'effets, armes, etc., n'est
effectivement très-grave que dans un temps voisin du
délit, puisque, après un certain délai, les effets, armes, etc., ont pu passer très-légitimement des mains
du coupable entre celles d'une personne innocente,
tandis que la clameur publique, à quelque époque
qu'elle se manifeste, fait présumer qu'il vient d'être
découvert un indice important de culpabilité.

On est loin de dire que les bruits populaires soient
des ordres auxquels les officiers de gendarmerie et les
sous-officiers et gendarmes soient tenus de se soumettre. Trop souvent, ces bruits ne sont fondés que
sur des récits vagues, des préjugés absurdes ou des
erreurs manifestes. En cette circonstance donc, comme

en toutes, ils doivent faire usage de leur bon sens et de leur expérience pour ne pas confondre l'erreur avec la vérité.

On le comprend, l'officier de gendarmerie a à remplir, dans le cas de flagrant délit, une mission difficile et de haute importance ! Si la loi lui confie de larges pouvoirs, puisqu'elle l'investit de tous les droits qu'elle attribue au procureur impérial, aussi est-ce alors surtout qu'elle attend de lui le déploiement d'un zèle énergique et éclairé.

Il n'est pas nécessaire, pour qu'il y ait clameur publique, que des cris soient proférés au milieu des rues par une foule de gens (1). Elle existe par cela seul qu'une opinion générale, aussi générale que la localité et la nature de l'affaire le permettent, se manifeste hautement.

Il peut donc arriver qu'un officier de gendarmerie se trouve autorisé à agir comme en flagrant délit, lorsque le délit ou le crime a déjà de l'ancienneté, mais qu'un inculpé se trouve tout-à-coup signalé par une opinion générale, conçue et clairement manifestée. — Les officiers de gendarmerie, en pareil cas, trouvent, dans cette opinion générale, une sorte d'autorisation pour prendre des mesures promptes, et, s'il le faut, sévères ; mais, on le répète, les officiers de gendarmerie n'ont, ni dans cette circonstance ni dans aucune autre, à recevoir d'ordre de l'opinion publique.

_____

(1) Il est certains fonctionnaires désignés par la loi qui ne peuvent être arrêtés, et leurs procès instruits et jugés que selon des formes spéciales. Dans ces divers cas, pour ne pas laisser perdre la trace du fait, l'officier de gendarmerie doit, comme à l'égard des autres crimes et délits, faire l'instruction jusques et non compris l'arrestation et l'interrogatoire.

Pour qu'il y ait assimilation au flagrant délit, il faut que le prévenu soit *poursuivi* par la clameur publique. La loi suppose donc que le prévenu est tenu à l'œil par les citoyens dont l'opinion le *poursuit*, ou du moins que les regards sont tendus sur le lieu où il se cache, l'y *poursuivent*, et provoquent son arrestation à l'instant.

Effets, armes, temps voisin du délit.

Le dernier cas prévu par l'art. 41 du Code d'instruction criminelle et l'art. 249 du décret du 1er mars 1854 est celui où, *dans un temps voisin du délit*, une personne est trouvée saisie d'effets, armes, instruments ou papiers pouvant l'en faire présumer auteur ou complice.

Les mots *temps voisin du délit* n'ont pas de valeur fixe, et doivent encore s'entendre dans un sens qui ne soit pas trop restreint. C'est à chaque officier de gendarmerie, lorque le cas se présente, à apprécier, d'après les circonstances, s'il se trouve encore dans un temps qu'on puisse réputer voisin du délit.

Réquisition d'un chef de maison.

Enfin, l'art. 46 du Code d'instruction criminelle met sur la même ligne que le flagrant délit le cas où, lorsqu'il s'agit d'un crime ou délit, même non flagrant, commis dans l'intérieur d'une maison, le chef en requiert la constatation; ce cas ne peut donner lieu à aucune difficulté, puisqu'il ne s'agit que d'une constatation de faits dans un lieu ouvert à l'officier de gendarmerie par le propriétaire ou possesseur lui-même.

En conséquence, les officiers de gendarmerie suivront la règle qui leur est tracée par les art. 263 et 264 du décret du 1er mars 1854.

On entend par chef de maison.

On entend par chef de maison non-seulement le propriétaire de cette maison, mais aussi le principal locataire et même chaque locataire, si la maison où le fait s'est commis est habitée par plusieurs familles ou plusieurs locataires.

Mais il est bien entendu que chacune de ces personnes, chef de famille, ne peut requérir l'officier de gendarmerie qu'à raison des faits qui le concernent *personnellement*, et non de ceux qui se seraient passés chez d'autres que le requérant.

L'officier de gendarmerie pourrait même s'introduire dans une maison de l'intérieur de laquelle des réclamations ou des cris auraient été proférés pour appeler du secours par d'autres que le chef de famille, de l'appartement ou de la maison; mais alors il agirait non en vertu de l'art. 46, mais en vertu de l'art. 32, et 249 du décret du 1er mars 1854, car il y aurait véritablement flagrant délit.

Preuve.

La première preuve est le flagrant délit. Elle atteste le fait; mais elle n'atteste pas toujours que cette flagrante action soit un crime : on voit un homme qui tue un homme, mais s'il tue l'assassin de son père, en le poursuivant au moment de l'assassinat, il n'est pas coupable; s'il tue son agresseur, on n'a rien à lui reprocher; s'il tue pour un affront sanglant, dans un premier mouvement de colère, la loi même doit l'excuser, en dédommageant la famille du mort. En un mot, toute action doit avoir diverses phases.

Effets du flagrant délit.

Les effets du flagrant délit véritable, en ce qui touche les droits qui en résultent pour les officiers de gendarmerie, consistent en ce qui suit :

1° Le transport sur les lieux (art 251 du décret du 1er mars 1854);

2° L'audition régulière de témoins (idem) ;

3° Les visites domiciliaires de nuit (1);

4° L'arrestation de l'inculpé sans mandat (id. 259);

5° Le mandat d'amener contre l'inculpé non présent.

Il faut bien remarquer ici que le véritable, l'unique flagrant délit, suivant la valeur pure du terme, est celui qui se commet actuellement ou qui *vient* de se commettre. Les autres cas ne sont que *réputés* flagrant délit.

Cette distinction étant d'abord posée, il faut ensuite se faire une idée précise de ces cas qui ne sont que *réputés* flagrant délit. — Ces cas sont ceux où le prévenu est *poursuivi* par la clameur publique, ou bien *trouvé* saisi d'effets, etc.; dans l'un et l'autre de ces cas, le prévenu est là. S'il est *trouvé* saisi de ces effets, etc., c'est qu'on lui parle ou qu'on l'entoure; s'il est *poursuivi* par la clameur publique, c'est qu'on le voit, ou bien qu'on vient de le voir ou de l'entendre. Cette

---

(1) Les officiers de gendarmerie se conformeront à l'article limitatif 291 du décret du 1er mars 1854.

clameur publique ne peut être que l'expression de
l'opinion générale hautement manifestée, et, pour que
cette opinion générale ait un effet légal, il faut qu'elle .
poursuive le prévenu. Et le mot *poursuivi* est nécessairement pris dans son sens propre et positif, ainsi
qu'on l'a dit plus haut.

De ces observations, il résulte que dans les cas qui
ne sont pas le flagrant délit véritable, mais qui seulement sont *réputés* flagrant délit, il s'agit d'abord exclusivement de l'arrestation de l'inculpé présent.

Si l'inculpé poursuivi par la clameur publique ne
peut pas être arrêté et disparaît, s'il cesse enfin d'être
poursuivi, le cas *réputé* flagrant délit cesse en même
temps, puisqu'il n'existe que par le fait de la poursuite.

Quand l'inculpé est *poursuivi*, et quand il s'agit
d'un inculpé *trouvé* nanti d'effets, etc., l'arrestation
opérée, la fiction du flagrant délit se prolonge indispensablement pendant le temps nécessaire aux opérations qui sont la suite immédiate de cette arrestation.
— Ces opérations suivent la marche du flagrant délit
véritable, conformément aux art. 253 et suivants du
décret du 1er mars 1854.

Premières recherches.

Les recherches les plus promptes sont les plus
fructueuses : le moindre retard peut faire disparaître
des indices souvent fugitifs. Lorsque l'officier de gendarmerie a négligé de constater le fait, ou qu'en le
constatant il a omis de recueillir des indices essentiels,
cette omission est presque toujours sans remède.
Aussi, ces premières recherches exigent-elles tout son
zèle, toute son activité, toute son attention.

Célérité indispensable. — Pourquoi.

En se livrant aux opérations que la loi confie à l'officier de gendarmerie exerçant les fonctions de police judiciaire, il n'oubliera pas que c'est dans le premier moment du délit que la vérité tout entière se manifeste, soit dans les faits, soit dans les individus. Le plaignant, dans l'émotion causée par le tort qu'il vient d'éprouver ; les témoins, dans l'indignation dont le fait les pénètre, s'expliquent avec franchise et véracité. La justice n'est pas encore entravée par les conseils d'une pitié mal entendue, par les sollicitations, et par une foule de considérations préjudiciables à la société. Le temps effaçant bientôt les premières impressions produites par le délit, si le fait n'était pas promptement constaté, il serait à craindre qu'on ne cherchât par la suite à le déguiser ou au moins à l'atténuer, en en dissimulant ou dénaturant les circonstances. Quant au prévenu, interrogé sur-le-champ, dans le trouble inséparable de son arrestation (1), il n'a ni la faculté ni le temps de résister à l'ascendant de la justice, de préparer une défense artificieuse ou de se concerter avec ses complices. Il faut donc, sans aucune remise, entendre le dénonciateur ou le plaignant, les témoins, le prévenu, ne pas désemparer que l'opération ne soit consommée. En cas de flagrant délit, il importe, à l'arrivée de l'officier de gendarmerie, de se faire désigner les témoins, et d'empêcher qu'ils ne s'éloignent. L'expé-

---

(1) Dans le cas d'arrestation inopinée d'un coupable, on a presque toujours remarqué les deux extrêmes : un morne silence, ou une insupportable volubilité de paroles.

rience prouve qu'une fois éloignés, soit indifférence,
soit répugnance, soit encore crainte d'être détournés
de leurs occupations, loin de venir offrir leur témoignage à la justice, ils s'efforcent de rester inconnus.

Interrogatoire dans le cas de flagrant délit ou hors le
flagrant délit (art. 260 du décret du 1er mars 1854).

L'interrogatoire est une mesure d'instruction dont
le Code de législation criminelle a consacré la nécessité
tant en faveur de l'inculpé ou du prévenu, pour lui
faciliter les moyens de se justifier, que contre lui et
pour le bien de la justice.

De toutes les fonctions déférées à l'officier de gendarmerie agissant comme auxiliaire du procureur impérial, celle qui a pour objet l'interrogatoire d'un
inculpé est assurément la plus grave et la plus délicate.

Une première règle à observer, c'est que l'interrogatoire, au cas de flagrant délit, soit fait le plus promptement possible (p. 35 et 36).

L'interrogatoire ne peut jamais porter sur des
faits étrangers à la prévention du crime ou du délit
dont l'inculpé ou le prévenu est l'objet; ni à la fois
sur plusieurs circonstances ou sur plusieurs faits
réunis.

Si l'inculpé ou le prévenu a dû avoir des complices, la demande lui en sera faite en termes généraux
et sans indication des personnes; les réponses, en
général, ne devant pas être suggérées, et encore
moins alors qu'elles constitueraient une dénonciation.

Si les complices désignés par l'inculpé ou le prévenu ne sont pas arrêtés, si leurs noms et leurs demeures ne sont pas connus, on se fait donner par l'interrogé le signalement de leurs personnes, l'indication

des lieux qu'ils fréquentent, des individus avec lesquels ils sont en relation, et, dans tous les cas, le
détail circonstancié de la part qu'ils ont prise au
crime ou au délit.

On doit placer ici une observation importante.
L'officier de gendarmerie appelé à procéder à un interrogatoire doit le faire avec calme et douceur. Le
calme et la douceur prédisposent l'inculpé à entrer
dans la voie révélatrice, résultat que l'on n'obtiendrait
pas chez la plupart des individus, si l'officier interro-
gateur employait des formes dures, acerbes, telles que
la menace, les expressions injurieuses ou blessantes.

Transport.

Le transport sur les lieux dont il s'agit ne doit pas
être confondu avec les perquisitions qui sont aussi un
genre de transport. Il s'effectue dans l'endroit où les
faits punissables se sont passés. Si cet endroit est un
chemin ou tout autre lieu ouvert, la question est sans
intérêt ; car les officiers de gendarmerie peuvent indu-
bitablement se rendre à chaque instant dans tous les
lieux non clos de leur arrondissement. Le transport
sur les lieux qui donne lieu à la question ne peut donc
être que celui qu'on effectue dans une maison habitée
ou tout autre lieu clos, possédé par la personne qui a
souffert du délit ou par toute autre personne non inculpée, ainsi qu'il résulte des articles 251, 253, 263
du décret du 1er mars 1854.

Procès-verbaux.

Les procès-verbaux à rédiger par l'officier de gendarmerie sont au nombre de trois : le premier constate
le transport de l'officier, le corps du délit, son état,
l'état des lieux ; le second, l'information ou l'audition

des témoins, et le troisième, l'interrogatoire de l'accusé, s'il a été arrêté. Ces trois procès-verbaux sont rédigés séparément (pages de 59 à 69).

Cas encore assimilés pour la gendarmerie au flagrant délit (art. 275, 276, 287, 315, 333, 339 et 344 du décret du 1er mars 1854).

Il y a encore d'autres cas, considérés en quelque sorte comme des flagrants délits, et dans lesquels des lois spéciales ont conféré à l'autorité administrative des droits exceptionnels, tels que celui d'arrestation pré ventive dans l'intérêt de la vindicte publique.

C'est ainsi qu'aux termes des articles ci-dessus du décret du 1er mars 1854, tout voyageur qui ne présente pas de passeport, à la demande de la gendarmerie, est conduit devant le maire de la commune ou le juge de paix du canton; il en est de même à l'égard des évadés des prisons et des bagnes, des mendiants valides, vagabonds, gens sans aveu, etc.; les déserteurs, les militaires sans feuilles de routes, les jeunes soldats réfractaires, etc., arrêtés, sont conduits devant le commandant de la gendarmerie du département ou dirigés sur la prison militaire où siège un des conseils de guerre de la division.

VOL.

N° 1. — *Procès-verbal de constat d'un flagrant délit de vol qualifié.* (C. inst. cr., art. 32, 40 et 49.)

L'an mil huit cent cinquante-neuf, le douze..., à onze heures du matin,

Je soussigné *(le grade de l'officier)* de gendarmerie, etc., *(s'il est assisté d'un greffier, en faire mention).*

Instruit par la dénonciation à l'instant faite devant moi par le sieur Paul Dito, maraîcher et vigneron, demeurant à..., qu'un vol d'argent, de bijoux et de linge venait d'être commis à son préjudice, en sa demeure à..., commune de...;

Procédant en cas de flagrant délit, par suite de ladite plainte, conformément aux art. 32 et 49 du Code d'instruction criminelle;

Après avoir donné avis de mon transport à M. le procureur impérial de l'arrondissement de..., je me suis rendu, accompagné de deux gendarmes de la brigade de...., dans le domicile dudit sieur Dito, où étant arrivé, j'ai, en présence de M. le maire, procédé ainsi qu'il suit :

J'ai reconnu que le voleur n'a pu s'introduire dans la maison que par la porte d'entrée, la croisée qui éclaire l'habitation du côté du jardin, au midi, et une plate-bande de ce jardin qui se trouve au-dessous de cette croisée, ne portant aucune trace de son passage.

Entré dans la maison, j'ai reconnu que l'armoire avait été ouverte par un effort violent; la serrure était arrachée et ne tenait plus qu'à un clou; sur les vantaux de l'armoire, et à peu près vis-à-vis de la serrure, on remarque à l'intérieur plusieurs traces de pesée sur une largeur d'environ trente-cinq millimètres, paraissant avoir été faites avec un instrument en fer rouillé.

Je me suis ensuite transporté, toujours accompagné de M..., maire de la commune, et des deux gendarmes, chez le sieur Boulay, qui était absent. Je l'ai envoyé chercher par un gendarme, et, lorsqu'il est arrivé, je lui ai fait part de l'objet de ma présence.

Boulay m'a paru d'abord interdit, puis il a protesté de son innocence, et m'a ouvert sans difficulté la porte de sa maison.

En y entrant, j'ai défendu à toutes les personnes présentes de sortir de la maison et de s'éloigner jusqu'après la clôture de mon procès-verbal, sous les peines portées par l'art. 34 du Code d'instruction criminelle. J'ai fait dans l'habitation de Boulay, se composant de deux pièces au rez-de-chaussée, d'un cellier et d'un grenier sur le tout, les recherches les plus minutieuses, sans d'abord y rien découvrir de relatif au vol commis au domicile et au préjudice des époux Dito.

Jai alors demandé au sieur Boulay s'il n'existait pas d'autres lieux dépendant de son habitation, et, voyant qu'il hésitait à me répondre, j'ai découvert au fond du jardin un petit appentis, servant de fournil, où étaient entassés un grand nombre d'objets parmi lesquels se trouvait un vieux coffre fermé à clef. Jai enjoint à Boulay de m'en faire l'ouverture; il m'a répondu en balbutiant qu'il n'avait pas la clef, et, qu'au surplus, il ne possédait pas d'argent chez lui. Sur cette réponse, je l'ai fait fouiller minutieusement par un gendarme pour découvrir tant cette clef que les objets provenant du vol.

Cette fouille n'ayant produit aucun résultat, j'ai fait requérir le sieur..., serrurier, en cette commune, de se rendre près de moi pour faire l'ouverture de ce coffre. Déférant immédiatement à ma réquisition, j'ai trouvé dans ce meuble, parmi un tas de chiffons, un sac en toile bleue, contenant cent soixante-quinze francs et six chemises d'homme, que les époux Dito ont déclaré parfaitement reconnaître pour leur

4

appartenir. La femme Dito m'a fait même remarquer que l'on avait commencé à démarquer deux de ces chemises.

Continuant mes recherches, et visitant de nouveau le fournil où j'ai trouvé, dans un tas de copeaux, un vieux ciseau en fer rouillé, qui m'a paru, par sa dimension, avoir servi à forcer l'armoire des époux Dito. J'ai mesuré ce ciseau, et sa largeur s'est trouvée de trente-cinq millimètres et demi.

À l'instant s'est présentée la femme Boulay, à qui j'ai fait part des motifs de mon transport. Elle m'a répondu qu'elle ne pouvait croire son mari coupable du vol dont on l'accusait. Etant ensuite rentré dans la maison du sieur Dito, avec tous les assistants, le sieur Boulay et sa femme, que j'ai fait, dès ce moment, garder à vue, en état de mandat d'amener, j'ai appliqué le ciseau saisi dans le fournil des inculpés sur les traces de pesées déjà remarquées sur l'armoire, et j'ai reconnu qu'il s'y adaptait parfaitement; tous les assistants l'ont reconnu aussi, Boulay et sa femme eux-mêmes n'ont pu s'empêcher de convenir de l'exactitude de cette remarque.

J'ai alors prononcé la saisie du sac d'argent, des six chemises et du ciseau en fer, pour servir de pièces de conviction; et je les ai fait mettre, en présence de Boulay et de sa femme, dans un sac de toile, que j'ai fermé au moyen d'une corde sans nœuds, aux deux bouts de laquelle j'ai empreint mon sceau sur cire rouge ardente, et j'ai placé sur ce paquet une bande de papier indicative de son contenu, signée et paraphée de M. le maire, de moi et de mon greffier, Boulay ayant déclaré ne le savoir, de ce interpellé.

Ce fait, j'ai entendu séparément, et hors la présence de Boulay et de sa femme, les personnes qui m'ont été indiquées comme ayant connaissance du vol, objet de mon transport, et j'ai fait subir un interrogatoire à Boulay et à sa femme, l'un après l'autre, également par procès-verbaux séparés du présent.

Lecture faite du présent procès-verbal à l'inculpé Boulay et aux personnes présentes, ils l'ont signé avec moi et le greffier, excepté le sieur Bénard qui a déclaré ne savoir signer.

Et attendu qu'il résulte de l'information à laquelle je viens de procéder contre le nommé Pierre Boulay, les indices les plus graves, d'avoir commis le crime à lui imputé;

Vu les art. 40 et 49 du Code d'Instruction criminelle, j'ai ordonné que cet inculpé sera conduit immédiatement en état de mandat d'amener, devant M. le procureur impérial de l'arrondissement.

Fait à....

No 2. — *Procès-verbal d'information en cas de flagrant délit* (Code d'instr. crim., art. 32).

Aujourd'hui.. , le..., à... heure du matin.

Je soussigné (*grade*), commandant l'arrondissement de..., officier de police judiciaire, auxiliaire de M. le procureur impérial.

Étant à..., et procédant, en cas de flagrant délit, par suite de mon procès-verbal de constat d'un vol commis au domicile et au préjudice du nommé Dito, maraîcher et vigneron, demeurant à Bernay, en date de ce jour, assisté du brigadier Nicolas Hébert, faisant fonctions de greffier, j'ai fait comparaître devant moi, en la maison dudit sieur Dito, où je suis, les personnes ci-après nommées, à moi indiquées comme pouvant donner des renseignements sur le vol dont il s'agit, lesquelles m'ont fait successivement et séparément les unes des autres, hors la présence du prévenu et du plaignant, leur déposition, ainsi qu'il suit :

(L'officier peut faire prêter serment à chaque témoin.)

1° Louise-Estelle Loiseau, âgée de trente-cinq ans, femme de Paul Dito, vigneron, demeurant à Bernay, non domestique, parente ni alliée du prévenu, dépose :

J'ai vu, ce matin, la femme Boulay, posée derrière la haie de son jardin, où elle faisait le guet. Elle n'avait aucune raison de se tenir dans cet endroit du jardin, parce qu'il n'y a en ce moment aucune récolte ni plantation à faire. Les Boulay sont de très-mauvais voisins ; nous avons un marais qui touche au leur, et dont on nous a souvent volé des légumes ; je ne puis guère accuser qu'eux de ces vols, parce que je m'en apercevais précisément le lendemain du jour où ils étaient allés à leur marais. Tout ce que vous a dit mon mari, dans sa plainte, dont vous venez de me donner lecture, est l'exacte vérité. J'affirme de nouveau que les chemises saisies dans le fournil de Boulay, sont bien celles qui nous ont été volées, et que l'argent trouvé chez lui provient bien du vol commis à notre préjudice.

Lecture faite, a persisté et a signé avec moi et le greffier.

(Signatures.)

2° Louis-Paul Dito, âgé de seize ans, sans profession, demeurant à Bernay, non domestique, parent ni allié du prévenu, dépose :

Ce matin, vers huit heures, étant à travailler avec ma sœur, dans notre marais des Trois-Sillons, j'ai vu arriver Boulay, notre voisin, qui se rendait à son ouvrage. Je lui ai adressé la parole, mais il a continué son chemin sans me répondre. Il était bien certainement plus de huit heures quand Boulay est arrivé, car il y avait déjà quelques instants que j'avais entendu sonner la messe, qui se dit tous les jours à cette heure-là...

Lecture faite, a persisté et a signé avec moi et le greffier.

(*Signatures.*)

3° Alexandre Bénard, cultivateur, demeurant à..., non domestique, parent ni allié du prévenu, dépose :

Le... de ce mois, j'ai payé à Paul Dito 250 fr., en pièces de 5 fr., dans l'étude de Me..., notaire à..., où se trouvait également le nommé Boulay, qui m'a bien certainement vu remettre ces 250 fr. à Dito, car il était debout près de nous en ce moment. Parmi les pièces de 5 fr. que je lui ai données, il s'en trouvait une de la République, au millésime de mil huit cent quarante-neuf, sur laquelle j'avais fait une croix avec mon couteau.

Examen fait des trente-cinq pièces de 5 fr. saisies chez Boulay, j'en ai effectivement trouvé une avec l'effigie de la République, du millésime de mil huit cent quarante-neuf.

Représentation faite de cette pièce de 5 fr. au témoin, il a déclaré la reconnaître parfaitement pour l'avoir donnée à Paul Dito, lors du paiement qu'il lui a fait, en présence de Boulay, dans l'étude de Me..., notaire à....

A l'instant j'ai fait amener devant moi le prévenu Boulay, et je lui ai fait donner lecture de la déposition du témoin.

4.

Interpellé de m'expliquer comment il avait en sa possession la pièce de 5 fr. reconnue par le témoin, pour avoir été par lui donnée à Dito.

Le prévenu a répondu : C'est une fatalité que je ne puis comprendre ni m'expliquer moi-même.

Lecture faite, le témoin a déclaré persister dans sa déclaration, et a signé avec moi et le greffier, après que le prévenu a eu déclaré ne vouloir signer, de ce requis.

(Signatures.)

Fait à..., le..., et j'ai signé avec le greffier.

(Signatures.)

N° 3. — *Interrogatoire de l'inculpé.*

Aujourd'hui... le... à... heures d...

Je soussigné (*le grade*), commandant l'arrondissement de..., officier de police judiciaire, auxiliaire de M. le procureur impérial, assisté du brigadier Nicolas Hébert, mon greffier, auquel j'ai fait prêter serment de bien et fidèlement remplir ces fonctions ;

Étant à..., et procédant en cas de flagrant délit, par suite de mon procès-verbal, en date de ce jour, ou procédant sur la réquisition de..., chef de maison, ou procédant en vertu de la commission rogatoire de M. le juge d'instruction de..., en date du..., à moi transmis pour exécution par M. le procureur impérial dudit arrondissement,

J'ai fait subir l'interrogatoire suivant au dénommé ci-après, inculpé de... (*d'un vol d'argent, etc.*), trouvé et arrêté sur les lieux, ou se présentant volontairement, ou conduit devant moi en vertu de mon mandat d'amener en date du..., etc.

Demande. Quels sont vos nom, prénoms, âge, profession, domicile et lieu de naissance?

Réponse. Pierre Boulay, âgé de quarante-cinq ans, maraîcher, né à..., demeurant à Bernay.

D. Vous êtes inculpé d'avoir commis, aujourd'hui même, de six heures à huit heures du matin, un vol d'argent, de bijoux et de linge, au domicile et au préjudice du sieur Paul Dito, votre voisin; vous auriez profité de son absence pour vous introduire chez lui au moyen de la clef de la maison, dont vous connaissez la place habituelle; puis vous auriez forcé son armoire, où vous auriez pris une somme de deux cents francs en argent et en cuivre, une croix et une chaîne d'or, et dix chemises.

R. C'est très-faux; ce n'est pas moi qui ai commis ce vol.

D. Cependant je viens de trouver, à l'instant même, au fond d'un vieux coffre, dans le fournil de votre habitation, six chemises que les époux Dito ont reconnues pour leur appartenir; elles sont d'ailleurs toutes marquées en leur nom. Comment expliquez-vous cette circonstance?

R. Ces chemises sont à moi, je les ai achetées dans une vente à..., il y a plusieurs années; si Dito croit les reconnaître, il se trompe; d'ailleurs, il y a bien des chemises de toile qui se ressemblent. Je sais que Dito m'en veut depuis longtemps; il fait cela pour me perdre.

D. Mais la marque de deux de ces chemises est en partie enlevée; on comprend difficilement, si ces chemises vous appartiennent, pourquoi vous auriez cherché à les démarquer.

R. Je ne puis rien vous dire là-dessus.

D. Veuillez m'expliquer la présence, dans un lieu

isolé de votre habitation, des deux cents francs
que j'ai trouvés dans le vieux coffre de votre fournil.

R. Je les avais déposés là par mesure de sûreté,
persuadé que les voleurs ne les y viendraient pas
chercher, tandis que chez soi on est exposé tous les
jours à être volé.

D. D'où vous proviennent ces deux cents francs ?

R. De mes économies depuis plusieurs années.

D. J'ai aussi trouvé un ciseau en fer que je viens
d'appliquer, devant vous, aux traces de pesées qui se
remarquent sur l'armoire de Dito, et vous avez vu,
comme tous les assistants, combien cet outil s'y rap-
portait exactement. Vous avez également vu que les
traces de pesées de l'armoire sont empreintes de
rouille, or, votre ciseau est précisément rouillé.

R. C'est vrai; mais ces sortes d'outils sont presque
tous faits sur le même modèle, et d'ailleurs je ne suis
pas le seul dans la commune qui en possède de semblables.

D. Vous saviez que Dito avait de l'argent.

R. Non, monsieur.

D. Cependant vous vous êtes trouvé avec Dito dans
l'étude de M•..., notaire à..., au moment où M• B...
lui a compté une somme de deux cent cinquante francs
qu'il restait lui devoir sur le prix d'une pièce de terre
qu'il lui avait vendue.

R. Je me suis trouvé effectivement dans l'étude de
M•..., notaire à..., le..., en même temps que Dito,
mais... *(le prévenu s'arrête sans finir sa phrase,
qu'il termine ainsi:)* parce qu'il aurait touché de
l'argent, est-ce à dire pour cela que je l'aie volé,
moi, et que l'argent que vous avez trouvé dans mon
coffre lui appartienne ? Rien ne le prouve.

D. Pourquoi m'avez-vous dit, avant que je fisse ouvrir le coffre par le serrurier, que c'était inutile, que vous n'aviez pas d'argent?

R. On n'est pas obligé de dire à tout le monde ses affaires.

D. Ce matin, on a vu votre femme postée derrière la haie de votre jardin, d'où elle semblait épier le départ de la famille Dito pour leurs travaux; de votre côté, vous êtes arrivé à votre travail plus de deux heures plus tard qu'à l'ordinaire; expliquez-vous donc à cet égard.

R. J'ignore si ma femme est allée dans le jardin; quant à moi, si je ne suis pas allé à mon travail d'aussi bonne heure que de coutume, c'est que j'ai été occupé aill urs; cela ne regarde personne.

D. Tout prouve que vous êtes l'auteur du vol commis chez les époux Dito, vous feriez beaucoup mieux d'avouer la vérité.

R. Je ne puis pas convenir d'une chose que je n'ai pas faite.

D. Avez-vous été repris de justice?

R. Non, monsieur.

Lecture faite, a persisté, et a déclaré ne vouloir signer, de ce requis, et j'ai signé avec mon greffier.

(Signatures.)

HOMICIDE.

No 4. — *Procès-verbal de constat en cas d'homicide,
blessures graves, etc.* (Code d'instr. crim., art. 32,
40 et 49.)

Aujourd'hui, etc.

Je soussigné (*le grade*), commandant l'arrondisse-
ment de...., officier de police judiciaire, auxiliaire de
M. le procureur impérial, assisté du brigadier Nicolas
Hébert, mon greffier.

Instruit par la dénonciation à l'instant faite devant
moi par le sieur Claude Doré, marchand épicier,
demeurant à...., rue..., n°..., qu'un homicide venait
d'être commis sur la personne de M. Louis Dancé,
rentier, l'un de ses locataires, et qu'un individu
désigné comme étant l'auteur de ce crime avait été
arrêté;

Ou bien que M. Louis Dancé, son locataire, venait
à l'instant d'être frappé de plusieurs coups de couteau,
dans le chemin qui conduit de sa demeure à l'église,
et que l'auteur présumé de ce crime, le nommé...,
n'avait pu être arrêté;

Procédant en cas de flagrant délit, par suite de
ladite dénonciation, conformément aux art. 32 et 49
du Code d'instruction criminelle, après avoir donné
avis de mon transport à M. le procureur impérial
de l'arrondissement de...., je me suis rendu, accompagné de M. le maire de la commune de..., et
de deux gendarmes de la brigade, dans la maison sus-
désignée dudit sieur Dancé, dont j'ai fait garder l'extérieur et les issues avec défense à qui que ce fût
d'en sortir et de s'éloigner sans ma permission, jus-

qu'après la clôture de mon procès-verbal, sous les peines portées par l'art. 34 du Code d'instruction criminelle.

Monté au premier étage, par un escalier à droite, au fond d'une cour, j'ai été introduit dans un appartement composé de trois pièces, donnant sur la cour ou sur un jardin, où j'ai trouvé réunis : 1° le nommé Joseph Dupont, domestique du sieur Dancé; 2° le sieur André Galois, cordonnier, et Alexis Simon, tailleur d'habits, voisins; 3° et un individu que l'on nous a désigné comme étant celui qui a été arrêté par M. Caron et par son garçon de boutique, le sieur Louis David.

Sur mon interpellation, cet individu m'a déclaré se nommer Jacques Robinet, être âgé de vingt-cinq ans, né à Rouen, exercer la profession de jardinier, demeurer depuis un mois à..., et précédemment à...; rue..., n°...

J'ai ordonné que Robinet sera gardé sous la main de justice, en état de mandat d'amener, je l'ai en conséquence remis entre les mains des gendarmes Paupert et Grive et du sieur Denis, garde champêtre, avec recommandation de veiller à ce qu'il ne communique avec personne, et ne jette ou ne détruise rien de suspect.

En présence tant de cet individu que des personnes présentes susnommées, j'ai constaté le corps du délit et ses circonstances, ainsi qu'il suit :

Dans une pièce donnant sur le jardin, et servant de chambre à coucher, j'ai trouvé sur un lit, dont les draps, la couverture et les matelas étaient inondés de sang, un cadavre du sexe masculin, que le nommé Dupont, domestique, et les sieurs Galois et Simon m'ont déclaré être celui du sieur

Louis Dancé, âgé de soixante-cinq ans, né à Caen. Ce corps, couché sur le dos, vêtu d'une simple chemise et coiffé d'un bonnet, a reçu plusieurs blessures dans la partie antérieure de la poitrine ; la chemise percée de plusieurs trous à l'endroit des blessures, et le bonnet, sont ensanglantés. A terre, dans un coin de cette chambre, j'ai trouvé un couteau-poignard, à manche de corne de cerf, teint de sang, dont je me suis saisi. Ce couteau, dont la lame en pointe est de vingt millimètres dans la partie la plus large, ne porte aucun nom ou marque de fabricant. Représentation faite à Robinet de ce couteau-poignard, en le sommant de déclarer s'il le reconnaît pour lui appartenir, ou pour s'en être servi, il a répondu d'une voix entrecoupée, en baissant les yeux : *(sa réponse.)*

Requis par moi de procéder à l'examen des causes de la mort du sieur Dancé, MM. B... et D..., docteurs en médecine, demeurant à..., ont prêté devant moi le serment de faire faire leur rapport et donner leur avis en leur honneur et conscience.

Leur examen terminé, ils ont procédé à l'examen extérieur de ce corps et à l'autopsie du cadavre, et m'ont ensuite fait leur rapport ci-annexé.

Requis ensuite de visiter l'inculpé arrêté, ils m'ont rapporté que ses mains, sa blouse, sa cravate et sa casquette étaient tachées de sang, etc., etc., ce qui a été vu et reconnu par les assistants et l'inculpé lui-même. Rien ne constate à l'intérieur comment l'assassin a pu pénétrer dans l'appartement. En effet, on ne remarque à la porte d'entrée et aux croisées aucune trace d'effraction ; une clef était dans la serrure à l'extérieur. Cette clef s'ajuste parfaitement à la serrure, qui est une serrure de sûreté, ce qui fait présumer qu'elle en est la véritable clef.

Informé qu'une porte qui donne du jardin sur la rue avait été entr'ouverte, et présumant que l'assassin aurait pu s'introduire par ce côté dans la maison, le jardin n'étant séparé de la cour que par un mur d'appui d'un mètre environ de hauteur, dans lequel est une porte fermant seulement au loquet, je me suis rendu avec le prévenu et les assistants à la porte de ce jardin, par l'extérieur, pour ne point effacer ni confondre les empreintes de pas qu'aurait pu laisser l'assassin dans l'intérieur du jardin. La rue étant pavée, je n'ai rien vu au dehors; mais dans une des allées qui conduisent intérieurement de la porte du jardin à la maison, j'ai remarqué, sur la terre amollie par la pluie qui est tombée tout récemment, des empreintes de pas qui se dirigeaient de la porte à la maison, et j'ai reconnu que ces empreintes, au nombre de..., parfaitement formées, toutes de la même grandeur, appartenaient à deux souliers différents, l'un portant l'empreinte de vingt clous au talon, l'autre ne portant au talon que dix-huit clous, et une empreinte de clou manquant au milieu du talon. J'ai fait déchausser l'inculpé Jean Robinet, et j'ai reconnu que le soulier de son pied gauche s'adaptait parfaitement aux empreintes où se voit la trace de vingt clous, et que le soulier droit s'adapte aussi parfaitement aux empreintes où est la trace de dix-huit clous, et qu'à ce soulier il manque un clou à la même place qu'à ces dernières empreintes. Tous les assistants s'en sont convaincus comme moi, et Robinet lui-même n'a pu s'empêcher de convenir de l'exactitude de ces remarques (1).

_____

(1) Dans le cas où l'inculpé n'est pas arrêté, on prend la dimension des pas avec une feuille de papier qu'on dé-

J'ai ensuite fait fouiller l'inculpé minutieusement
par un gendarme, et il ne s'est trouvé sur lui qu'un
passe-partout qui m'a paru, par sa dimension, avoir
pu servir à ouvrir la porte du jardin; je l'ai essayé à
cette porte, et il l'a ouverte sans difficulté.

Ayant alors prononcé la saisie de la chemise, du
bonnet de coton, des draps et de la couverture du lit
du défunt, du couteau-poignard, de la clef de l'appartement et de la serrure, et du passe-partout saisi sur
Jean Robinet; de la blouse, de la cravate et de la
casquette et des souliers de l'inculpé, pour servir de
pièces de conviction; je les ai fait mettre, en présence de l'inculpé, dans un sac de toile, que j'ai fermé
au moyen d'une corde sans nœuds, aux deux bouts
de laquelle j'ai empreint mon sceau sur cire rouge
ardente, et j'ai placé sur ce paquet une bande de
papier indicative de son contenu, signée et paraphée
de M. le maire, de moi et de mon greffier, Robinet
ayant déclaré ne vouloir signer.

Lecture faite à l'inculpé Robinet et aux personnes
y dénommées du présent procès-verbal, que j'ai rédigé en présence de M..., maire de la commune de...,
requis par moi de m'assister, ils ont signé avec moi
et le greffier, à l'exception de l'inculpé qui a déclaré
ne vouloir signer.

(Signatures.)

Cette opération terminée, moi, lieutenant de gendarmerie, agissant et assisté comme il est dit des autres
parts, je me suis transporté dans le domicile du nom-

---

coupe dessus, et avec l'encre on y figure l'empreinte des
clous. Cette feuille est comparée avec la chaussure de l'inculpé, s'il est arrêté ultérieurement.

mé Robinet, et là, en sa présence, j'ai fait une perquisition dans sa chambre, située au deuxième étage,
et je n'y ai rien trouvé.

Lecture faite du présent procès-verbal à l'inculpé
Robinet et aux assistants, ils l'ont signé avec moi et
le greffier, à l'exception de l'inculpé, qui a déclaré ne
vouloir signer.

(Signatures.)

J'ai ensuite entendu, dans leurs dépositions, les
personnes présentes, ci-devant nommées, et autres,
qui m'ont été signalées comme pouvant donner des
renseignements utiles à la manifestation de la vérité.
(Voir, page 63, le procès-verbal d'information.)

Interrogatoire de l'inculpé.

(Suivre la marche tracée au nº 3, p. 66.)

Et, attendu que de l'audition des témoins et de l'interrogatoire de Jean Robinet, il résulte que ce dernier
est fortement inculpé d'être l'auteur de l'assassinat du
sieur Louis Dancé, j'ai ordonné qu'il resterait sous la
main de la justice, en état de mandat d'amener, pour
être conduit devant M. le procureur impérial de l'arrondissement pour être statué à son égard ce que de
droit.

Fait à..., les jour, mois et an que dessus, six
heures du soir, et j'ai signé avec le greffier.

(Signatures.)

RÉQUISITION D'UN CHEF DE MAISON.

N° 6. — *Procès-verbal de constat d'un crime ou délit sur réquisition d'un chef de maison.* (Code d'instr. criminelle, art. 46, et 263 du décret du 1er mars 1854.)

Aujourd'hui..., le..., à... heures d...

Je soussigné (*le grade*), commandant l'arrondissement de..., officier de police judiciaire, auxiliaire de M. le procureur impérial, assisté du brigadier Louis Gilot, mon greffier, dont j'ai reçu le serment de se bien et fidèlement acquitter de ses fonctions;

Procédant en vertu des art. 32, 46 et 49 du Code d'instruction criminelle et par suite de la plainte du sieur Louis-Adrien Durand, propriétaire, demeurant à..., qu'un vol aurait été commis la nuit dernière, au moyen d'effraction extérieure et intérieure dans sa maison à...,

Je me suis transporté, accompagné de M...., maire de la commune de...., et assisté de deux gendarmes de la brigade de..., dans la maison sus-désignée dudit sieur Durand, requérant, et avant d'y pénétrer, j'ai remarqué dans le mur que forme le bas de la croisée de la cuisine, sur une ruelle, une ouverture de la largeur de vingt-cinq centimètres sur sept de hauteur, pratiquée au moyen du dérangement de plusieurs grosses pierres qui se sont trouvées dans la ruelle, à environ un mètre, dont une porte l'empreinte, en plusieurs endroits, d'une pince, avec laquelle ces pierres paraissaient avoir été déplacées.

Recherches par moi faites dans cette ruelle, j'ai découvert dans le bout, dans une touffe d'herbe,

une pince en fer, de la longueur de trente-cinq millimètres, de la grosseur d'environ deux centimètres,
pointue par un bout; j'ai de suite rapproché cette
pointe de fer des différentes empreintes que porte
l'une des pierres qui ont été détachées de l'appui
de la croisée de la cuisine, et j'ai reconnu qu'elle
s'y adapte exactement.

Entré dans ladite cuisine, j'ai remarqué, etc. (*Le
reste du procès-verbal sera rédigé comme en cas de
flagrant délit, n° 1, et l'instruction et l'interrogatoire
suivis comme aux n°ˢ 2 et 3.*)

N° 7. — *Procès-verbal d'information sur commission
rogatoire.*

Aujourd'hui..., le..., à... heures d...

Par-devant moi, etc., officier de police judiciaire,
auxiliaire du procureur impérial,

Agissant en vertu de la commission rogatoire de
M. le juge d'instruction près le tribunal civil de première instance de l'arrondissement de...., en date
du...;

Ou: En vertu de délégation de M. le juge d'instruction près le tribunal de première instance de
l'arrondissement de..., pour l'exécution de la commission rogatoire de M..., en date du...;

Etant dans mon cabinet à..., assisté du brigadier
B..., mon greffier, dont serment préalable reçu;

En conséquence de la citation donnée à la requête
de M. le procureur impérial de..., par exploit de...,
huissier à...; en date du..., conformément à notre
cédule du...,

Ont comparu les témoins ci-après, chacun desquels
appelé successivement et séparément hors la présence

du prévenu (s'il est présent), après avoir représenté la citation qui lui a été donnée pour déposer, reçu communication des faits contenus dans la commission rogatoire sus-relatée relative à... (*nature du crime ou délit*), imputé à... (*désignation du prévenu*), prêté serment de dire toute la vérité, rien que la vérité, et enquis par moi de ses nom, prénoms, âge, état, profession et demeure; s'il est domestique, parent ou allié du prévenu, et à quel degré (*ou de la partie civile, s'il y en a une*), m'a répondu et fait sa déposition, ainsi qu'il suit:

Premier témoin. — BONNITEAU.

Louis-Adrien Bonniteau, âgé de vingt-cinq ans, garçon épicier, demeurant à..., non domestique, parent ni allié du prévenu (*ni de la partie civile, s'il y a lieu*), dépose:

Le deux avril dernier, étant à..., j'ai vu..., j'ai entendu...

J'ai appris que...

Interpellé d'expliquer tel fait, ou de déposer ce qu'il sait sur..., ou de faire connaître la moralité du prévenu, le témoin a répondu:

Je... (*sa déposition*).

Représentation faite de... (*désigner la pièce représentée*), le témoin a déclaré: Je...

Lecture faite, a persisté, a requis taxe que j'ai allouée de la somme de..., et a signé avec moi et le greffier.

Ou: A déclaré ne savoir signer, de ce interpellé, et moi (*le grade*), ai signé avec le greffier.

(*Signatures.*)

Deuxième témoin. — SIGOT.

André-Noël Sigot, âgé de trente ans, rentier, demeurant à..., non domestique du prévenu, mais son
allié au troisième degré *(s'il y a partie civile, le témoin déclare ses rapports, et on le constate)*, dépose :

Je..., etc.

Lecture faite, a persisté, a requis taxe, et a signé
avec moi et le greffier.

(Signatures.)

Troisième témoin. — BLIN.

Henri Blin, âgé de quatorze ans, sans profession,
demeurant à..., non domestique, parent ni allié du
prévenu, mais cousin germain de..., partie civile,
entendu par forme de déclaration et sans prestation
de serment, vu son âge, dépose :

Je...

Lecture faite...

(Signatures.)

Tous les témoins assignés étant entendus, à l'exception seulement du sieur Alexandre Bonnard, qui
m'a fait présenter un exoine ci-annexé, attestant
qu'une fluxion de poitrine l'a mis dans l'impossibilité
d'obéir à la citation, et l'empêchera de pouvoir comparaître d'ici à quelque temps; et de Xavier Potel,
qui n'a ni comparu ni fourni d'excuse, quoique vala-
blement assigné, j'ai clos le présent procès-verbal,
les jour, mois et an que dessus, et j'ai signé avec le
greffier.

(Signatures.)

Continuation du procès-verbal lorsque l'information est renvoyée à un autre jour :

Et le mardi, huit mai mil huit cent..., dix heures du matin, par continuation,

Par-devant moi *(le grade)*, agissant et assisté comme dit est,

Ont comparu les témoins ci-après nommés, par suite de l'exploit sus-relaté.

Ou : En conséquence de l'exploit de..., huissier à..., en date du..., en vertu de ma cédule du...,

Lesquels témoins, après l'accomplissement de toutes les formalités énoncées au commencement de mon présent procès-verbal, ont répondu et fait leur déposition ainsi qu'il suit : *(Procéder comme ci-dessus.)*

Réquisitoire à un serrurier pour ouvrir les portes d'une maison ou des meubles fermés.

Je soussigné *(le grade)*, commandant la gendarmerie de l'arrondissement de..., procédant en cas de flagrant délit, *ou* par suite de délégation de...

Vu l'art. 133 du décret du 18 juin 1811.

Requiers le sieur..., serrurier, *ou* menuisier, *ou* maréchal..., demeurant à..., de se transporter de suite à..., avec les instruments de sa profession, pour ouvrir les portes, meubles, etc., qui lui seront désignés par le soussigné.

A...., le...

(Signature.)

(Sceau.)

Réquisitoire pour transport de pièces.

Jé soussigné *(le grade)*, commandant la gendarmerie de l'arrondissement de...

Vu l'art. 9 du décret du 18 juin 1811.

Requiers le sieur..., voiturier, demeurant à..., de transporter au greffe du tribunal de première instance dudit arrondissement *(désigner les colis)*, portant l'empreinte de mon sceau, et contenant *(désigner les objets)*, saisis dans l'affaire de..., inculpé de..., moyennant la somme de... *(en lettres)*, prix convenu avec ledit voiturier.

A..., le...

(*Signature.*)

(*Sceau.*)

———◆◆◆———

CHAPITRE IV.

Visites domiciliaires.

Principe général.

Les lois françaises ne déterminent pas, pour les officiers de police judiciaire, en général, quels sont les cas dans lesquels ils doivent ordonner ou pratiquer les visites domiciliaires. La décision à prendre à cet égard est donc laissée à leur appréciation.

Il convient de remarquer que l'art. 36 du Code d'instruction criminelle est applicable aux délits comme aux crimes, puisqu'il commence par ces mots : « Si la nature du crime *ou du délit* est telle, etc. »

En ce qui concerne le fait de l'exécution de la visite domiciliaire elle-même, l'art. 184 du Code pénal remplit bien des lacunes. On voit dans cet article qu'il n'y a de peine prononcée que contre le fonctionnaire qui s'est introduit dans le domicile d'un citoyen *contre le gré de celui-ci, hors les cas prévus par la loi et sans les formalités qu'elle a prescrites*. Donc, pour que l'introduction d'un fonctionnaire dans un domicile soit punissable, il faut qu'elle ait lieu *contre le gré* du citoyen chez lequel on s'introduit, et, de plus, *hors les cas prévus par la loi ;* car si l'on est au contraire dans un de ces cas prévus, aucun consentement n'est nécessaire.

On remarquera que les mots *contre le gré* ne veulent pas dire seulement *sans la permission*. Il faut que l'introduction non autorisée par un texte de loi, pour être punissable, ait lieu *contre* une volonté manifeste.

L'article 292 du règlement du 1er mars 1854 reconnaît aussi le principe édicté par l'art. 184 du Code d'instruction criminelle, lorsqu'il admet que l'officier de gendarmerie, hors le cas de flagrant délit, ne peut s'introduire dans une maison *malgré la volonté* du maître; donc, encore s'il n'y a *pas volonté* du maître de s'opposer à l'introduction, l'introduction peut avoir lieu, puisqu'alors elle ne s'exécute pas *malgré la volonté* de ce dernier.

Circonstances exceptionnelles.

Il est des circonstances exceptionnelles qu'il est impossible de prévoir, mais qui, cependant, peuvent se présenter; le plus simple et le plus convenable, quand l'officier de gendarmerie éprouve de l'hésitation et par conséquent est incertain de son droit, c'est de demander à la personne chez laquelle il s'agit d'entrer si elle consent à ce que la visite domiciliaire soit effectuée. Ce consentement ne sera presque jamais refusé, lorsque l'officier agit dans l'intérêt de l'ordre public, avec la modération convenable et par motifs d'une urgence démontrée. — L'officier de darmerie, ainsi que les sous-officiers et genda n'oublieront pas la défense imposée par l'art. décret du 1er mars 1854, de s'introduire, ho dé flagrant délit et sans mandat, dans le domicile d'un citoyen, et *contre son gré.*

On le voit, le droit de faire des visites domiciliaires est indépendant de la circonstance du flagrant délit pour crime, et l'art. 292 le reconnaît évidemment, puisqu'il autorise l'entrée dans la maison d'un citoyen, si ce citoyen ne manifeste pas une volonté contraire.

Cependant, selon le texte de l'art. 255 du même décret, il est *expressément* défendu aux officiers de gendarmerie, agissant même dans le cas de flagrant délit pour crime, d'entrer dans une maison autre que celle où le prévenu a son domicile, à moins que ce ne soit une auberge, cabaret ou tout autre logis ouvert au public où ils sont autorisés à se transporter même pendant la nuit, jusqu'à l'heure où ces lieux doivent être fermés d'après les règlements de police.

Ce mot *expressément* signifie-t-il que l'officier de gendarmerie ne pourra s'introduire, même avec le consentement du maître de la maison, autre que le prévenu? On ne le pense pas, car le consentement lève évidemment toutes les difficultés.

Intérieur, portes, meubles.

Ce qui est vrai pour l'introduction même l'est évidemment pour les opérations qui accompagnent la visite domiciliaire : c'est-à-dire pour toutes les ouvertures de portes intérieures et de meubles, perquisition en tels ou tels lieux de l'habitation; il y a suffisamment régularité dès qu'il n'y a point d'opposition. — En résumé, dans l'appréciation de ces diverses questions, l'officier de gendarmerie a besoin de faire usage de beaucoup de sagacité, de tact, d'impartialité et de fermeté. Ce qui précède fait connaître le droit, mais on reconnaîtra que, par des modifications nombreuses, il y a presque autant de règles que de cas ; l'officier de gendarmerie ne perdra donc jamais de vue que le foyer domestique est pour chacun un lieu de paix et de souveraineté que l'on ne peut troubler que par des motifs d'une haute gravité.

Les visites domiciliaires, que l'officier de gendarmerie s'en pénètre bien, sont un acte de prévention ou du moins de suspicion possible, contre la personne chez laquelle elles sont exercées.

Flagrant délit de jour.

La police judiciaire peut agir en tout temps ; il n'y a pour elle ni jours fériés, ni vacances. On peut également s'adresser à elle en tout temps.

A l'égard du flagrant délit, si la nature du crime ou du délit *est telle que la preuve puisse véritablement être acquise* par les papiers ou autres pièces et effets en la possession du prévenu, l'officier de gendarmerie se transportera de suite dans le *domicile du prévenu* pour y faire la perquisition des objets qu'*il jugera utiles* à la manifestation de la vérité (art. 36 du Code d'instruction criminelle et 253 du décret du 1er mars 1854).

Cette *vraisemblance* sur l'obtention d'une preuve, cette appréciation de l'*utilité* des objets à rechercher expriment très-positivement la volonté de la loi. L'officier de gendarmerie ne doit donc se déterminer à faire la visite domiciliaire qu'autant qu'avec perspicacité et sans prévention il juge qu'elle peut avoir un résultat utile. Cette utilité se juge suivant la nature et les circonstances du crime ou du délit à constater.

La position sociale des hommes et leurs antécédents

sont des éléments nécessaires dans le calcul des probabilités. — Mais tout officier de gendarmerie doit avoir l'impartialité et l'énergie que son devoir lui commande : méditer avant d'agir et agir ensuite sans faiblesse.

Flagrant délit de nuit.

Les art. 36 du Code d'instruction criminelle, 251 et 252 du décret du 1er mars, ordonnent à l'officier de gendarmerie, audit cas de flagrant délit pour crime, de se transporter *sans retard* dans le domicile du prévenu pour y faire la recherche ou perquisition des objets qu'il croira utiles à la manifestation de la vérité. On s'est demandé si ces perquisitions pourraient avoir lieu la *nuit*. L'affirmative découle du texte de ces articles qui prescrivent le transport *de suite*, et de cette considération qu'il importe, dans le cas de flagrant délit, de saisir promptement tous les indices du crime.

Mais le respect dû aux garanties individuelles des citoyens domine la puissance des droits de la vindicte publique, et l'officier de gendarmerie s'arrête devant la barrière élevée par l'art. 76 de la Constitution de l'an VIII : « *La maison* de toute personne habitant le « territoire français est un asile *inviolable; nul n'a* « *le droit d'y pénétrer pendant la nuit* que dans le « cas d'incendie, d'inondation ou de réclamation faite « dans l'intérieur. » L'art. 253 du décret du 1er mars s'incline devant ce principe en défendant impérativement l'introduction de *nuit* dans le domicile du prévenu.

Au surplus, la nécessité bien démontrée de ces visites domiciliaires de *nuit* est tellement rare que l'on trouve peu d'exemples de leur application; mais, si elle se présentait, il faudrait que le sens des mots *flagrant délit* fût renfermé dans sa plus rigoureuse acception ; c'est-à-dire que cette visite domiciliaire ne fût faite que dans le cas où le crime aurait été commis dans le moment même; ce qui réduit ainsi le droit d'agir de l'officier de police judiciaire qui se trouve à la proximité du domicile de l'inculpé, et qui a été averti instantanément de la consommation du crime.

De là la conséquence que si l'utilité d'une perquisition commence le jour, on peut y procéder de suite, conformément aux art. 86 du Code d'instruction criminelle et 283 du décret du 1er mars.

Si cette perquisition commencée pendant le jour n'était pas encore terminée lorsque vient la nuit, l'officier de gendarmerie peut, sans aucun doute, la continuer, l'interdiction n'existant, aux termes de l'article 283 précité, que pour l'entrée dans le domicile.

Temps de nuit.

Il convient dès-lors d'examiner ce qu'il faut entendre par le mot *nuit*. L'art. 1037 du Code de procédure civile détermine, suivant les saisons, les heures pendant lesquelles, en matière civile, peuvent être faites les significations et assignations. — C'est la seule règle insérée dans nos Codes; elle a été prise pour base par le décret du 1er mars 1854, relatif au service de la gendarmerie, qui consacre le principe en droit criminel, art. 291, que: du 1er octobre au 31 mars, il fait nuit de six heures du soir à six heures du matin; et du 1er avril au 30 septembre, il fait nuit de neuf heures du soir à quatre heures du matin.

Domicile des tiers. — Nuit.

En ce qui concerne le domicile des tiers, il faut distinguer entre la personne chez laquelle le crime ou le délit se commet et celle qui offre une retraite au prévenu. L'obligation, imposée à l'officier de gendarmerie par l'art. 32 du Code d'instruction criminelle et 251 du décret du 1er mars 1854, de se transporter sur le lieu du crime, *sans aucun retard*, paraît impliquer le pouvoir de pénétrer même pendant la nuit, si le cas y échet, dans la maison où le crime a été commis. Mais il faut remarquer deux choses : la première, que cette opération n'est pas une *perquisition* ou *visite* domiciliaire ; c'est un simple transport pour la constatation de faits matériels ; la seconde, qu'il est difficile de prévoir un cas où il y ait urgence de s'introduire chez la personne lésée, *malgré elle*, pendant la nuit, que tout doit ici se borner à dire que si la constatation de nuit offre quelque avantage, il faut demander le consentement à l'introduction. (Art. 184 du Code pénal.)

Tiers complices. — Nuit.

Quant au domicile de la personne qui fournira une retraite au prévenu, il faut, en général, le respecter pendant la nuit, en se conformant aux dispositions prescrites par l'art. 255 du décret du 1er mars 1854.

Interdiction aux officiers de gendarmerie.

L'art. 253 du décret du 1er mars 1854, littéralement calqué sur l'art. 160 de l'ordonnance du 29 octobre

1820, copié sur l'art. 36 du Code d'instruction criminelle, avec la substitution seulement des *officiers de gendarmerie* au procureur impérial, ajoute cette restriction : « Mais il leur est formellement interdit d'y pénétrer (dans le domicile du prévenu) *pendant le temps de nuit*, réglé par l'art. 291 du décret du 1er mars 1854. *Ils doivent se borner à prendre les mesures* de précaution prescrites par l'art. 293. »

On est loin de dire que les officiers de gendarmerie ont à désobéir au décret qui règle le service de ce corps. On a établi pour la vérité du principe que les officiers de gendarmerie, qui sont officiers de police judiciaire, pourraient, comme les autres officiers de police auxiliaire, faire en flagrant délit des visites domiciliaires chez *les prévenus pendant la nuit.*

Au surplus, l'article limitatif 253 du décret du 1er mars 1854 est sagement conçu : les officiers de gendarmerie appartiennent bien plus intimement à la force publique qu'à la police judiciaire. Il est plus rassurant, en général, pour les citoyens, de voir opérer, le cas échéant, les visites domiciliaires de nuit par des magistrats que par des militaires, et c'est là, sans doute, le motif le plus sérieux qui a frappé d'impuissance les officiers de gendarmerie en leur prescrivant de s'abstenir de ces perquisitions *de nuit*, même chez le prévenu dans le cas de flagrant délit.

Mais l'officier de gendarmerie se livrerait-il à cette perquisition qu'il ne serait, pour ce fait, l'objet d'aucun blâme de la part du procureur général près la cour d'appel, sous la surveillance duquel les officiers de police judiciaire sont placés.

Portes fermées.

Dès qu'un officier de gendarmerie reçoit de la loi le

droit de pénétrer dans une habitation, il a, par cela même, le droit de surmonter les obstacles que son introduction rencontre ; il doit donc, en cas d'urgence, sans hésitation, faire ouvrir de vive force les portes qui ne sont pas ouvertes de plein gré.

Quant aux moyens à employer, les circonstances les indiquent.

Dans tous les cas, l'officier de gendarmerie se fera accompagner d'un fonctionnaire municipal ou de témoins.

Faire garder les issues.

Lorsque l'habitation visitée a plusieurs issues, il est utile de les faire garder. L'art. 252 du décret du 1er mars 1854 donne à l'officier de gendarmerie, pour le cas de transport sur les lieux en cas de flagrant délit, le droit de défendre que qui que ce soit sorte de la maison, et de faire arrêter tout contrevenant à cette défense. — Hors ce cas, le droit de faire arrêter les contrevenants n'existe pas, puisqu'il n'est pas écrit dans la loi. Mais une précaution prise afin d'empêcher l'enlèvement furtif des objets recherchés n'a pas besoin d'être autorisée par la loi pour être permise.

Égards pour les personnes.

Il est inutile sans doute de faire remarquer ici qu'après avoir rempli toutes les mesures de rigueur que rendent indispensables les perquisitions, l'officier de gendarmerie ne saurait avoir trop d'égards pour les personnes. Non-seulement il faut que ceux chez qui l'on se transporte assistent à tout ce qui se fait, mais il faut qu'ils soient invités à être attentifs ; et les formes de la politesse, à leur égard, doivent toujours tempérer la sévérité des formes judiciaires.

Intérieur. — Tout ce qui est utile et rien au-delà.

Dans le cas de flagrant délit, ou lorsqu'il s'agit d'exécuter une commission rogatoire, l'officier de gendarmerie, quand, de gré ou de force, il a pénétré dans une habitation, peut encore rencontrer de nombreuses difficultés. — Si l'ouverture de portes intérieures ou de meubles est nécessaire, et qu'elle soit refusée, il faut employer les mêmes moyens que pour l'ouverture de la porte d'entrée. — Mais la nécessité doit être, à chaque difficulté, jugée avec sagesse. — Dans une telle opération, tout ce qui est fait d'inutile, peut devenir coupable. Le plus grand respect doit être observé pour tous les objets sur lesquels, d'après la nature de la chose recherchée, la justice n'est pas dans l'obligation de porter ses regards. — Si le but de la perquisition est tel que l'officier de gendarmerie soit forcé d'examiner des papiers, il le fera avec la plus scrupuleuse réserve. Tout mouvement de curiosité personnelle doit être réprimé.

Discrétion à observer dans une visite domiciliaire.

L'officier de gendarmerie ne doit pas oublier non plus que c'est à lui seul que la loi confère le droit de perquisition. — Ainsi, il ne permettra pas que les fonctionnaires et les gendarmes qui l'accompagnent se répandent dans l'habitation, en faisant eux-mêmes d'indiscrètes et illégales recherches. Tout doit se faire par l'officier de gendarmerie personnellement, ou du moins par ses ordres et sous sa surveillance immédiate ; et s'il s'agit d'un examen de papiers ou de choses précieuses, aucun autre que lui n'y portera la main ; sauf à lui à opérer de telle manière que les assistants soient assez près de lui pour voir tout ce qu'il fait, et non pas assez près des papiers pour les lire.

Palais, châteaux, maisons impériales.

Si un crime ou délit avait été commis dans les palais, châteaux, maisons impériales, ou leurs dépendances, l'officier de police auxiliaire ou judiciaire pourrait-il y pénétrer pour constater ces infractions ? — Une ordonnance royale du 20 août 1817, art. 3 et 4, veut : 1° que le gouverneur, ou celui auquel, en son absence, appartient la surveillance, requière le transport du juge d'instruction, du procureur du roi ou du juge de paix, et lui remette le prévenu ou les prévenus, s'ils sont arrêtés ; 2° que, si le transport de ces fonctionnaires a lieu d'office, ils se présentent au gouverneur qui doit leur donner tous accès ou facilités.

Cette ordonnance ne distingue pas entre le cas de flagrant délit ou autres.

CHAPITRE V.

De l'arrestation.

—

L'arrestation est la mesure la plus rigoureuse que la police judiciaire et ses auxiliaires puissent prendre à l'occasion des crimes et délits. Aucun citoyen ne doit être privé abusivement de cette liberté, que nos lois sauvegardent comme le premier et le plus sacré de tous nos biens.

Les officiers de gendarmerie ont donc à se rappeler constamment qu'on ne peut pas se jouer de la liberté individuelle des hommes, à quelque classe de la société qu'ils appartiennent; qu'aucun officier de police n'a le droit de faire une arrestation par caprice; qu'il faut craindre de se laisser entraîner, par un mouvement de colère, à ordonner une semblable mesure; en un mot, qu'on ne peut faire arrêter un citoyen que pour un motif d'ordre *public*, *grave*, *légal* et *réfléchi*.

Mais, en même temps que l'on gardera le souvenir de ce respect pour la liberté des individus, on doit savoir, quand l'intérêt social, la loi et une sage réflexion l'ordonnent, prendre une résolution vigoureuse et s'emparer de la personne d'un inculpé, quel qu'il soit.

En cette matière, il faut à l'officier de gendarmerie prudence et fermeté.

Il y a flagrant délit en toute chose.

Les arrestations se pratiquent partout et tous les jours. Elles sont une conséquence nécessaire du flagrant délit dans son acception générale; car, lorsqu'un fait punissable est flagrant, il faut s'assurer de la personne de l'inculpé *présent*. Il serait affligeant que cet acte d'évidente nécessité fût illégal; mais il n'en est pas ainsi.

Les mots *flagrant délit* sont donc pris dans un sens absolu et générique, ils s'appliquent aux crimes, délits et même à certaines contraventions.

Donc, toutes les arrestations directes, spontanées, soit pour crime, soit pour délit simple, soit pour contravention, ont lieu en effet dans des cas de véritable flagrant délit. Le décret du 1er mars 1854 a dévolu à la gendarmerie le pouvoir tout particulier d'arrestation pour délit simple et d'arrestation en flagrant délit pour quelques contraventions, dans les circonstances qui vont être successivement énoncées.

Arrestation sans mandat.

L'arrestation dont il s'agit ici est uniquement celle qui s'effectue sans mandat d'*amener*, de *dépôt*, d'*arrêt*, d'*ordonnance de prise de corps* et de *contrainte par corps;* car l'exécution de ces mandats réguliers décernés par l'autorité judiciaire se trouve réglée par le Code d'instruction criminelle et par les art. 289, 291, et § II de l'art. 292 du décret du 1er mars 1854.

Arrestation en cas de flagrant délit pour crime.

L'arrestation sans mandat n'est prévue par la loi que pour le cas de flagrant délit pour crime, selon l'art. 249 du décret du 1er mars, et pour ceux qui lui sont assimilés.

Les cas d'arrestation en cas de flagrant délit, dans le sens des art. 249 et 263 du décret du 1er mars et des art. 41 et 46 du Code d'instruction criminelle, s'appliquent :

1° A tout individu surpris en flagrant délit emportant peine afflictive ou infamante;

2° A tout individu venant de commettre un crime;

3° A tout individu poursuivi par la clameur publique;

4° A tout individu qui, dans un temps voisin du délit, serait porteur d'armes, d'effets, etc., pouvant faire présumer qu'il est auteur ou complice du crime;

5° Toutes les fois que les officiers de gendarmerie sont requis de constater un crime, *même non flagrant*, commis dans l'intérieur d'une maison.

Flagrant délit de nuit.

La défense d'entrer, pendant la nuit, dans le domicile des citoyens, s'applique-t-elle au cas de flagrant délit de nuit?

Dans ce cas, l'intérêt de la société, celui de la vindicte publique, domine l'intérêt du domicile privé.

Ainsi, lorsqu'un crime ou un délit grave est commis à l'entrée ou au milieu de la nuit, que l'auteur en est signalé par des indices décisifs et que cet inculpé se retire dans *son domicile*, il ne saurait être défendu de l'y suivre *aussitôt*, pour saisir sur lui, ou chez lui, tous les objets qui peuvent établir sa culpabilité.

S'il s'agit, par exemple, d'un assassinat suivi de vol, commis à telle heure de la nuit et dans le cas où la justice peut être assez promptement avertie pour se trouver à l'instant sur les traces du coupable, faudra-t-il que l'habitation de l'assassin soit pour lui, durant cinq ou six heures, UN ASILE INVIOLABLE? Faudra-t-il que l'officier de gendarmerie, qui représente ici l'ordre social lui-même, se croise les bras et reste impuissant sur le seuil de la porte d'un grand criminel, et donne à celui-ci le temps de faire disparaître, détruire, dénaturer les produits du crime qui eussent terminé l'information et complété la preuve en quelques minutes?

L'art. 253 du décret du 1ᵉʳ mars 1854 se prononce pour la négative; il interdit formellement de pénétrer pendant le temps de nuit réglé par l'art. 291 de ce décret dans le domicile du prévenu pour s'y livrer à la recherche de papiers, etc., en possession du prévenu, *mais il ne dit rien quant à l'arrestation du prévenu dans son domicile.* Cependant, si l'on prend à la lettre l'art. 259, il semblerait que l'officier de gendarmerie peut faire arrêter le prévenu dans son domicile à toute heure; ce droit paraîtrait résulter de ces mots : « S'il existe des indices graves contre le « prévenu, les officiers de gendarmerie le font ar- « rêter; si le prévenu n'est pas présent, ils rendent « une ordonnance pour le faire comparaître. » Cette ordonnance, rendue au moment du flagrant délit, ne doit-elle pas recevoir une exécution prompte, immédiate, afin de ne laisser aucune chance à la disparition du criminel? On se prononce pour l'affirmative.

Arrestation en flagrant délit pour délit simple.

L'arrestation s'applique également aux délits simples en ce qui concerne les officiers de gendarmerie.

Le droit d'arrestation en flagrant délit ne se borne pas, pour les officiers de gendarmerie, au cas où le fait constaté peut entraîner une peine afflictive ou infamante. — L'erreur, sur ce point, pourrait se fonder sur l'art. 40 du Code d'instruction criminelle et 259 du règlement du 1er mars, portant : « Le pro-
« cureur impérial (l'officier de gendarmerie), audit
« cas de flagrant délit, et *lorsque le fait sera de nature*
« *à entraîner une peine afflictive ou infamante*, fera
« SAISIR le prévenu présent contre lequel il existerait
« des indices graves. »

Or, d'après la contexture de ces articles, il semble que le procureur impérial et par conséquent l'officier de gendarmerie, son auxiliaire, ne peuvent faire arrêter le prévenu qu'en matière de crime flagrant. Sans vouloir commenter les articles 40 et 259 en cette partie, on dira seulement que si, dans le cas d'indices graves, ils *ordonnent* l'arrestation quant aux crimes, ils ne *défendent pas* l'arrestation quant aux délits simples, et que la légalité de cette mesure, dans ce dernier cas, est du reste bien facile à établir.

On ne peut donc inférer de l'art. 259 du décret du 1er mars, que les officiers de gendarmerie n'étant point autorisés à faire des instructions préliminaires pour la recherche des infractions passibles de peines correctionnelles, ils sont pour cela dispensés d'opérer ou faire opérer l'arrestation en flagrant délit pour délit simple.

0

Que le fait entraîne au moins l'emprisonnement.

Mais, avant de faire opérer une arrestation, les officiers de gendarmerie doivent avoir la certitude que le fait y donnant lieu est punissable de la prison ou d'une peine plus forte. Il est de toute nécessité, en cas de *flagrant délit*, qu'ils sachent bien distinguer, *lorsqu'il s'agit de domiciliés*, entre les cas où la peine d'emprisonnement peut être grave, et ceux dans lesquels elle ne sera que légère, car l'arrestation n'a pour but principal que d'empêcher l'inculpé de se soustraire à la peine que la justice doit prononcer contre lui. Si cette peine ne doit pas être sévère, il est peu probable que l'inculpé veuille, pour l'éviter, déserter son domicile; l'arrestation d'un domicilié en pareil cas n'est donc pas indispensable.

Ce principe d'arrestation en flagrant délit pour délit simple est conservateur de l'ordre public; il est un des premiers besoins de la société. Certains délits sont aussi graves à beaucoup d'égards que d'autres faits que la loi qualifie crimes.

La prompte arrestation des auteurs de pareils délits est tellement indispensable, dans une bonne organisation sociale, que la règle prédominante de la nécessité créerait le principe, s'il n'existait pas.

Dans les arrestations en flagrant délit pour délit simple, il en est deux surtout qui ne s'exercent que par l'ordre de l'officier de gendarmerie, en sa qualité d'officier de police judiciaire; c'est lorsque:

1° Des individus commettent un *délit* dans un lieu où l'officier de gendarmerie exerce publiquement quelques actes de police judiciaire; il les fait ....er et ordonne de les conduire à la maison d'arrêt où ils sont reçus par le gardien, pour être ensuite mis à la disposition du procureur impérial :

2° Lorsqu'un *délit simple* a été commis dans l'intérieur d'une maison, et que le chef où le locataire de cette maison requiert l'officier de gendarmerie de le constater. Les prévenus présents contre lesquels il existe des indices graves sont saisis et mis à la disposition du procureur impérial.

Toutefois, les arrestations en flagrant délit pour délit simple sont presque toujours opérées par les sous-officiers et gendarmes, dans leur service permanent de surveillance générale ; ces cas sont pour la plupart énumérés dans le décret du 1er mars 1854, sur le service de la gendarmerie ; ils concernent :

1° Tout individu trouvé porteur d'effets volés ;

2° Les voleurs attroupés ;

3° Les dévastateurs des bois et des récoltes ;

4° Les chasseurs masqués, ceux qui refusent de se faire connaître ou qui donnent de faux noms :

5° Les individus chassant la nuit ;

6° Ceux qui sont trouvés exerçant des voies de fait ou violences contre la sûreté des personnes ou des propriétés ;

7° Tous ceux qui s'opposent par la violence à la libre circulation des subsistances ;

8° Ceux qui se portent à des voies de fait ou autres violences contre les porteurs de contraintes pour deniers publics, ou d'ordonnances de justice ;

9° Les déserteurs et les militaires qui ne seraient pas porteurs de permissions ou congés en bonne forme ;

10° Tout individu commettant des dégâts dans les bois, dégradant les clôtures des murs, haies et fossés, encore bien que ces délits ne soient pas suivis de vol ;

11° Tous ceux qui seront surpris commettant des larcins de fruits et de productions d'un terrain cultivé ;

12° Ceux qui seront trouvés coupant ou détériorant d'une manière quelconque les arbres plantés sur les grandes routes, chemins, promenades publiques, etc.;

13° Ceux qui porteraient atteinte à la tranquillité publique, en troublant les citoyens dans le libre exercice de leur culte ;

14° Les condamnés libérés qui auraient quitté le lieu de leur résidence obligée ;

15° Les individus faisant partie d'un attroupement ayant le caractère d'une émeute, que les individus soient ou non armés ;

16° Tout individu qui outrage les militaires de la gendarmerie dans l'exercice de leurs fonctions (1) ;

17° Celui qui fait aux gendarmes une déclaration mensongère d'un crime cu d'un délit qui n'a pas été commis ;

18° Les contrebandiers et autres délinquants de ce genre ;

19° Ceux qui dégradent d'une manière quelconque les fortifications et ouvrages extérieurs des places, ou détériorent les monuments de ces places ;

20° Quiconque est surpris détruisant ou déplaçant les rails d'un chemin de fer, ou déposant sur la voie des matériaux ou autres objets, dans le but d'entraver la circulation ;

---

(1) Une juste sév ité est le seul frein à apporter aux nombreux outrages auxquels les agents de la force publique sont journellement exposés. Si l'impunité couvre de pareils délits, plus d'ordre public, plus de tranquillité pour les citoyens.

21° Ceux qui, par la rupture des fils, par la dégradation des appareils ou par tout autre moyen, interceptent ou tentent d'intercepter les communications télégraphiques ;

22° Les mendiants valides qui mendient hors du canton de leur domicile, ou dans des circonstances qui les rendent punissables;

23° Les vagabonds et gens sans aveu parcourant les communes et les campagnes;

24° Tout individu qui, sur la réquisition d'un chef de maison, d'un locataire ou principal locataire, aurait commis quelque méfait dans l'intérieur de cette maison, etc.

Urgence de constater les contraventions.

La gendarmerie doit être, dans ses tournées et dans son service à la résidence, attentive à constater les contraventions dans la circonscription attachée à sa surveillance; la négligence qui serait apportée à signaler ce genre d'infraction si commun compromettrait souvent l'hygiène publique, l'ordre, la tranquillité et même la sûreté des personnes.

En général, aucune contravention ne peut donner lieu à l'arrestation, même quand la loi prononce l'emprisonnement de simple police; cependant le décret du 1er mars contient des dispositions autorisant l'arrestation, dans certains cas, des contrevenants; la saisie des infracteurs n'ayant pour but principal, dans cette circonstance, que d'empêcher l'inculpé de se soustraire à la peine que la justice est appelée à prononcer contre lui.

6.

*Les officiers de gendarmerie exercent le droit
d'arrestation en flagrant délit pour contravention.*

Les officiers de gendarmerie exercent le droit d'arrestation en flagrant délit pour contravention, savoir :

1° Lorsqu'exerçant les fonctions d'officier de police
auxiliaire du procureur impérial, ils sont appelés à
constater un crime ou délit, flagrant ou non flagrant,
commis dans l'intérieur d'une maison ou dans un lieu
quelconque, ils auront défendu que qui que ce soit
sorte de la maison ou s'éloigne du lieu où ils procèdent à la constatation du crime ou du délit et que
cette défense est méconnue. Ils *feront saisir* alors les
contrevenants et les feront déposer dans la maison
d'arrêt, sous mandat de dépôt, à la disposition du juge
d'instruction (art. 252 du décret du 1er mars 1854);

2° Quand, remplissant publiquement quelques actes
de police judiciaire, ils font exclure celui ou ceux des
assistants qui exciteraient du tumulte de quelque
manière que ce soit; si les contrevenants résistent à
leurs ordres ou s'ils rentrent, *ils ordonnent de les arrêter* et de les conduire à la maison d'arrêt. Il est fait
mention de cet ordre au procès-verbal, et, sur l'exhibition qui en est faite au gardien de la maison d'arrêt,
les perturbateurs y sont reçus et retenus pendant
vingt-quatre heures.

*Les sous-officiers et gendarmes peuvent opérer
l'arrestation en flagrant délit pour contravention.*

Les sous-officiers et gendarmes exercent le droit
d'arrestation en flagrant délit pour contravention dans
plusieurs circonstances; ce droit dérive des dispo-

sitions du décret du 1er mars 1854 ; ils peuvent saisir :

1° Ceux qui, par imprudence, par négligence, par la rapidité de leurs chevaux ou de toute autre manière, auront blessé un citoyen sur les routes, dans les rues ou voies publiques ;

2° Ceux qui tiendront des jeux de hasard et autres jeux défendus par les lois, sur les placés publiques ou foires et marchés ;

3° Les voituriers, charretiers et tous conducteurs de voitures qui *persisteraient* à obstruer le passage sur les grandes routes ;

4° Tout individu circulant dans l'Intérieur du royaume sans passeport ou avec des passeports qui ne seraient pas conformes aux lois ;

5° Ceux qui, par la mauvaise direction donnée à leurs voitures, chevaux, etc., auraient commis quelques dommages sur les routes, dans les rues ou autres voies publiques, etc.

Les contrevenants de ces trois catégories sont conduits devant l'officier de police.

Lorsque la gendarmerie arrête des individus, soit en flagrant délit pour crime, soit en flagrant délit pour délit simple, soit en flagrant délit pour contravention, elle est dans l'obligation de conduire immédiatement les prévenus, délinquants ou contrevenants devant l'officier de police judiciaire le plus à proximité, chargé dès-lors d'apprécier la valeur de l'arrestation. Cette formalité, qui est une garantie en faveur de la liberté individuelle, est formellement prescrite et ordonnée par le décret du 1er mars 1854.

Hors du flagrant délit.

Hors du flagrant délit pour crime, du flagrant délit simple et du flagrant délit pour certaines contraventions « la gendarmerie ne peut arrêter aucun individu, « si ce n'est en vertu d'un ordre ou d'un mandat « décerné par l'autorité compétente. Tout officier, « sous-officier, brigadier ou gendarme qui, en con- « travention à cette disposition, donne, signe, exé- « cute ou fait exécuter l'ordre d'arrêter un individu, « ou l'arrête effectivement, est puni comme coupable « d'arrestation arbitraire. » (Art. 615 du décret du 1er mars 1854.)

CHAPITRE VI.

Délégation ou commission rogatoire.

———

Le décret du 1er mars 1854, qui abroge l'ordonnance du 29 octobre 1820, confère, dans ses articles 133-241, le droit aux procureurs impériaux, aux juges d'instruction et rapporteurs près les conseils de guerre, de décerner des commissions rogatoires aux officiers de gendarmerie dans l'étendue de leur ressort respectif. — En cela, le décret ne fait que rentrer dans les dispositions de l'art. 9 du Code d'instruction criminelle qui range, sans distinction, les officiers de gendarmerie au nombre des officiers de police auxiliaires du procureur impérial.

C'est donc maintenant à la sagesse, au discernement éclairé des magistrats que sont laissées l'appréciation et l'opportunité des circonstances dans lesquelles ils doivent charger les officiers de gendarmerie de l'exécution de commissions rogatoires.

Ces magistrats useront sans doute et avec modération de l'usage de cette faculté. Les officiers de gendarmerie ayant à satisfaire à des devoirs multiples qui nécessitent l'emploi de tout leur temps, des déplacements trop répétés, pour des opérations de cette nature, nuiraient au bien du service, en même temps qu'elles deviendraient onéreuses pour ces officiers.

Les procureurs impériaux et les juges d'instruction remarqueront, qu'auxiliaires nés des commandants rapporteurs près les conseils de guerre, les officiers de gendarmerie sont fréquemment appelés à l'exécution des commissions émanant de l'autorité militaire, de préférence à l'autorité civile judiciaire.

Définition.

La commission rogatoire est une délégation des actes d'instruction donnée par un magistrat à un autre magistrat, à l'effet de procéder à un ou plusieurs actes d'instruction qu'il ne peut ou ne veut pas faire.

Le juge d'instruction est le magistrat appelé le plus ordinairement à faire usage des commissions rogatoires. Le procureur impérial et le procureur général du ressort peuvent aussi, dans le cas de l'art. 52 du Code d'instruction criminelle, charger l'un de ses auxiliaires d'une partie des actes de sa compétence.

Ordre hiérarchique des juridictions.

L'ordre hiérarchique devant être, en droit, ponctuellement observé à l'égard des commissions rogatoires, un officier de gendarmerie ne peut être commis directement que par le juge d'instruction de son arrondissement. Si donc ces commissions rogatoires lui parvenaient autrement que par l'intermédiaire du juge d'instruction de son arrondissement, il devrait s'abstenir et informer sans retard le procureur impérial du ressort pour qu'il relevât l'irrégularité et la fît réparer.

L'officier de police auxiliaire ne peut donner
de délégation en matière civile.

L'officier de gendarmerie auquel une commission rogatoire est déférée, ne peut jamais, à défaut de texte formel, opérer des délégations, soit dans son arrondissement, soit dans une commune ou un canton voisin de cet arrondissement, ni subdéléguer les pouvoirs qu'il tient de la loi ou d'une délégation légale. Il ne peut non plus décerner légalement aucune commission rogatoire.

Le procureur impérial et le procureur général du ressort peuvent seuls, dans le cas de l'art. 59 du Code d'instruction criminelle, charger l'officier de gendarmerie d'une partie des actes de leur compétence.

Une commission rogatoire ne peut être verbale.

Une commission rogatoire ne peut jamais être verbale; il faut qu'elle soit donnée par écrit, instituée au nom du magistrat de qui elle émane, et porter le visa des articles de la loi en vertu desquels elle est donnée. Elle doit également désigner l'officier de police judiciaire à qui elle est adressée.

L'officier de gendarmerie est tenu de l'exécuter.

Légalement requis par une commission rogatoire régulièrement donnée et transmise, l'officier de gendarmerie est tenu d'accepter la mission qui lui est déférée; il doit l'examiner avec soin, maturité, s'en bien pénétrer et se mettre en mesure de l'exécuter sans retard.

Comment retournée.

La commission rogatoire exécutée est retournée close et cachetée, avec les notes et renseignements qui y avaient été joints. Rien ne doit en effet transpirer au dehors. (*V.* le procès-verbal n° 7, p. 77.)

Perquisitions. — Saisies. — Manière de procéder.

L'officier de gendarmerie commis pour ces sortes d'actes suivra et observera les règles générales qui ont été indiquées pages 33, 82 et suivantes.

Audition des témoins.

Les témoins indiqués dans la commission rogatoire sont cités par un huissier ou un agent de la force publique (art. 72 du Code d'instr. crim.). Cette citation prend le nom *d'ordonnance* ou *cédule*. Dans les citations, tout en relatant la commission rogatoire, on évite d'en énoncer les causes qui doivent rester secrètes. Les témoins sont entendus séparément hors de la présence du prévenu. Avant de déposer, ils prêtent serment *de dire toute la vérité, rien que la vérité*.

Le procès-verbal doit faire mention de l'accomplissement de cette formalité (p. 27). Cependant, les enfants de l'un ou l'autre sexe, au-dessous de l'âge de quinze ans, peuvent être entendus, par forme de déclaration et sans prestation de serment. Les témoins sont tenus de déposer oralement. L'art. 93 du Code d'instruction criminelle ne permet même pas de consulter des notes. On ne peut donc, à plus forte raison, admettre une déclaration écrite, préparée d'avance, ni leur permettre de la lire, à moins qu'il ne s'agisse de préciser des dates ou des calculs.

Ils ne peuvent être entendus par forme d'interrogatoire.

Devant déposer librement, les témoins ne doivent pas être entendus par forme d'interrogatoire; c'est seulement après leurs dépositions ou lorsqu'ils refusent de s'expliquer, que l'officier de gendarmerie peut poser des questions sur les faits qu'il désire éclaircir. L'officier de gendarmerie peut aussi, s'il le juge à propos, leur représenter les pièces de conviction, ou les confronter avec l'accusé ou un ou plusieurs témoins.

Les sous-officiers et gendarmes reçoivent les dénonciations et les plaintes au titre de déclarations (1).

Les sous-officiers et gendarmes ne sont pas auxiliaire du procureur impérial, bien que des lois spéciales leur donnent une mission importante au point de vue de la police administrative et judiciaire; mais, aux termes des art. 271 et suivants du décret du 1er mars 1854, les sous-officiers et gendarmes ont à dresser des procès-verbaux de tout ce qui parvient à leur connaissance, soit directement des plaignants, témoins, etc., soit indirectement par ouï-dire ou des

---

(1) C'est ici le cas de compléter le n° 2, page 20.

personnes auxquelles les plaignants, témoins, etc.,
auraient fait les confidences rapportées.

Il est certain que les sous-officiers et gendarmes
qui apprennent qu'un crime ou un délit grave a été
commis ou est en train de se commettre, doivent se
transporter immédiatement sur les lieux et y dresser
procès-verbal des faits qu'ils constatent; ils font prévenir, sans aucun retard, l'officier de police judiciaire
le plus voisin, en même temps qu'ils informent par
un exprès, lorsque le cas est grave, l'officier de gendarmerie de l'arrondissement, des événements dont
ils ont connaissance.

Ils se saisissent de l'inculpé d'abord, et prennent
toutes les précautions nécessaires pour qu'il ne soit
rien changé aux lieux ni aux choses qui peuvent servir de renseignements à la justice.

Mais il leur est interdit de substituer leur autorité
à celle des officiers de police judiciaire, seuls aptes à
recevoir les plaintes, aux termes de l'art. 9 du Code
d'instruction criminelle; ils ont, leurs procès-verbaux
dressés, à renvoyer pour la plainte à porter, le témoignage à rendre, devant l'officier de police judiciaire compétent, car ils ne sont pas officiers de police,
mais de simples auxiliaires des officiers de police
indiqués en l'art. 9 précité.

Ils constatent ce qu'ils voient, ce qu'ils entendent,
ce qu'on leur rapporte, soit comme fait certain, soit
comme ouï-dire, en se rappelant bien que ce qu'ils font
a pour but d'*étayer la plainte* ou *la dénonciation* à
rendre et non pas de la remplacer.

Par là, on voit que les sous-officiers de la gendarmerie, les gendarmes eux-mêmes peuvent être appelés indirectement à recevoir des plaintes; puisque la
loi et le décret du 1er mars 1854 semblent leur en

donner le droit, mais que la plainte ne peut être qualifiée encore de ce nom, qu'elle ne peut l'être avant d'avoir été répétée devant l'officier de police, suivant l'art. 9; jusque-là, elle a simplement le caractère d'une déclaration que la gendarmerie a le droit et le pouvoir de constater par ses procès-verbaux.

Arrêter. — Saisir.

Les légistes établissent une différence essentielle entre le droit de constituer en état d'*arrestation* et le droit de *saisir* pour conduire devant les magistrats. — Le droit de constituer en état d'arrestation, par mandat d'amener, de dépôt, d'arrêt, etc., est celui des magistrats et des préfets. — Le droit de saisir les personnes pour les conduire devant le magistrat appartient à tout citoyen, s'il s'agit d'un crime *flagrant*, c'est un droit et un devoir; à plus forte raison, pour tout dépositaire de la force publique; ce droit de mainmise appartient encore à ces derniers s'il s'agit de simples délits de police ou de police correctionnelle: ils peuvent saisir sans mandat d'amener, selon les circonstances.

DIFFAMATION.

C'est une imputation portant atteinte à l'honneur de la personne; elle ne désigne en droit qu'une personne *vivante*. — La diffamation ne peut être poursuivie que sur la plainte de la partie qui se prétend lésée. Sage disposition inspirée par cette pensée que l'outragé peut seul apprécier si la poursuite impose à son honneur et à sa considération.

CHAPITRE VII.

Mandats.

(Art. 105 et 289 du décret du 1ᵉʳ mars 1854.)

C'est au procureur impérial qu'il appartient de faire notifier les mandats décernés par le juge d'instruction, excepté dans le cas de flagrant délit où ce juge peut les notifier lui-même (art. 59 et 61 du Code d'instr. crim.).

Il y a quatre espèces de mandats :

Le mandat de *comparution*, le mandat d'*amener*, le mandat de *dépôt*, le mandat d'*arrêt*.

Le mandat de *comparution* est une intimation à l'inculpé de comparaître librement devant le juge mandant.

Le mandat d'*amener* est un ordre au prévenu de comparaître devant l'officier de police judiciaire mandant. La force est employée en cas de refus.

Le mandat de *dépôt* et un ordre de retenir provisoirement en prison le prévenu.

Le mandat d'*arrêt* est un ordre d'écrouer définitivement le prévenu. Il contient indispensablement les conclusions du procureur impérial (art. 94 du Code d'instruction criminelle); et, de plus, *l'énonciation du fait pour lequel il est décerné, et la citation de la loi qui déclare que ce fait est un crime ou délit* (art. 96 du même Code.)

L'officier de gendarmerie ne peut, en cas de flagrant délit, décerner que le mandat d'amener; les autres sont décernés par le juge d'instruction.

Mandat de comparution.

Le mandat de comparution est une ordonnance du juge d'instruction, qui a pour objet de faire comparaître devant lui toute personne inculpée seulement d'un délit donnant lieu à une peine correctionnelle. L'exécution de ces mandats n'est pas confiée à la force publique.

Mandat d'amener.

Le mandat d'amener est l'ordonnance en vertu de laquelle un citoyen est *amené* pour comparaître devant le juge.

L'exécution de ce mandat est confiée à la force publique.

L'officier de gendarmerie exerçant les fonctions de police judiciaire décerne le mandat d'amener dans deux circonstances :

1° Quand, agissant en flagrant délit pour crime, le prévenu n'est pas présent;

2° Contre le prévenu d'un *crime* ou *délit, même non flagrant*, commis dans l'intérieur d'une maison, lorsque l'officier de gendarmerie est requis par le chef de la maison de constater le crime ou le délit. (Art 263 du décret du 1er mars.)

Mandat de dépôt.

Le mandat de dépôt est décerné par le juge d'instruction seulement.

L'officier de gendarmerie peut, dans un seul cas, décerner le mandat de dépôt : c'est lorsque, agissant en flagrant délit pour crime, il fait arrêter ceux qui violeraient la défense qui leur aurait été faite de s'éloigner de la maison ou du lieu dans lequel il procède, avant la clôture du procès-verbal.

Mandat d'arrêt.

Le mandat d'arrêt n'est décerné que par le juge d'instruction et le président d'une cour d'assises ; il est suivi des conclusions du procureur impérial.

Ordonnance de prise de corps.

Un citoyen peut, en outre, être privé de sa liberté par une ordonnance de prise de corps.

Une ordonnance de prise de corps est, en général, l'acte par lequel la chambre du conseil (réunion de trois juges) ou la chambre d'accusation (composée de conseillers à la Cour impériale) ordonne que le prévenu d'un crime, contre lequel la prévention est suffisamment établie, sera pris au corps et conduit dans la maison de justice.

Jugements.

Les précautions observées dans les divers mandats doivent l'être pour l'exécution des jugements. La réquisition du ministère public est indispensable, et aucun jugement, arrêt, etc., ne peut être mis à exécution sans l'observation de cette formalité.

PROCÈS-VERBAL *d'arrestation en vertu de jugement.*

Aujourd'hui, vingt janvier mil huit cent cinquante-neuf, à cinq heures de relevée; nous, Ferrou (Emmanuel), brigadier, et Gulo, gendarme, tous deux à la résidence de Ris, revêtus de notre uniforme, agissant en vertu des ordres de nos supérieurs, et d'une réquisition de M. Vallerand, procureur impérial de l'arrondissement de Corbeil, pour l'exécution d'un jugement rendu le cinq du courant, par le tribunal de première instance dudit arrondissement, qui condamne à un mois d'emprisonnement pour vol, le sieur Gélui (Honoré), né à Paris (Seine), cultivateur, demeurant à Champrosay.

Assistés de M. l'adjoint de cette commune, nous nous sommes présentés au domicile dudit Gélui, et parlant à sa personne, nous lui avons exhibé l'extrait du jugement rendu contre lui, dont nous lui avons donné lecture et laissé copie.

Après quoi nous avons arrêté au nom de la loi ledit Gélui, et nous l'avons conduit à la prison, où nous l'avons écroué, et laissé à la garde du concierge.

Fait et clos le présent procès-verbal en double expédition, dont l'une sera annexée à l'extrait de jugement, et l'autre adressée à M. le capitaine commandant l'arrondissement.

A Ris, les jour, mois et an que dessus (1).

---

(1) Cette formule peut servir non-seulement pour les jugements rendus en police correctionnelle, mais encore pour les arrêts de cours d'assises et les jugements de

Leur exécution.

Le mode d'exécution des divers mandats est tellement connu en pratique de la gendarmerie, qu'il paraît tout à fait superflu de l'enseigner dans ce traité. On peut au besoin consulter la grammaire, de la page 242 à 249.

Observation.

Lorsque des sous-officiers et gendarmes ont à notifier un mandat, et que l'individu qui en fait l'objet n'est plus dans le domicile indiqué et a quitté l'arrondissement, ils ont à se renseigner sur le lieu de la retraite de cet individu, et, dans le cas où ils parviendraient à la découvrir ou à recueillir des indices qui pussent mettre la justice sur les traces de l'inculpé, ils dresseraient procès-verbal.

Ce procès-verbal et le mandat sont envoyés à l'officier commandant la lieutenance. Cet officier se borne tout simplement à la transmission de ces pièces au procureur impérial, qui demeure chargé des mesures ultérieures à prendre pour assurer l'exécution du mandat (art. 619 du décret du 1er mars 1854) (1).

---

simple police, ayant soin, pour ce dernier cas, d'exiger du commissaire de police ou de l'adjoint faisant les fonctions de ministère public, de mettre sur l'extrait du jugement : *Vu et requis l'exécution* par moi (commissaire de police ou adjoint) remplissant les fonctions de ministère public près le tribunal de simple police du canton (ou de la commune) de

(1) Les mandats et jugements sont toujours exhibés en

Dénomination selon la présomption de la criminalité.

On appelle *inculpé* l'individu qui est appelé par un mandat de comparution.

On appelle *prévenu* celui qui est sous les liens des autres mandats, ou auquel on impute un crime ou un délit.

On nomme *accusé* celui contre lequel est intervenue une ordonnance de la chambre des mises en *accusation*, qui le renvoie devant la Cour d'assises.

La clameur *appelle*, *avertit*, la rumeur publique *accuse*; la notoriété publique *connaît*, *répand*; la vindicte publique *poursuit et met sous le coup de la justice*.

Signalements.

Les signalements sont un moyen de poursuite dont il faut faire emploi avec beaucoup de prudence. On leur donne, dans l'usage, l'effet d'un mandat d'amener, quoiqu'ils ne soient pas revêtus des formalités prescrites par l'art. 95 du Code d'instruction criminelle.

Les signalements sont fort souvent fournis d'une manière incomplète et même inexacte, et les plus parfaits donnent encore lieu, dans l'application, à de continuelles erreurs. Que de gens qui ont le visage *ovale*, le nez, la bouche et le teint *ordinaires*. Un portrait daguerréotypé n'est pas même un signalement certain.

---

original au prévenu, auquel il est laissé copie entière (art. 97 du Code d'instruction criminelle). Il y a donc erreur à l'art. 292 du décret du 1ᵉʳ mars 1854, qui parle de l'exhibition pure et simple des extraits de ces actes.

7.

Le but que se propose le gouvernement de s'assurer d'un individu par la description sommaire des traits de son visage, et d'empêcher par là qu'il ne se substitue à un autre, n'est pas atteint ; car ce procédé est aussi faux en lui-même qu'il est insuffisant et dangereux, en ce qu'il donne lieu à de fréquentes méprises fâcheuses, par cela seul que la feuille signalétique officielle contient un signalement identique ou assimilable à celui d'un autre individu recherché pour un fait incriminé.

Cet état de choses, source de beaucoup d'abus, dont la réforme préoccupe depuis longtemps l'administration de la police, touche peut-être à sa fin, grâce à la merveilleuse découverte de la *photographie*. Il serait question d'appliquer ce procédé, c'est-à-dire de substituer à la DESCRIPTION banale du signalement la REPRODUCTION exacte des lignes du visage aux porteurs de passeports ; de l'appliquer aussi aux extraits de jugement, à chaque écrou, à chaque certificat de libération d'un condamné et aux signalements officiels adressés pour la recherche ou la surveillance de criminels.

On sent de quel intérêt serait, pour le gouvernement et la société, l'application de la photographie à l'empreinte indélébile et multiple des traits vrais des criminels sur lesquels ils ont à exercer leur surveillance et leur vindicte.

Malheureusement, la photographie ne peut donner ni la couleur, ni la mesure métrique, ni les circonstances judiciaires et autres qui sont l'essence de tout bon signalement de police.

Le système de signalement photographique ne suffit donc pas pour résoudre à lui seul cette importante question ; aussi devra-t-on ajouter au signalement

photographique trois autres signalements : le signalement *graphométrique*, qui, à l'aide du *mètre* et de la
plume, mesure et décrit ce que la lumière ne peut ni
mesurer ni décrire dans le physique de l'individu pho-
tographié ; — le signalement *biographique*, qui es-
quisse les principaux traits de sa vie privée, énumère
les condamnations antérieures qu'il a subies ; — et le
signalement *pénitentiaire*, qui retrace les faits de sa
vie de prison et les circonstances aggravantes ou atténuantes de sa conduite sous les verroux (1). — Le
tout serait ingénieusement encadré et disposé dans un
carnet individuel imprimé, de telle sorte que ce signalement *biométrophotographique* enlacerait le libéré
comme un quadruple réseau, lequel ne lui permettrait
de faire aucun mouvement en dehors des conditions
qui lui seraient imposées, sans qu'il soit aussitôt reconnu ou repris.

Huissiers.

Tout huissier qui ne remettra pas lui-même à la
personne ou à son domicile l'exploit et les copies des
pièces qu'il aura été chargé de signifier, sera condamné,
par voie de police correctionnelle, à une suspension de
trois mois, à une amende qui ne pourra être moindre
de *deux cents frans*, ni excéder *deux mille francs*, et
aux dommages-intérêts des parties (art. 45 du décret
du 14 juin 1813).

Agents de police.

Les agents de police qui se présentent dans une

---

(1) On remarquera que les signalements *pénitentiaire* et
biographique ne s'appliquent qu'aux libérés.

commune pour y instrumenter, ne peuvent requérir directement la gendarmerie, si leurs ordres écrits ne portent pas qu'il doit leur être prêté main-forte. Alors ces agents s'adressent à l'autorité locale qui requiert, s'il y a lieu, la gendarmerie de donner son assistance.

Contradictions entre les formules des réquisitoires et celles des mandats.

La formule des réquisitoires à adresser à la gendarmerie se trouve dans l'art. 96 du décret du 1er mars 1854 ; mais la seule chose qu'il est important de savoir sur ce point, pour les officiers de police judiciaire, c'est que, lorsqu'ils ont recours à la force publique, ils doivent la requérir et non lui donner des ordres.

L'observation que l'on fait ici sur les réquisitions adressées à la gendarmerie conduit à parler des formules de mandats d'amener, de dépôt et d'arrêt, décernés par les juges d'instruction. Ces formules, qui sont partout imprimées, contiennent (indépendamment de la formule exécutoire) les mots : *mandons* et *ordonnons* à tous huissiers et agents de la force publique, etc.

On ne soutiendra pas en droit qu'il soit positivement défendu aux magistrats instructeurs de donner, dans certains cas, des ordres aux huissiers. On dira seulement que l'article 1er de la loi du 5 pluviôse an XIII, l'article 84 du décret du 18 juin 1811, et les art. 29 et 30 de celui du 14 juin 1813, se servent du mot *mandement*, moins impérieux que le mot *ordre*, pour désigner une réquisition adressée à un huissier ou à la gendarmerie par un magistrat, et que le plus convenable est de n'employer que l'expression la plus

usitée dans la loi, le mot *mandement,* expression qui
consacre de raisonnables, égards pour des fonctionnaires nommés par l'Empereur, et pour des militaires'
revêtus d'un caractère quasi-magistral. Or, à l'égard
de la gendarmerie, le mot *ordonnons* et le mot *mandons* lui-même sont interdits aux magistrats. L'art. 97
du décret du 1er mars et la loi du 28 germinal
an VI, qu'on ne saurait être dispensé de respecter
sur ce point réglementaire, porte :

« Les réquisitions des autorités civiles, en ce qui
concerne l'emploi de la gendarmerie, ne doivent contenir aucun terme impératif, tels que : *Ordonnons,
enjoignons, voulons, mandons,* etc., etc.

Les commandants de la gendarmerie pourraient se
plaindre d'un *mandons* ou *ordonnons* écrit à la main
que leur adresserait un magistrat, et certainement ils
auraient raison. Les formules imprimées passent cependant sans observation; mais, imprimées ou manus-
crites, elles n'en sont pas moins irrégulières, conçues
comme elles le sont. On pense qu'il serait mieux de
les rédiger ainsi : Le juge d'instruction, ou M. le juge
d'instruction, etc., *mande* à tous huissiers et *requiert*
tous agents de la force publique de, etc.

Jugement portant contrainte par corps en matière civile.

La gendarmerie ne doit, dans aucun cas, procéder
à l'*exécution d'un jugement,* de quelque nature qu'il
soit, à la requête d'un particulier; la réquisition du
procureur impérial est seule légale et obligée.

Tout ce que la gendarmerie ferait en pareille circonstance serait de la plus manifeste nullité, et consti-
tuerait un évident et coupable abus de pouvoir.

« La gendarmerie n'est point non plus appelée à l'exécution de la contrainte par corps en matière civile ou commerciale ; les huissiers dans les départements, les gardes du commerce à Paris, en sont seuls chargés. Ces agents peuvent requérir la gendarmerie dans la forme prescrite par l'article 96 du décret du 1er mars 1854.

La réquisition du procureur impérial est indispensable pour opérer l'arrestation.

Lorsque la gendarmerie doit procéder à une arrestation pour mise à exécution d'une contrainte par corps, elle ne peut agir qu'en vertu d'une réquisition écrite du procureur impérial, et, cette réquisition étant absolue, la gendarmerie ne doit ni se préoccuper des dispositions de la pénalité prononcée par l'art. 22 de la loi du 17 avril 1832 (1,000 fr.), qui ne sont nullement relatives à la contrainte par corps, exercée sur la réquisition du ministère public. On suivra seulement la règle tracée pour la notification des mandats.

Elle ne s'occupe pas du référé.

La gendarmerie ne se trouve donc jamais dans le cas de conduire en référé ; si la personne arrêtée a quelques réclamations à faire, elle s'adresse au procureur impérial qui a donné la réquisition, le président du tribunal n'ayant d'ailleurs point de décision à donner sur les mesures requises par ce magistrat.

Au surplus, il suffit de lire la loi du 17 avril 1832 avec un peu d'attention, pour se convaincre que l'article 22, qui n'est que la conséquence de l'article 786 du Code de procédure civile, n'est point applicable dans le cas de la contrainte par corps exercée sur la réquisition du procureur impérial. (Voir le procès-verbal ci-après.) .

Procès-verbal d'arrestation en vertu d'une contrainte par corps.

Aujourd'hui vingt-trois mars mil huit cent cinquante-neuf, à sept heures du matin, nous, Cardon (Charles), maréchal des logis, et Dumay (Louis), gendarme, à la résidence de Pontoise, revêtus de notre uniforme, et conformément aux ordres de nos chefs, agissant pour l'exécution d'un réquisitoire de M. le procureur impérial de l'arrondissement, en date du dix-huit de ce mois, portant d'arrêter et de conduire à la maison d'arrêt de cette ville le nommé (ses nom, prénoms, profession et domicile), condamné par jugement rendu le cinq décembre dernier par le tribunal de première instance siégeant à Pontoise, pour (nature du fait), à l'amende et aux frais, montant ensemble à la somme de (le montant).

Nous nous sommes rendus en la commune de (lieu du domicile), au domicile dudit (son nom), et parlant à sa personne, nous lui avons exhibé le réquisitoire dont nous étions porteurs. Après lui en avoir donné lecture et délivré copie, nous l'avons conduit à la maison d'arrêt, où, sur la représentation du réquisitoire susénoncé, il a été déposé et laissé à la garde du concierge, qui nous en a donné décharge.

Et nous nous sommes retirés pour rédiger le présent en double expédition, dont l'une sera remise à M. le procureur impérial de l'arrondissement, et l'autre à M. le capitaine, commandant l'arrondissement.

A Pontoise, les jour, mois et an que dessus.

RÉQUISITOIRE.

Nous... (indiquer l'officier du ministère public).

Vu l'art. 37 du règlement du 18 juin 1811, requérons, conformément à l'art. 140 du même règlement, qu'il soit délivré exécutoire par... (indiquer la qualité du magistrat qui doit délivrer cet exécutoire), sur la caisse de l'administration de l'enregistrement et des domaines, pour le paiement de la somme de..., montant dudit mémoire.

A..., le... mil huit cent...

(Signature.)

EXÉCUTOIRE.

Nous, président de la Cour (ou du tribunal), séant à..., département de...

Vu le réquisitoire ci-dessus, et la copie de l'ordonnance ci-jointe;

Avons arrêté et rendu exécutoire le présent mémoire pour la somme de..., montant de la taxe que nous en avons faite; et attendu qu'il n'y a pas de partie civile en cause (ou qu'elle a justifié de son indigence);

Ordonnons que ladite somme sera payée par le receveur de l'enregistrement, au bureau de...

A..., le... mil huit cent...

(Signature.)

TARIF DES TAXES DES TÉMOINS.

DÉSIGNATION DES TÉMOINS et CAUSES DES TAXES.	MONTANT DES TAXES		
	à Paris.	dans les villes de 40,000 âmes et au-dessus.	dans les autres villes et communes.
PREMIÈRE TAXE. — *Témoin du sexe masculin, entendu dans le lieu de sa résidence, ou dont la résidence n'est pas éloignée de plus d'un myriamètre du lieu où il est entendu :*			
Pour chaque jour que le témoin a été détourné de son travail ou de ses affaires. Médecins, chirurgiens, experts, entendus comme témoins............. Gendarmes, gardes champêtres et forestiers, *idem*...............	2 »	1 50	1 »
DEUXIÈME TAXE. — *Témoin du sexe féminin, ou enfant de l'un ou de l'autre sexe au-dessous de 15 ans :*			
Pour chaque jour................ Sages-femmes, *idem*...............	1 25	1 »	» 75
TROISIÈME TAXE. — *Témoin de l'un ou de l'autre sexe qui s'est transporté à plus d'un myriamètre, mais dans son arrondissement.—Agents de police, en cas de transport.* (Instr. du 30 sept. 1826.			
Pour chaque myriamètre parcouru en allant et en revenant............. *Idem*. Médecins, chirurgiens, experts, interprètes, sages-femmes........ *Idem*. Gendarmes, gardes champêtres et forestiers......................	1 »	1 »	1 »

DÉSIGNATION DES TÉMOINS et CAUSES DES TAXES.	MONTANT DES TAXES		
	à Paris.	dans les villes de 40,000 âmes et au-dessus.	dans les autres villes et communes.
Témoins, pour chaque jour de séjour forcé en route............. Médecins, etc., idem............. Gendarmes, gardes, idem.............	1 50	1 50	1 50
Témoins, pour chaque jour de séjour dans la ville où se fait l'instruction, et qui n'est pas celle de leur résidence.. Médecins, idem............. Gendarmes, gardes, idem.............	3 »	2 »	1 50
QUATRIÈME TAXE. — Cas de transports hors de l'arrondissement (n'est pas applicable par les juges de paix, en tant qu'officiers de police auxiliaires, etc.			
CINQUIÈME TAXE. — Enfant mâle au-dessous de 15 ans, fille au-dessous de 21 ans, lorsqu'ils se transportent à plus d'un myriamètre de leur résidence, accompagnés de leur père, mère, tuteur ou curateur :			
Pour chaque myriamètre parcouru dans leur arrondissement.............	2 »	2 »	2 »
Pour chaque jour de séjour forcé en route.	3 »	3 »	3 »
Pour chaque jour de séjour dans la ville où se fait l'instruction.............	6 »	4 »	3 »
SIXIÈME TAXE. — Militaires en activité de service.			
Pour chaque jour de séjour forcé hors de leur garnison ou cantonnement, savoir :			
Aux officiers de tous grades.............	3 »	2 »	1 50
Aux sous-officiers et soldats.............	1 50	1 »	» 75

FRAIS
de
JUSTICE CRIMINELLE.

Mois d
de l'an...

..... gendarme.

ÉTAT des frais faits par... gendarme à..., pour avoir conduit en poste depuis... jusqu'à..., chef-lieu de la Cour d'assises du département de..., par ordre de... (art. 12 du règlement du 18 juin 1811).

N.º D'ORDRE.	ÉPOQUE à laquelle les frais ont eu lieu.	NATURE DES FRAIS.	NOMBRE DE POSTES.	PRIX PAR POSTE, y compris la voiture fournie par le maître de la poste.	MONTANT.
•		Payé au maître de poste de..., suivant quittance ci-jointe......... Nourriture par jour, tant pour le prisonnier que pour le gendarme....			
		TOTAL....			
		Sur cette somme, le soussigné a reçu une avance de..., du receveur de l'enregistrement de... ainsi qu'il est constaté au pied de la réquisition ci-jointe........			
		RESTE à payer....			

Je soussigné, gendarme, certifie véritable le présent état pour la somme de..., sur laquelle j'ai déjà reçu celle de... à compte.

A..., le... mil huit cent...

(Signature.)

Réquisitoire et exécutoire ci-dessus.

Nous..., etc...,

Vu l'art. 12 du règlement, etc,

CHAPITRE VIII.

Observations générales
sur la recherche de quelques crimes,
délits et contraventions.

*Homicide volontaire ou meurtre. — Homicide pré-
médité, qualifié assassinat.*

*État du cadavre, des lieux, des pièces de
conviction, etc.*

En cas d'homicide ou de mort violente ou subite
pouvant faire soupçonner un homicide, il est indispensable de décrire l'état des lieux, celui des ferme-
tures ou clôtures, si le fait s'est passé dans un lieu
fermé ou clos; l'état et la position du cadavre (1);

---

(1) *Corps*, se dit des créatures humaines qui ont perdu
la vie, mais qui ne sont pas encore attaquées par la cor-
ruption; *cadavre*, se dit de l'individu mort depuis assez
longtemps pour être déjà en état de putréfaction. Cependant, dans les constatations judiciaires, le mot CADAVRE
est généralement employé que la mort soit ou non récente.

l'état des vêtements dont il est couvert ; la nature, la situation et l'état des instruments, armes, objets ou papiers trouvés près du cadavre ou dans un lieu voisin, ou en possession du prévenu. (Art. 284 du décret du 1er mars 1854).

Vérifications médico-légales.

L'officier de gendarmerie se fera aider, s'il y a lieu, dans ses recherches, par des docteurs en médecine ou en chirurgie, connus par leur probité et leur capacité. Les simples officiers de santé ne peuvent être appelés que concurremment avec un docteur ; la loi ne présumant pas en eux le même degré d'instruction, leur rapport n'aurait ni la même autorité, ni la même force légale. Dans les cas difficiles, il est prudent d'appeler toujours deux docteurs.

L'officier de gendarmerie doit toujours être présent à l'ouverture et à l'examen du cadavre, exiger que tout soit fait avec la plus scrupuleuse exactitude, et faire consigner dans le rapport des gens de l'art, les observations que l'expérience de ces sortes d'opérations lui suggérerait relativement à la présomption d'intention, de volonté et de préméditation, qu'on peut tirer de l'arme ou instrument dont le coupable s'est servi, de la situation, de la direction, du nombre et de la gravité des blessures qui ont causé la mort.

Les rapports des hommes de l'art doivent être clairs et précis, et rédigés séparément.

Confrontation du prévenu au cadavre.

Quand on le peut, il faut confronter au cadavre le prévenu ou les individus soupçonnés. Cette confrontation produit quelquefois des aveux ou fait naître des observations qu'il est utile de recueillir. Cette mesure est commune aux cas d'infanticide et d'empoisonnement.

Recélé des cadavres.

Si le cadavre d'une personne homicidée a disparu ou est trouvé caché, il importe de rechercher par qui il a été enlevé ou caché, parce que le recélé du cadavre d'une personne homicidée ou morte des suites de coups et blessures constitue un délit qui peut faire suspecter une coopération à l'homicide ou aux blessures.

Infanticide.

On peut définir l'infanticide par ces mots : « C'est la « nature vaincue par l'inflexible loi de l'honneur. »

L'infanticide, trop souvent impuni, est un crime très-difficile à constater et qui exige l'attention la plus rigoureuse. Les hommes de l'art ont à examiner si l'enfant est né à terme, s'il a vécu, de quel genre de mort il a péri. L'officier de gendarmerie doit faire vérifier si la prévenue est accouchée, et si le temps de cet accouchement se rapporte à celui de la naissance et de la mort de l'enfant. Il doit rechercher si l'on a entendu les cris de l'enfant (1); il doit saisir, dans le

---

(1) On reconnaît qu'un enfant a *respiré*, c'est-à-dire est *venu viable*, en soumettant les poumons à l'épreuve hydrostatique. Si les poumons surnagent, l'enfant a respiré, il est né viable; dans le cas contraire, si les poumons tombent au fond de l'eau, l'enfant est *mort-né*.

domicile ou sur la personne de la prévenue, les linges,
hardes et objets annonçant un accouchement récent,
et s'informer auprès des parents, voisins, domestiques
de la prévenue ou autres qui la connaissent, si sa
grossesse a été apparente, ou si elle a été cachée ou
niée par la prévenue. Il est nécessaire encore de vérifier si quelque parent de la prévenue ou toute autre
personne ne l'aurait pas provoquée au crime, ou
même ne l'aurait pas aidée et assistée.

Suicide.

Si une mort violente paraît avoir été l'effet d'un
suicide, il n'en faut pas moins recueillir avec soin les
circonstances qui ont précédé, accompagné ou suivi
cette mort. — Après avoir donné avec soin la description du cadavre, les instruments qui ont procuré la
mort, la déposition des témoins, il importe de rechercher et constater si le décédé avait des motifs de
se déterminer au suicide; ces motifs établissent le
genre de mort en l'expliquant. En cas de suicide,
plusieurs officiers de police judiciaire se bornent *à
déclarer qu'il résulte des enquêtes auxquelles ils ont
procédé que la mort a été le résultat d'un suicide.*
Cet usage est vicieux : toujours des procès-verbaux
doivent être dressés, constatant les renseignements
qui ont pu être recueillis sur les circonstances et les
causes de la mort, et les déclarations des personnes
qui peuvent déposer des faits de nature à établir et à
expliquer le genre de mort. Il est indispensable que
les magistrats, qui prononcent sur le genre de mort,
et déclarent s'il y a ou s'il n'y a pas lieu de diriger
des poursuites, puissent apprécier par eux-mêmes

tous les renseignements qu'il a été possible de recueillir.

Si la personne suicidée a laissé un écrit explicatif de sa mort, l'officier de gendarmerie aura soin non-seulement de rechercher et de recueillir cet écrit, mais encore d'annexer au procès-verbal d'autres pièces d'écriture de la main du défunt, afin qu'elles servent de pièces de comparaison.

C'est aux hommes de l'art à décider, d'après le genre de la mort, la nature, le nombre, la situation et la gravité des blessures, si la personne décédée a pu se donner elle-même la mort. Cet examen s'effectue en présence de l'officier de gendarmerie.

Cris et actes séditieux.

Les infractions de ce genre, grâce à une salutaire surveillance, deviennent de jour en jour moins fréquentes; celles qui seraient de nature à troubler la tranquillité publique, à ébranler la fidélité au gouvernement de l'Empereur, ne sauraient être réprimées trop tôt et avec trop de vigueur. Lorsque l'on a à constater une de ces infractions, on doit s'attacher à rechercher et à constater scrupuleusement dans les procès-verbaux tout ce qui peut servir à caractériser le fait.

Blessures.

L'officier de gendarmerie procède également avec une grande exactitude à l'examen des blessures dont la loi punit les auteurs. Si le blessé est en danger imminent, il faut se hâter de l'entendre avec les précautions et les ménagements que commande son état : si cette audition pouvait aggraver sa position, il faudrait temporiser. On doit, comme en cas d'homicide, recueillir, constater les faits ou indices d'*imprudence*, *négligence* ou *inobservation* des règlements de police, de *volonté*, de *préméditation*, ou de *guet-apens*, de *légitime défense* ou d'*excuse*. Toutes ces choses sont essentielles à constater. En effet, si les blessures ont causé une maladie ou une incapacité de travail pendant plus de *vingt jours*, elles constituent un crime; si elles approchent de ce caractère de gravité, le tribunal correctionnel peut appliquer le *maximum* de la peine; si elles sont légères, il appliquera, selon les circonstances, une peine moins forte.

Outrage public à la pudeur.

On appelle outrage public à la pudeur, toute action déshonnête ou impudique, tout geste obscène ou lascif d'une certaine gravité, commis dans les lieux publics, dans les rues, ou sur les chemins publics, en présence d'une ou de plusieurs personnes.

Nuance entre l'attentat à la pudeur et l'outrage à la pudeur.

La nuance entre l'attentat à la pudeur et l'outrage à la pudeur est que, pour le premier, il faut un rapprochement, une attaque contre les partie sexuelles, tandis que, dans le second, la démonstration suffit, soit par des postures ou par quelque nudité.

L'attentat à la pudeur a le caractère de publicité voulu par la loi, art. 330 du Code pénal, bien que commis dans un lieu non public par sa destination, s'il a été vu par plusieurs personnes.

8

Viol.

Le viol était puni de mort chez les Athéniens, qui avaient porté la rigueur à un tel excès, qu'un baiser pris de force était expié par la perte de la vie. — Les lois romaines prononçaient aussi cette peine, même contre ceux qui avaient échoué et contre leurs complices, et les premiers empereurs chrétiens ajoutèrent à la sévérité de la loi, en condamnant à la perte du droit de citoyen et au bannissement les parents qui avaient négligé de poursuivre cet outrage.

Cette législation fut exactement suivie en France, et faisait règle avant le Code de 1791; elle portait, en outre, défense expresse de demander grâce pour le criminel. — De nos jours, le viol est puni selon les articles du Code pénal.

Le viol est un véritable crime, même indépendamment de toutes les idées d'honneur, de vertu attachées à la chasteté. C'est une violation de la propriété que chacun doit avoir de sa personne; c'est un outrage fait à la faiblesse par la force. Il doit être puni comme les autres attentats à la sûreté personnelle.

Recherches.

Dans la recherche du viol, et en constatant les traces de ce crime, l'officier de gendarmerie, autant que possible, évitera les termes obscènes. Ce n'est aussi que dans le cas d'une absolue nécessité qu'il faut faire visiter, par des hommes de l'art, les enfants qui auraient été victimes de cet attentat. On aura soin surtout d'interpeller ces enfants avec les plus grands ménagements, en respectant leur pudeur.

Incendie.

Après les attentats contre les personnes, l'un des crimes qui intéressent le plus la sûreté publique, c'est l'incendie. En recueillant les circonstances matérielles du fait et en recevant les déclarations des personnes habitant la maison incendiée, l'officier de gendarmerie doit constater à quelle heure, de quelle manière et dans quelle partie de la maison incendiée le feu s'est manifesté; il en recherche les causes. Si l'incendie est présumé être le fait de la vengeance ou de tout autre motif criminel, il sera essentiel de recueillir les matières qui auraient vraisemblablement servi à mettre le feu; de les représenter à ceux qui pourraient les reconnaître comme appartenant au prévenu ou comme ayant été en sa possession. On vérifiera également s'il n'y avait pas eu antérieurement des menaces écrites ou verbales d'incendie.

Le crime d'incendie ne consiste pas seulement à mettre le feu à un *édifice* ou a des choses *appartenant à autrui*, mais à mettre le feu à des édifices ou à des choses qui peuvent, en brûlant, incendier les propriétés d'autrui ou nuire à autrui. Ainsi, mettre le feu à sa propre maison, *assurée*, dans le dessein d'en toucher le prix, c'est commettre le crime d'incendie; c'est aussi commettre ce crime que de mettre le feu à sa maison pour priver son vendeur de son privilège et pour brûler la récolte d'autrui.

Dans tous les cas, le procès-verbal qui constate l'incendie sera soumis au procureur impérial, parce que tout incendie emporte la *présomption* d'une infraction, et que tout fait de cette nature doit être vérifié par la justice.

Vols. — *Circonstances aggravantes*.

Les vols s'aggravent par les circonstances de lieu ; par celles de temps ; par les circonstances matérielles ou autres qui les ont précédés, accompagnés ou suivis ; par les circonstances cumulatives de la nature des objets volés et du lieu du vol ; enfin par les circonstances de la qualité ou du nombre des coupables.

Escalade.

Pour qu'il y ait escalade, dans le sens de la loi, il faut que l'entrée ait lieu du *dehors* dans l'*intérieur*. Ainsi, le voleur qui est entré sans escalader dans une maison, n'en commet aucune en pénétrant ensuite dans les autres parties de la maison, à l'aide d'ouvertures pratiquées dans l'intérieur. Il n'y a point d'escalade intérieure.

Circonstances de lieu.

Il y a circonstance aggravante de lieu, lorsque les lieux où le vol a été commis, sont des *archives*, *greffes* ou *dépôts publics*, des *grands chemins*, des *maisons habitées* ou *servant à l'habitation*.

Circonstances de temps.

La circonstance aggravante de temps est la *nuit*, c'est-à-dire le temps qui s'écoule de six heures du soir à six heures du matin, du 1er octobre au 31 mars, et de neuf heures du soir à quatre heures du matin, du 1er avril au 30 septembre.

Tentatives de crimes ou de certains délits.

La tentative des crimes ou de certains délits étant punie comme le crime ou le délit même, il importe de la constater avec le même soin que le crime ou délit consommé. Pour cet effet, la gendarmerie doit recueillir tous les indices desquels il résulte que la tentative a été manifestée par des actes extérieurs et suivie d'un commencement d'exécution, et qu'elle n'a été suspendue ou n'a manqué son effet que par des circonstances fortuites ou indépendantes de la volonté de son auteur.

Pièces de conviction.

Les gendarmes sont dépositaires publics et comptables des pièces à conviction qui tombent entre leurs mains, par suite de leurs fonctions. Si donc, au lieu de remettre ces pièces à l'autorité judiciaire, ils les détournent à leur profit, ils sont passibles des peines portées par les art. 109 et 171 du Code pénal.

Faux en écriture (1).

Le faux en écriture se divise, quant à ses carac-

---

(1) Les officiers de gendarmerie ne sont point, en général, appelés à vérifier le faux en écriture; cependant, ils ne liront pas sans quelque intérêt les divers moyens que la science a découverts pour reconnaître les procédés dont les faussaires se servent pour commettre le crime le plus capital de notre société.

8.

tères, en faux intellectuel ou substantiel, et en faux matériel ou formel. (*Cass.*, 16 *juin* 1829.)

Du faux intellectuel.

Le faux intellectuel résulte de l'altération de la substance d'un acte, c'est-à-dire dans les dispositions constitutives de cet acte; il ne peut être reconnu à aucun signe palpable, physique et matériel. Dans ce cas, les écritures sont matériellement vraies, mais l'expression est fausse. Il y a désaccord entre la lettre et la pensée, qui a été soit infidèlement retenue, soit frauduleusement altérée ou changée.

Du faux matériel.

Le faux matériel consiste dans une falsification ou altération, en tout ou partie, sur la pièce arguée de faux, et susceptible d'être reconnue, constatée et démontrée physiquement, par une opération ou un procédé quelconque.

Moyens à l'aide desquels le faux matériel peut être consommé.

Le faux matériel peut être consommé par la fabrication, la contrefaçon d'une pièce ou d'une signature; une addition, une suppression, une altération, un grattage, une surcharge, une lacération, une substitution d'acte ou d'une disposition à une autre; un simple changement dans la ponctuation d'un acte, si le sens en est dénaturé ou modifié, etc.

Le faux matériel peut être prouvé.

Les officiers de gendarmerie pourront trouver la preuve du faux par l'inspection de la pièce arguée : par titres, par témoins, par experts, par comparaison d'écriture, par l'aveu du prévenu, par le raisonnement ou par les présomptions; en un mot, par tous les genres de preuves, conformément aux articles du Code de procédure civile, 211 et 232, et 450, 453, 457, 461 et 464 du Code d'instruction criminelle.

Examen des actes argués de faux matériel.

Les actes argués de faux matériel doivent être examinés : 1° physiquement, à l'aide d'instruments susceptibles de grossir les objets; 2° à l'aide de la chaleur; 3° à l'aide de l'eau distillée seule; 4° à l'aide d'alcool; 5° à l'aide de papier tournesol rouge et bleu; enfin, à l'aide de réactifs chimiques susceptibles de faire revivre une ancienne écriture, même après son altération.

Examen physique.

L'examen physique s'opère de la manière suivante : on prend l'acte argué de faux : on examine toutes ses parties, à l'aide d'une forte loupe, pour voir si on n'aperçoit pas : 1° quelques parties qui auraient été déchirées, égratignées ou amincies; 2° quelques parties luisantes et tachées; 3° si la couleur de l'encre employée est la même pour tout le corps d'écriture, ou si elle est la même pour tous les corps d'écritures, ou si elle est la même pour chacun des corps d'écriture qui doivent être examinés en particulier ; 4° si l'écriture est aussi pleine dans toutes ses parties, et s'il n'en existe pas quelques-unes où le corps de l'écriture soit plus large ou plus resserré; si la couleur du papier est la même exactement dans toute la feuille, ou si l'on n'y remarque pas des taches qui puissent être attribuées à tort ou à raison à la vétusté; alors il faut reconnaître et établir la disposition de ces taches par rapport à la manière dont le papier a été plié.

En opérant ainsi, on voit si le papier a été gratté ; le plus souvent l'opération du grattage laisse distinguer quelques filaments, quelque différence dans la texture et dans le grain du papier. Cette indication conduit à porter spécialement ses recherches sur cette partie de l'acte ; si le papier gratté a été collé, ce collage peut être aperçu, parce qu'il donne au papier une physionomie toute particulière. Le collage reconnu, il est facile de s'assurer de ce travail par d'autres expériences décrites plus bas.

On distingue si l'encre est la même ; ce qui n'arrive pas souvent dans l'altération, l'encre qui alors est employée pour le raccord, n'étant pas exactement de la même couleur, ou, quand elle aurait été la même, elle peut être modifiée par les opérations qu'on a fait subir au papier afin de détruire l'écriture primitive. Il arrive même que cette altération qui n'est pas apparente au moment de la falsification, le devient après quelques jours ou après quelques semaines.

Si on remarque que les pleins de l'écriture sont plus larges, on doit rechercher si ces endroits n'ont pas été encollés, la colle étendue sur le papier lors du raccord, permettant à l'écriture de s'élargir. Si, au contraire, le plein était moins large, il faudrait examiner s'il n'y a pas eu grattage, et si cet amincissement des traits n'est pas dû à l'emploi de la sandaraque ou d'un autre corps résineux.

L'examen des taches peut encore donner quelques inductions: car il y a de la différence entre un papier enfumé et vieux, et un papier qui est sali par suite du lavage. ¡On remarque, dans ce cas, que les taches sont formées d'*auréoles* plus ou moins étendues, et dont les divers cercles sont plus ou moins colorés. Ces *auréoles* deviennent plus apparentes, lorsqu'on expose la pièce à une chaleur douce.

De l'emploi de la chaleur.

Lorsqu'on suppose qu'une pièce a été falsifiée, on la soumet à l'action de la chaleur de la manière suivante : on prend l'acte, on le place dans une chemise de papier joseph, on fait chauffer un fer et on le passe sur l'acte enveloppé dans la chemise; on conçoit que le fer ne doit pas être trop chaud. Cette opération si simple peut faire ressortir en jaune roux tous les traits de plume qui n'auraient pas été enlevés par les agents mis en usage par les faussaires. Par cette méthode, il arrive que des papiers blancs en apparence, et sur lesquels on ne remarquait rien, donnaient, après l'application du fer à repasser, une teinte jaune qui signalait des traits qu'on pouvait ensuite traiter par l'acide gallique, ce qui donnait aux lettres une couleur assez forte pour qu'on pût reconnaître ces lettres, et constater d'une manière évidente la falsification.

Examen par l'eau.

L'eau distillée peut être d'une grande utilité dans

l'examen des actes altérés ou falsifiés. Voici comment on doit opérer : on prend l'acte, on le place sur une feuille de papier blanc et parfaitement propre ; lorsqu'il est ainsi placé, on mouille avec un pinceau et peu à peu toutes les parties de l'acte, en examinant la manière dont le liquide se comporte lorsqu'il est en contact avec le papier. L'expérience démontre victorieusement que le papier aminci, soit par le grattage, soit par le lavage, absorbe l'encre en beaucoup moins de temps, même lorsque ce papier a été collé, la colle ajoutée après une opération de falsification, ne s'incorporant pas à la pâte du papier, comme celle qui a été introduite par l'opération du collage à la cuve. Il arrive de faire reparaître des lettres qui, en ayant absorbé l'eau, étaient devenues semi-transparentes, de façon à pouvoir lire des mots entiers.

Examen par l'alcool.

Cet essai est particulièrement nécessaire pour reconnaître le grattage, lorsqu'il a été suivi de l'emploi de corps résineux destinés à masquer les résultats de cette opération. Voici comment on opère : on place toujours le papier ou acte sur une feuille de papier blanc ; puis, à l'aide d'un pinceau, on imbibe l'acte avec de l'alcool bien pur. Si l'acte a été gratté, puis enduit de résine, le point où l'opération a eu lieu se fait reconnaître en ce que l'écriture placée sur l'endroit gratté s'élargit et pénètre davantage le papier. — On peut encore placer le papier entre l'œil et la lumière, et on voit en quel endroit le papier a été aminci. — Comme il est nécessaire pour la réussite de cette opération que le papier ne sèche pas trop vite, on a soin, lorsque le papier est mouillé avec l'alcool, de le renfermer pendant quelques instants dans un cahier de papier blanc.

De l'emploi du papier de tournesol rouge et bleu.

L'altération des écritures par le lavage étant le résultat de l'emploi d'agents chimiques qui jouissent, pour la plupart, de la propriété de rougir le papier de tournesol, ou qui acquièrent cette propriété après ou pendant l'opération, il est rare et presque impossible que la falsification puisse, sans détruire en partie le papier, laver assez exactement l'acte ou la partie de l'acte sur laquelle il a été opéré, pour enlever tout l'acide.

Enfin de l'emploi de divers réactifs chimiques qui font reparaître les écritures.

Lorsque l'emploi des cinq moyens décrits ci-dessus sont insuffisants pour démontrer l'altération de la pièce arguée de faux, on aura recours pour faire revivre les écritures lavées : 1º à l'acide gallique; 2º à l'hydrocyanate ferruré de potasse; 3º et à l'acide hydrosulfurique. Voici comment on opère : on place l'acte sur une feuille de papier blanc; on met dans un godet du réactif à employer, soit l'acide gallique, soit l'hydrocyanate, et, à l'aide d'un pinceau, on imbibe toute la surface de l'acte, en ayant soin de passer légèrement avec le pinceau, et de ne pas appuyer ni frotter. Lorsque la surface est bien imbibée, on laisse reposer pendant une heure, on mouille une seconde fois, et douze heures après on examine le résultat, qui le plus souvent fait reconnaître les mots qui constituent l'altération. — Si on emploie l'acide hydrosulfurique, on place la pièce imbibée dans un flacon contenant une certaine quantité de cet acide, en ayant soin que l'acte ne trempe pas dans le liquide même, mais qu'il reste exposé à l'action de la vapeur qui se dégage, et quelques heures après on examine le résultat.

Situation particulière.

Il pourrait arriver que dans un crime de faux, de complot contre l'Etat, ou sur un espion, on trouvât des feuilles de papier blanc qui continssent des écritures incolores qu'il serait très-important de connaître. Voici les principaux moyens à employer :

Examen physique.

Cet examen fait quelquefois reconnaître que dans certaines parties il y a un *tracé* quelconque; ce tracé se signale, parce qu'il donne à la partie du papier sur laquelle il a été opéré, un aspect qui est plus terne ou plus luisant que ne l'est le fond du papier.

Emploi de la lumière.

On a reconnu, en plaçant une feuille de papier sur un carreau, et en examinant cette feuille qui était traversée par la lumière, qu'il y avait sur le papier un *tracé* opéré avec une substance blanche; ce tracé, en augmentant l'épaisseur du papier, laissait moins facilement passer la lumière, et produisait ainsi une ombre occasionnée par des lettres qui bientôt furent assemblées, et donnèrent la clef de ce moyen de correspondance.

Emploi des gaz.

Le gaz acide hydrosulfurique, le gaz ammoniac, le chlore, peuvent quelquefois être mis en usage pour faire paraître des traces invisibles. Voici comment on opère : on introduit dans un flacon, contenant ces gaz, la feuille soumise à l'expérience, et on l'y laisse pendant quelques instants, puis on examine le résultat. Souvent il suffira d'une simple exposition devant le feu pour lire tout à coup le papier.

Confrontation et comparaison d'écritures.

Avant de s'occuper des confrontations d'écritures, quand c'est le but d'une expertise, le rapporteur et les experts doivent fixer leur attention sur les pièces de comparaison qui leur sont présentées. En général, on doit se défier des pièces de comparaison avant de les avoir scrupuleusement examinées. On compare donc, tout d'abord, ces pièces elles-mêmes entre elles, pour s'assurer de leur conformité et de leur sincérité; on annote les remarques préliminaires de cette épreuve.

Ce qu'il y a de plus difficile à imiter.

En ce qui concerne les pièces à vérifier, l'air de l'écriture est premièrement ce qui se présente : c'est ce qui est le plus difficile à imiter; chaque écriture a sa physionomie spéciale et particulière, qui ne peut jamais être bien parfaitement saisie : c'est toujours là qu'est l'écueil où viennent se perdre les plus habiles faussaires.

La tenue de la plume est la seconde chose à examiner. Chacun a sa manière propre et personnelle de tenir sa plume, lorsqu'il écrit au courant de la plume suivant ses habitudes, sans s'assujettir à imiter une autre écriture; ainsi, l'uniformité ou la diversité de la tenue de la plume, dans une suite d'écriture, est essentiellement à remarquer, parce que là on peut reconnaître la fausseté ou la vérité d'une pièce.

On distingue la contrefaçon en ce que, dans une écriture lente, le travail de la plume est toujours fortement marqué et appesanti, au lieu que l'écriture prompte et hardie a des traits moins marqués, parce que la main passe plus légèrement.

Ponctuation, accentuation.

On peut encore remarquer si les points qui sont mis sur les *i*, sont dans la même situation et à la même distance dans les pièces comparées; si les traits qui servent à barrer quelques lettres, ou qu'on emploie pour terminer des lignes, sont uniformes, aussi bien que les lignes de ponctuation ou d'accentuation et l'orthographe. — Enfin, la forme des lettres et celle des chiffres, comparées en détail, est un des principaux moyens de reconnaître l'identité ou la disparité des écritures.

Ivresse.

Les Codes français ne parlent point de l'ivresse, mais la jurisprudence des tribunaux rend l'homme ivre responsable des crimes qu'il commet, parce que celui qui s'enivre consent à subir les conséquences d'un état auquel il s'est exposé volontairement. L'ivresse est un fait *volontaire* (ainsi décidé par la Cour de cassation) et répréhensible ; il ne peut *jamais* constituer une excuse que la morale et la loi permettent d'accueillir.

Néanmoins, les tribunaux admettent l'excuse dans les cas d'ivresse involontaire.

Injures contre un agent de la force publique.

Un terme de mépris proféré contre un agent de la force publique est une injure. — La raison et la loi nous disent que les injures contre les agents de l'autorité publique n'appartiennent point à la classe des injures proférées contre les simples particuliers, réprimées pour ces derniers par voie de simple police, et pour les premières par l'art. 19 de la loi du 17 mai 1819. — Les tribunaux correctionnels seuls peuvent en connaître.

Caractère particulier des lois françaises criminelles.

Les lois françaises, essentiellement libérales en ce qu'elles atteignent indistinctement tous les échelons de la hiérarchie sociale, obligent à faire ce qu'elles commandent, ou à s'abstenir de ce qu'elles défendent ; quant à ce qu'elles permettent seulement, on peut le faire ou ne pas le faire. Ainsi, on peut diviser les lois sous le rapport du mode suivant lequel elles procèdent, en *impératives, prohibitives* et *facultatives.*

Elles n'ont pas d'effet rétroactif, le passé leur échappe ; palladium de la liberté individuelle et de la propriété, ce principe conservateur des sociétés modernes. Les lois françaises ont donc pour but de protéger, de resserrer le lien social en prévenant ou en réprimant toute entreprise, toute action de nature à troubler la paix et l'ordre publics ; à porter atteinte à la sûreté intérieure de l'Empire, à celle des citoyens, et à l'entière jouissance de leurs biens.

Les lois françaises obligent tous ceux qui habitent le territoire de l'Empire.

Ceci dit, l'auteur livre avec confiance à ses anciens frères d'armes cette première partie, qui résume en quelques pages les diverses opérations de la gendarmerie dans ses rapports avec la police judiciaire proprement dite.

ERRATA.

Pages 14. Les procès-verbaux de grande et petite voirie ont été classés dans la *septième* série, ils appartiennent à la deuxième.

21, ligne 10, qui leur est faite ; lisez : qui leur *en* est faite.

76, ligne 21, *que* forme ; lisez : qui forme.

106, ligne 19, l'un de *ses* ; lisez : l'un de leurs.

106, *id.*, actes de *sa* ; lisez : de leur.

IIᵉ PARTIE.

—

Police administrative.

CHAPITRE Iᵉʳ.

La première partie de ce traité a été uniquement consacrée à la police judiciaire; on a voulu présenter, aussi lucidement que possible, la théorie pratique des principaux devoirs de la gendarmerie, appelée à concourir, sans relâche, à la sûreté de la société, dans les recherches des crimes, délits et contraventions de toute nature; à seconder l'action de la justice, dont elle est le bras le plus énergique, le plus puissant, et dont elle a, on se hâte de le dire, l'entière confiance. Aussi le corps de la gendarmerie est-il tenu en haute estime dans la pensée des magistrats, comme il l'est dans l'opinion des fonctionnaires de l'ordre administratif.

Ainsi que le lecteur a pu le reconnaître, on a posé à un point de vue particulier les fonctions de l'officier de gendarmerie dans l'exercice d'officier de police auxiliaire du procureur impérial; on a voulu en saisir toutes les phases et les résumer avec concision, netteté et exactitude. On a suivi également les sous-officiers et gendarmes dans le service d'ordre public qu'ils accomplissent avec tant d'intelligence, avec ce calme que donne le sentiment du devoir, ce courage énergique et résolu poussé souvent jusqu'à la témérité; on a essayé de leur venir en aide, en leur donnant une conscience exacte de l'importance de la mission qui leur est imposée, mission qui les place en présence de difficultés variées et souvent épineuses; aussi a-t-on groupé autour du principe les éléments divers dont doivent se préoccuper les rédacteurs des procès-verbaux.

Mais si le corps de la gendarmerie a été investi, par la loi, d'attributions quasi judiciaires, cette même loi lui a aussi tracé des obligations d'une nature non moins importante, relevant de l'autorité administrative. On comprendra qu'il s'agit ici de la police administrative, dont le caractère, exclusivement *préventif*, ne saurait être confondu avec la police judiciaire, avec son caractère plus particulièrement *correctif*. (Voir pages 10 et 43.)

C'est donc de la police administrative qu'il va être question dans cette seconde partie; on n'en exposera que les éléments généraux, car la forme des procès-verbaux et la manière de procéder, en ce qui touche le relevé des infractions aux mesures administratives prises par des arrêtés, sont et restent les mêmes, c'est-à-dire que tout a été dit à cet égard dans la première partie.

Observation préliminaire.

La société, a dit Laferrière, dans l'intérêt de sa conservation, doit se défendre des dangers qui peuvent venir des hommes et des choses; elle s'en défend par la voie *préventive* ou par la voie *répressive*, selon la nature des objets ou des droits dont l'usage et l'abus peut lui être préjudiciable. Elle doit aussi, par des mesures de prévoyance et d'assistance publique, protéger l'existence des citoyens nécessiteux, et garantir la société des dangers qui peuvent faire naître ou développer les suggestions de la misère.

La défense sociale par les moyens préventifs, c'est la police de l'Etat prise au point de vue le plus étendu.

Police administrative. — Définition.

La police administrative a pour objet spécial le maintien de l'ordre, de la tranquillité publique, la surveillance et la protection de tous les intérêts généraux et particuliers.

Son caractère saillant est une vigilance essentiellement *préventive:* « Une police bien faite, a dit un philosophe du siècle dernier, est le chef-d'œuvre de la civilisation. » Pour faire le bien, il faut poursuivre le mal. — Mais, pour arriver à ce résultat, l'administration supérieure et municipale doit compter non-seulement sur le zèle et le dévouement des fonctionnaires et agents de la force publique chargés de l'exécution des règlements et des lois de police, il faut, en outre, que ces fonctionnaires et agents connaissent toute l'étendue de leurs devoirs et les limites dans lesquelles cette action peut être exercée.

Par qui est exercée la police administrative.

La police administrative et municipale, sous la direction du ministre de l'intérieur, est exercée, dans les départements, par les préfets et les maires, en premier ordre; ensuite, par les commissaires départementaux, *les officiers de gendarmerie*, les sous-officiers, les gendarmes, les gardes-champêtres, les appariteurs, etc.

La police administrative comprend deux parties.

La police administrative comprend deux parties essentielles : la police administrative proprement dite, et la police municipale; elles sont l'une et l'autre dirigées sous l'impulsion supérieure du ministre de l'intérieur, par les préfets, sous-préfets et maires.

On ne s'occupera dans cette II⁰ partie que de la police *administrative* dans ses rapports les plus intimes avec le service de la gendarmerie : cet ouvrage ne devant pas sortir des bornes élémentaires que l'auteur s'est imposé, il ne peut donc être considéré comme un cours de droit, mais seulement comme un rudiment utile à consulter.

De la gendarmerie dans ses rapports avec la police de l'Etat ou administrative et municipale. (Article 271 du décret du 1ᵉʳ mars 1854.)

Le décret du 1ᵉʳ mars 1854 fait à la gendarmerie une large part dans la mission de veiller, à l'exécution des mesures prises par l'autorité administrative, en vue du bien-être des masses.

Les tournées, courses, patrouilles, escortes, etc., qui constituent un des devoirs principaux des sous-officiers et gendarmes, ont évidemment un caractère préventif. En effet, que de contraventions, que de délits, que de crimes même, l'apparition inopinée de ces militaires sur tel ou tel point de leur circonscription, n'a-t-elle point prévenus? Cette magistrature armée est, sans contredit, l'auxiliaire le plus sûr, le plus permanent et le plus actif de la police préventive.

Rien ne lui échappe; son action s'étend spontanément et simultanément sur tous les points du territoire qu'elle enveloppe dans un vaste réseau. Dans leur service, les sous-officiers et gendarmes protégent tous les individus indistinctement dans leurs intérêts respectifs; c'est ce qui a fait dire du gendarme qu'il est l'homme de tous.

Les officiers de gendarmerie officiers de l'ordre administratif.

Les officiers de gendarmerie sont rangés au nombre des officiers de l'ordre administratif; mais comme ils ne sont ni magistrats, ni officiers civils, la loi du 10 mai 1831 leur refuse le droit de faire des sommations en cas d'attroupement ou d'émeute populaire; le décret du 1er mars 1854, dans ses art. 296, 297, 298 et 299, est complètement muet à cet égard.

VOIES PUBLIQUES.

Les voies publiques sont placées, en France, sous la protection de règles spéciales. — A toutes les époques, on a compris que l'intérêt général de la circulation devait être défendu contre les entreprises de l'intérêt privé, par des moyens aussi prompts qu'efficaces. — Dans l'antiquité, et à Rome particulièrement, on attachait une telle importance à l'entretien de ce mode de communication, qu'une des premières

9.

dignités de l'Etat était celle de grand voyer, c'est-à-dire inspecteur des routes. Chez nous, les trésoriers de France étaient chargés de leur administration.

Classification des routes.

La classification des routes impériales est ainsi établie :

1° Routes impériales de 1re, 2e et 3e classe, selon qu'elles vont de Paris à l'étranger, de Paris à une ville importante, à un port de mer, ou qu'elles communiquent de villes de département à d'autres villes sans passer par la capitale;

2° Routes départementales, qui vont du chef-lieu aux départements ou qui servent de communication entre deux départements;

3° Chemins vicinaux de grande communication, dont l'utilité s'étend à plusieurs communes;

4° Chemins communaux ou de petite vicinalité, qui ne dépendent que d'une seule commune.

Les routes impériales des deux premières classes sont à la charge de l'Etat; celles de troisième classe sont à la charge commune de l'Etat et des départements qui en profitent.

La voirie admet deux divisions.

La voirie proprement dite admet deux divisions distinctes. La première, sous le nom de *grande voirie,* embrasse toutes les communications d'un intérêt général, les routes impériales et départementales, les chemins de fer, les fleuves et rivières navigables et flottables.

La seconde, nommée *petite voirie,* comprend toutes

les communications d'un intérêt local, les chemins vicinaux, les cours d'eau non navigables ni flottables.

La petite voirie se distingue aussi en voirie *urbaine* et en voirie *rurale*, selon qu'elle a pour objet les villes ou les campagnes.

Voies de terre. — Grande voirie.

La grande voirie comprend non-seulement les routes impériales et départementales, mais, de plus, les rues des villes, bourgs et villages, qui servent de grandes routes. — Les rues sont classées grandes routes par décrets.

La gendarmerie constate les contraventions en matière de grande voirie. (Art. 313 et 315 du décret du 1er mars, et loi du 29 floréal an x.)

Les lois et règlements en matière de grande voirie ont toutes pour but l'entretien et la conservation des voies publiques.

La gendarmerie, dont chacun des membres est, en quelque sorte, un magistrat de première   nce, devait être chargée, par la nature de son se.vi   de l'exploration continuelle des grandes routes, auxiliaire naturel appelé à prêter son concours actif, dévoué, et surtout spontané à l'autorité, en tout ce qui touche à la conservation matérielle des grandes voies publiques. C'est dans ce but qu'ont été édictés les art. 313 et 315 du règlement du 1er mars, enjoignant impérativement aux officiers, sous-officiers et gendarmes de procéder sans retard à la constatation des contraventions et délits qui se produiraient sur les grandes routes et leurs dépendances.

Formalités auxquelles sont soumis les procès-verbaux.

Tout ce qui a été dit au chapitre 1er s'applique, quant à la rédaction, aux procès-verbaux rapportés en matière de grande voirie; ils sont soumis à la double formalité du timbre et de l enregistrement, et rédigés en triple expédition, et jugés.

Contraventions les plus fréquentes.

Les contraventions les plus fréquentes, et de nature à attirer plus particulièrement l'attention des officiers, sous-officiers et gendarmes, sont : les anticipations, dépôts de fumier, débris d'animaux, vidanges et autres immondices, et toutes les espèces de détériorations commises sur les grandes routes, sur les arbres qui les bordent (1), sur les fossés, ouvrages d'art et matériaux destinés à leur entretien, sur les chemins de halage, fossés, etc., des canaux, fleuves, rivières navigables et flottables, etc.

---

(1) La loi du 12 mai 1825 a statué que les arbres plantés *sur le sol des routes impériales et départementales appartiennent aux propriétaires riverains* qui les ont acquis ou plantés à leurs frais. Ces arbres ne peuvent être abattus que lorsqu'ils donnent des signes de dépérissement et sur la permission du préfet.

CHAPITRE II.

Voies de fer.

Depuis 1830, nos communications intérieures ont éprouvé un développement vraiment extraordinaire. Par la création des chemins de fer, elles sont devenues plus faciles, plus nombreuses et plus rapides qu'elles ne l'ont jamais été.

A l'exemple de ce que Napoléon Ier avait fait pour les grandes routes, la loi du 11 juin 1842 assigne un point de départ commun et choisit Paris pour tête des grandes lignes de ces gigantesques communications. En effet, du nord comme du midi, de l'est comme de l'ouest, c'est vers Paris, qui, depuis le douzième siècle, est la tête intelligente du monde civilisé, que vient la vie intellectuelle, administrative, commerciale, industrielle ; c'est de Paris, enfin, que partent toutes les lignes télégraphiques. Mais si les voies ferrées ont imprimé une énergique impulsion aux intérêts généraux de notre société, elles leur ont donné aussi la destination la plus générale en les faisant servir à nos relations internationales. En les dirigeant de Paris sur nos frontières, la loi a préparé pour les temps de guerre un puissant moyen d'agression et de défense. Il ne sera plus nécessaire, désormais, d'accumuler à l'avance, dans quelques places les plus exposées aux attaques de l'ennemi, les approvisionnements d'une armée offensive ; nos troupes s'y concentreront avec une rapidité qui rendra les approvisionnements inutiles.

Ce puissant instrument de guerre doit être aussi l'agent le plus favorable des entreprises de la paix. — Les barrières nationales s'abaissent, et les chemins de fer, rapprochant les peuples, préviennent les grands fléaux de la guerre.

Tels sont les précieux et immenses avantages que présentent les voies ferrées.

Ils sont assimilés aux grandes routes.

Si les chemins de fer diffèrent des routes et voies navigables par leur mode de locomotion, ils ont la même destination publique ; mais comme leur principal avantage réside dans la rapidité de locomotion et dans la régularité de leur marche, et que les plus petites causes peuvent produire les plus fatales conséquences sur ces voies, il est plus nécessaire encore de les protéger par une législation particulière qui confère à l'autorité une action vive et rapide. C'est dans ce but qu'ont été promulgués la loi du 15 juillet 1845 et le règlement d'administration du 15 novembre 1846, destinés à compléter les mesures publiques édictées par cette loi.

Ils font partie de la grande voirie.

Les chemins de fer sont une partie essentielle de la grande voirie de France, aussi bien que les routes, les chemins de terre, les rivières, les canaux, etc.; ainsi le déclare l'art. 1er de la loi du 15 juillet 1845. Ils sont, en conséquence, considérés comme étant une dépendance du domaine public et, par conséquent, imprescriptibles.

Les lois et règlements sur la grande voirie leur sont applicables dans certaines limites.

Les lois et règlements en matière de grande voirie, que la loi du 15 juillet 1845 a rendus applicables aux chemins de fer, sont ceux dont l'objet est spécifié dans ses art. 2 et 3.

« Art. 2. Sont applicables aux chemins de fer les lois et règlements sur la grande voirie, qui ont pour objet d'assurer la conservation des fossés, talus, levées et ouvrages d'art dépendant des routes, et d'interdire, sur toute leur étendue, le pacage des bestiaux et les dépôts de terre et autres objets quelconques.

« Art. 3. Sont applicables aux propriétés riveraines des chemins de fer, les servitudes imposées par les lois et règlements sur la grande voirie, en ce qui concerne : — l'alignement, — l'écoulement des eaux, — l'occupation temporaire des terrains en cas de réparation ; — la distance à observer pour les plantations et l'élagage des arbres plantés ; — le mode d'exploitation des mines, minières, tourbières, carrières et sablières, dans la zone déterminée à cet effet.

« Sont également applicables à la confection et à l'entretien des chemins de fer, les lois et règlements sur l'extraction des matériaux nécessaires aux travaux publics. »

Ce que l'on entend par ouvrages d'art.

On doit entendre par ouvrages d'art distinctement,

des fossés, talus et levées, en matière de chemins de fer, les ponts, aqueducs, viaducs, clôtures et autres travaux de main d'homme; d'où il suit que ces expressions désignent également les barrières, les embarcadères, les débarcadères, les gares et les stations.

L'art. 11 de la loi du 15 juillet est une conséquence de l'art. 1er de cette même loi.

L'art. 11 de la loi du 15 juillet 1845 est une conséquence de l'art. 1er. L'art. 1er déclare que les chemins de fer font partie de la grande voirie. L'art. 11 dispose que les contraventions qui pourront avoir pour résultat de compromettre la conservation de ces chemins, seront constatées, poursuivies et réprimées comme en matière de grande voirie.

On ajoutera que l'on doit considérer comme des contraventions aux dispositions du titre 1er de la loi, ainsi que le dit l'art. 11, non-seulement celles qui sont spécifiées positivement par cette loi, mais, en outre, toutes les infractions aux règlements de la grande voirie dont les objets sont désignés dans les art. 2 et 3 de ladite loi.

Formes de la poursuite.

Pour ce qui est de la procédure, afin de saisir le conseil de préfecture de la connaissance des contraventions dont l'art. 11 de la loi du 15 juillet 1845 conserve la juridiction répressive à ces conseils, la loi nouvelle ne dérogeant pas, pour celles dont s'occupe cet article, aux règles générales de la grande voirie, les officiers, sous-officiers et gendarmes procéderont dans les constatations qu'ils auront à faire, et qui leur sont ordonnées par l'art. 313 du règlement du 1er mars, comme il a été dit pour la grande voirie de terre, page 155-156.

En remarquant que le conseil de préfecture du département duquel a été commis la contravention est, selon les dispositions de l'art. 13 de la loi précitée, le seul compétent.

Infractions étrangères à la grande voirie.

Les infractions étrangères à la grande voirie sont jugées d'après les principes ordinaires; c'est-à-dire que les cours d'assises, les tribunaux correctionnels ou les tribunaux de simple police, connaissent de ces infractions suivant qu'elles constituent des crimes, des délits ou des contraventions,

Compétence pour juger ces infractions.

Sont également compétents, le tribunal du lieu du crime ou du délit, celui de la résidence du prévenu, et celui du lieu où le prévenu peut être trouvé. (Art. 25 du Code d'instr. crim.)

CHAPITRE III.

—

POLICE DU ROULAGE

ET DES MESSAGERIES PUBLIQUES.

L'une des lois les plus importantes de la police administrative est celle du 30 mai 1851, sur la police du roulage et des messageries publiques.

Le développement continuel des voies ferrées a complètement changé les conditions du transport par terre; de là la nécessité d'apporter aux lois et règlements qui régissent le roulage des modifications à la fois de nature à maintenir la bonne viabilité et la sûreté de ce mode de communication, et garantir de toute atteinte dommageable ces parties du domaine public par une répression sévère et immédiate.

La gendarmerie surveille la police du roulage, etc.

(Art. 317 et suivants du décret du 1er mars.)

L'art. 317 et suivants du décret du 1er mars range au nombre des devoirs principaux de la gendarmerie, de faire la police sur les grandes routes. En présence d'un texte aussi formel, les officiers, sous-officiers et gendarmes deviennent les agents les plus directs et les mieux placés pour surveiller l'observation rigoureuse et constante des mesures préventives et répressives prescrites par la loi du 30 mai 1851, dans le but de la conservation des grandes voies publiques, d'assurer la sécurité et la commodité des voyageurs.

Tolérance.

La loi du 30 mai 1851 a décidé que toutes les voitures, suspendues ou non suspendues, servant au transport des personnes ou des marchandises, pouvaient circuler sur tous les chemins, sur toutes les routes, sans aucune *réglementation de poids* ou de *largeur de jantes;* elle a laissé au gouvernement le soin de déterminer par un règlement d'administration publique (décret du 10 août 1852) les mesures de police qui peuvent être nécessaires, en affranchissant de toute réglementation de largeur de chargement la voiture de l'agriculture servant au transport des récoltes de la ferme aux champs, et des champs à la ferme ou au marché.

Plaque.

La loi du 30 mai 1851 oblige toutes les voitures circulant sur les routes impériales, départementales, et sur les chemins vicinaux de grande communication, à être garnies d'une plaque.

Ne sont exceptés.

Il n'y a d'exemption que : 1° pour les voitures particulières destinées au transport des personnes, mais étrangères à un service public de messageries;

2° pour les malles-postes et les autres voitures appartenant à l'administration générale des postes ; les voitures de l'artillerie, les chariots et les fourgons appartenant aux départements de la guerre ou de la marine ; enfin, pour les voitures employées à la culture des terres, au transport des récoltes, à l'exploitation des fermes, qui se rendent de la ferme aux champs ou des champs à la ferme, ou qui servent au transport des objets récoltés du lieu où ils ont été cueillis jusqu'à celui où, pour les conserver ou les manipuler, le cultivateur les dépose ou les rassemble.

Juridictions devant lesquelles sont portées les contraventions.

Les contraventions à la loi du 30 mai 1851 et au règlement d'administration publique du 10 août 1852, portent sur trois juridictions, savoir : celle des conseils de préfecture jugeant administrativement, celle de la police correctionnelle et celle des tribunaux de simple police.

Sont portées devant les conseils de préfecture.

Les contraventions relatives à la longueur des essieux, à la forme des moyeux, des bandes ou cercles des roues, ou des clous de bandes, qui ne peuvent être à tête de diamant, au maximum du nombre de chevaux attelés, aux mesures sur la circulation pendant les jours de dégel ou sur les ponts suspendus ; à la *largeur* du chargement (1), à la saillie des colliers,

---

(1) La largeur du chargement est considérée comme

aux modes d'enrayage, aux dommages causés à une route ou à ses dépendances, aux conditions à observer pour les dimensions et l'emplacement de la plaque de voiture.

Sont portées devant les tribunaux de police correctionnelle.

Toutes contraventions par les voitures de messageries, aux conditions relatives à la solidité des voitures, au nombre des personnes qu'elles peuvent transporter, à leur chargement surélevé, à la longueur des banquettes et leur distance entre elles; au défaut de machines à enrayer, d'éclairage, d'estampille; à la police des relais et autres mesures de police à observer par les conducteurs, cochers, postillons, etc.; enfin aux outrages ou violences exercées par les voituriers, cochers et postillons contre les militaires de la gendarmerie.

Sont portées devant les tribunaux de simple police.

Toute contravention aux règlements sur le nombre des voitures qui peuvent être réunies en un même convoi, l'intervalle qui doit rester libre d'un convoi à l'autre, et le nombre exigé pour la conduite de chaque convoi, sur le stationnement sur les routes, et les règles à suivre pour éviter ou dépasser d'autres voitures, est punie d'une amende de 6 à 10 fr., et d'un

---

anticipation, sa *hauteur* comme compromettant la sûreté publique; c'est pourquoi la surélévation d'un chargement est du ressort de la police correctionnelle.

emprisonnement de un à trois jours. En cas de récidive, l'amende peut être portée à 15 fr., et l'emprisonnement à cinq jours.

Procès-verbaux.

Les officiers, sous-officiers et gendarmes procédant
à la constatation des contraventions sur la police du
roulage et des messageries suivront, quant à la forme
de leurs procès-verbaux, ce qui a été indiqué à la
1re partie, sur la police judiciaire. Mais ici les procès-
verbaux, qui doivent servir de base aux poursuites,
sont remis, dans le délai prescrit et après avoir été
préalablement enregistrés, au préfet ou sous-préfet,
quel que soit le tribunal appelé à en connaître.

Amende.

L'art. 18 de la loi du 30 mai donne lieu à une observation. Elle attribue aux *gendarmes* rédacteurs du
procès-verbal un tiers de l'amende prononcée. Prenant le mot gendarme dans un sens restrictif, absolu,
on exclut les maréchaux des logis et les brigadiers de
cette participation au droit de ce tiers de l'amende.
Cette exclusion dans la lettre de la loi, l'est-elle bien
dans son esprit? Le mot gendarme n'aurait-il pas été
pris dans une acception générique, ainsi qu'il arrive
souvent? Ce qui viendrait corroborer cette opinion,
c'est l'arrêt de la Cour de cassation du 14 mars 1854,
qui a décidé que les brigadiers ont droit, comme les
simples gendarmes, au tiers de l'amende encourue en
fait de police de roulage. L'exclusion n'atteint donc
plus actuellement que les maréchaux des logis. Et
pourquoi? par quel motif?

La Cour de cassation, qui a reconnu juste de relever les brigadiers de l'incapacité qui les frappait à l'endroit du bénéfice de l'art. 15, ne trouvera pas moins juste de se prononcer en faveur des maréchaux des logis, car voici ce qui arrive : un maréchal des logis, dans sa tournée, est toujours accompagné d'un gendarme : le décret du 1er mars 1854 lui en fait une impérieuse obligation ; il se présente une contravention de police de roulage, elle est constatée, il intervient une condamnation, le tiers du montant de l'amende appartient à ces militaires ; non, le gendarme seul y participe, le maréchal des logis est exonéré, lui qui a été l'officier instrumentaire et qui en a assumé toute la responsabilité.

CHAPITRE IV.

De la police administrative considérée dans ses rapports avec les besoins de la société et de l'ordre public.

—

Colportage des écrits dangereux. (Loi du 27 juillet 1849, et art. 302 du règlement du 1er mars 1854).

Le colportage est l'un des instruments les plus actifs de le propagande des idées pernicieuses dans les villes et les campagnes, il y répand les doctrines les plus·funestes à l'ordre social en altérant les mœurs publiques. Pour prévenir un dissolvant aussi contagieux, une surveillance nouvelle a donc dû être organisée, et la loi du 27 juillet 1849 est intervenue et a statué de la manière suivante : « Tous distributeurs ou colporteurs de livres, écrits, brochures, gravures et lithographies, devront être pourvus d'une autorisation qui leur sera délivrée, pour le département de la Seine, par le préfet de police, et, pour les autres départements, par les préfets.

« Ces autorisations pourront toujours être retirées par les autorités qui les auront délivrées. »

Afficheurs et crieurs publics.

Il résulte de l'art. 290 du Code pénal et de la loi du 16 février 1834, encore exécutoire, qu'une autorisation préalable est exigée pour l'exercice, même temporaire, de la profession de crieur public. C'est une précaution nécessitée par le penchant à l'émeute, ce sont les souvenirs des mouvements populaires et de provocations toujours nouvelles qui ont forcé, en 1834, la police administrative à s'occuper des crieurs publics, et la démagogie, qui a préparé les journées de juin 1848, a fait sentir plus vivement encore ce besoin d'en maintenir les dispositions.

Poudre de guerre.

La fabrication de la poudre de guerre ou de chasse, et de la nouvelle poudre à tirer, dite poudre blanche ou pyrolixine, est interdite, et deux circulaires, en date des 29 août 1830 et 11 mars 1852, ont appelé l'attention des agents de l'autorité et de la gendarmerie sur le procédé de fabrication de la dernière de ces poudres, en leur recommandant de surveiller avec soin ceux qui seraient signalés comme se livrant à cette préparation dangereuse.

Vente et détention de poudre de guerre.

La vente, la détention et le transport de poudre de guerre, sans autorisation, est formellement interdite dans toute l'étendue de l'empire, par la loi du 24 mai 1834.

10

Armes.

Sont compris dans le mot *armes*, toutes machines, tous instruments ou ustensiles tranchants, perçants ou contondants. Les couteaux et ciseaux de poche, les cannes simples, ne seront réputés armes qu'autant qu'il en aura été fait usage pour tuer, blesser ou frapper (C. pén., art 101). Par le mot *instrument*, employé dans l'art. 101 du C. pén., on entend, en général, tout ce qui est employé pour produire l'effet prévu par cet article; ainsi des pierres, des bâtons, sont des instruments contondants (Cass., 9 juin 1818). La seconde partie du même article est explicative et non limitative : les canifs, poinçons, stylets, compas, etc., ont des armes lorsqu'il en a été fait usage pour frapper, blesser ou tuer. Il en serait de même d'une branche d'arbre dont on se serait servi comme d'une massue, de pierres, etc. (Cass., 9 avril et 20 août 1812, 8 juil. 1813, 3 oct. 1817 et 30 avril 1824).

Vente, détention, transport des armes.

La vente, la détention et le transport des armes de guerre, sans autorisation, sont également interdits sur tout le territoire de l'Empire.

Le transport des armes appartenant à l'Etat a été réglementé par l'arrêté du ministre de la guerre du 27 juin 1849 ; on en reproduit les termes :

« 1° A l'avenir, l'entrepreneur des transports de la guerre remettra au préfet du département d'où partent les armes de guerre, l'itinéraire exact qu'elles suivront pour arriver à destination, avec indication, aussi positive que possible, des époques de départ et d'arrivée;

« 2° Que le préfet communiquera immédiatement l'itinéraire aux préfets des départements devant être traversés;

« 3° Qu'en cas de déviation dans le cours de l'itinéraire, l'entrepreneur ou ses agents en avertiront l'autorité municipale du lieu où la déviation commencera, afin que cette autorité prévienne, selon les cas et l'urgence, les maires des communes à traverser, jusqu'à la reprise de l'itinéraire primitif, les sous-préfets ou le préfet;

« 4° Que les compagnies de chemin de fer informeront le préfet de police de l'arrivée et du stationnement d'armes de guerre dans les gares de Paris, afin que ce magistrat puisse veiller à ce qu'elles soient enlevées par l'entrepreneur.

« Ces dispositions auront pour effet de mettre l'autorité civile à même de surveiller dans leurs moindres détails les mouvements d'armes de guerre. »

Recommandation aux officiers de gendarmerie.

Une autre circulaire du 12 août 1849 a recommandé aux préfets de prévenir, exactement, les commandants de gendarmerie des mouvements d'armes, pour que la surveillance des convois soit exercée efficacement par la gendarmerie.

Nomenclature des armes prohibées par les lois et règlements en vigueur.

1° Armes à feu brisées par la crosse ou le canon;

2° Poignards, stylets, couteaux en forme de poignard ;

3° Baïonnettes autres que celles de guerre, pistolets de poche, épées en bâton, bâtons à ferrements autres que ceux ferrés par le bout, fusils et pistolets à vent, tromblons, et les armes cachées et secrètes.

Doivent être compris dans cette dernière catégorie, les cannes renfermant un fusil, les sabres et couteaux renfermant un pistolet.

On ne peut porter en voyage que des armes non prohibées. Les gens non domiciliés, vagabonds ou sans aveu, ne peuvent en porter.

Attroupements.

(Loi du 10 avril 1831, art. 296 et suiv. du règlement du 1ᵉʳ mars 1854.)

L'une des circonstances les plus graves dans lesquelles un officier de gendarmerie puisse se trouver, c'est sans contredit celle de trouble public, d'émeute ou de rassemblement tumultueux, etc. ; il a besoin alors de toute son énergie et en même temps de toute sa prudence.

Caractère de la loi du 10 avril 1831.

La loi du 10 avril a un tout autre objet que la réquisition de la force publique ; elle a en vue l'attroupement en lui-même. Le but coupable de celui-ci n'a pas besoin d'être connu : le délit, c'est l'attroupement sur la voie publique, dès que l'autorité compétente a fait aux citoyens une première sommation de se retirer. — Le délit s'accroît par la persistance à faire partie de l'attroupement, et le délit s'aggrave après la deuxième, après la troisième sommation. — Dans ce dernier cas, les délinquants peuvent être déclarés civilement et solidairement responsables des condamnations pécuniaires.

L'attroupement est armé.

(Art. 296 du règlement du 1ᵉʳ mars 1854)

L'attroupement est armé : 1° quand plusieurs individus qui le composent sont porteurs d'armes apparentes ou cachées; 2° lorsqu'un seul de ces individus porteur d'armes apparentes n'est pas immédiatement *expulsé* de l'attroupement par ceux-là mêmes qui en font partie. (Loi du 10 avril 1831.)

On doit aussi réputer rassemblement armé, les rassemblements d'hommes armés de bâtons. (Cass., 16 février 1832.) Un bâton est réputé arme dans le sens de l'art. 331, n° 5 du C. pén.; s'il a été fait menace d'en frapper, cette menace constitue une violence.

Légalité de la sommation.

La sommation est légale quand elle est faite par un fonctionnaire compétent, décoré de l'écharpe nationale.

Les fonctionnaires compétents sont les préfets, sous-préfets, maires, adjoints, et tous *magistrats* et *officiers civils* chargés de la police. Les officiers de gendarmerie, ainsi qu'il l'a été dit page 153, sont bien officiers de police judiciaire, mais ils ne sont ni magistrats, ni officiers civils, et, par conséquent, ils

n'auraient pas le droit de faire les sommations prescrites par la loi de 1791 et du 10 avril 1831.

Légitime défense.

(Art. 297 du décret du 1er mars 1854.)

La nécessité de la légitime défense emporte exception à l'obligation de faire les sommations préalables :
il y a exception : 1° si des voies de fait sont
exercées contre des agents de la force publique;
2° si la force publique ne peut autrement conserver
le terrain ou le poste occupé, ou les personnes qui
leur sont confiées, ou si la résistance est telle, qu'elle
ne puisse être vaincue que par la force des armes.

Réquisitoires.

Dans ses réquisitoires, l'autorité administrative n'a
point à requérir tel ou tel nombre de gendarmes ou de
soldats, tel détachement de telle arme ou d'une autre ;
l'autorité militaire apprécie seule ce que les circonstances réclament à cet égard; toutefois, rien ne s'oppose que, par voie de renseignements ou de simple
conseil, l'autorité administrative supérieure n'indique
son opinion sur la force numérique de la troupe qui
devrait être employée sur les lieux, et sur sa composition. En agissant ainsi, elle ne fait que se conformer à
la loi qui, en matière de réquisition, enjoint aux officiers civils de désigner : « l'étendue de surveillance
qu'ils croient nécessaire, » sans s'immiscer en aucune
manière dans le commandement de la troupe.

CHAPITRE V.

Police administrative
dans ses rapports avec les personnes.

Cette police, dans ses rapports avec les personnes, a pour objet la sûreté des individus et des propriétés. Pour conduire à ce but, des conditions indispensables sont imposées ; elles constituent des actes de *restriction* et des actes de *surveillance*.

ACTES DE RESTRICTION.

Passeports à l'intérieur.
(Art. 287 et suiv. du décret du 1er mars 1854.)

Aux termes de la loi du 10 vendémiaire an IV : « Nul ne pourra quitter le territoire de son canton, ni voyager sans passeport. »

Pour les voyages à l'intérieur, les passeports ordinaires sont délivrés par l'autorité municipale; mais l'autorité a le droit et le devoir d'en refuser : 1° aux mineurs, aux interdits, aux femmes mariées qui ne présentent pas le consentement de leur mari; 2° aux commerçants, sur l'opposition de créanciers porteurs de jugements entraînant la contrainte par corps. (Circ.

du 10 avril 1829); 3° aux domestiques qui ne présentent pas le consentement de leurs maîtres; 4° aux individus placés sous la surveillance de la haute police.

Les passeports des indigents sont délivrés par les préfets; ils portent secours de route.

A l'étranger.

Pour les voyages aux colonies et à l'étranger, les préfets délivrent les passeports sous la légalisation des ministres de l'intérieur et de la marine.

Ouvriers.

Les ouvriers sont astreints à une précaution autre que le passeport; ils doivent être porteurs de livrets. Les livrets ont deux objets : ils sont une garantie d'ordre public ; aussi l'ouvrier doit-il faire viser son livret, sinon il peut être réputé en état de vagabondage. Ils sont une garantie en faveur des fabricants; en effet, ils doivent être remis aux maîtres, et, si l'ouvrier est débiteur envers celui qu'il a quitté, le nouveau maître doit retenir le salaire jusqu'à concurrence de la somme exigible.

Port d'armes.

La prohibition du port de certaines armes a pris, selon les époques, dit M. Laferrière, un caractère plus ou moins rigoureux. Un édit de décembre 1588 défendait à tous autres qu'à gens de guerre de porter arquebuse et pistolets, sous peine d'être pendus et étranglés. — En 1600, la peine de mort était aussi

prononcée contre les porteurs de pistolets de poche.
— Ces rigueurs tombèrent successivement. — La déclaration du 23 mars 1728 prohiba la fabrication, le commerce, la vente, l'achat, le port et l'usage des *armes secrètes;* cette déclaration est encore en vigueur, aux termes du décret du 12 mars 1806, mais la pénalité en est déterminée par la loi du 24 mai 1834.

Le port des armes non prohibées par leur nature, interdit en 1561 et 1716 à tous ceux *qui n'étaient pas gentilshommes,* fut généralement permis par le décret du 20 août 1789, excepté aux gens sans aveu, ni métier, ni profession, ni domicile.

Il est libre à chacun de porter des armes pour sa défense personnelle. Le *permis de port d'armes* exigé, en vue de la chasse, par le décret du 4 mai 1812, est remplacé par le *permis de chasse,* expression plus nette employée par la loi du 3 mai 1844 ; et c'est seulement quand le porteur de l'arme de chasse est trouvé chassant, qu'il est tenu de justifier du *permis* délivré par le préfet.

ACTES DE SURVEILLANCE.

Repris de justice.
(Art. 286 du décret du 1er mars 1854.)

La loi du 28 germinal an VI donnait à la gendarmerie, à l'égard du repris de justice, une surveillance toute spéciale, comme intéressant au plus haut degré la sûreté publique ; le décret du 1er mars 1854 n'est pas moins explicite lorsqu'il dit, dans son art. 286 :
« Dans ses tournées, correspondances, patrouilles et service habituel à la résidence, la gendarmerie exerce

une surveillance active et persévérante sur les repris de justice, sur les condamnés libérés; elle envoie le signalement aux brigades voisines de ceux qui, sans autorisation, auraient quitté la résidence qui leur a été assignée. »

Mise en surveillance.

La mise en surveillance est, de plein droit et perpétuelle, à l'égard du condamné aux travaux forcés à temps, à la détention, à la réclusion; elle est de plein droit, mais temporaire, pour les bannis et les coupables de crime ou délits qui intéressent la sûreté intérieure et extérieure de l'Etat. Hors de ces cas ainsi déterminés, la surveillance n'a lieu que lorsque la loi l'a permise par une disposition particulière.

Le nombre des individus en surveillance est, en moyenne, de quarante-mille : c'est une des plaies de notre état social.

Mendicité.

Le mendiant est le pauvre qui *ne veut pas*, ou celui qui *ne peut pas* travailler; il y a de l'un à l'autre la distance morale qui sépare le vice et le malheur. Aussi la législation a dû établir une grande différence à l'égard des mendiants valides et des mendiants infirmes,

De tout temps la charité chrétienne, en France vint au secours des pauvres.

Charlemagne établit que les pauvres devaient avoir des secours réguliers et des asiles selon la diversité des lieux. — Saint Louis envoyait des commissaires choisis parmi les magistrats et le clergé, pour dresser les rôles des pauvres laboureurs, et se chargeait de leur faire parvenir des secours. « Les serfs, disait ce grand roi, appartiennent à Jésus-Christ comme nous; et, dans un royaume chrétien, oublierons-nous jamais qu'ils sont nos frères? »

Une ordonnance de 1536 voulut qu'on organisât dans tout le royaume des secours à domiciles.

Les bureaux de bienfaisance pour les secours à domicile, créés par la loi du 7 brumaire an v, étaient cantonaux; ils sont communaux d'après la loi du 28 pluviose an viii.

Aujourd'hui, la bienfaisance publique s'est étendue sous l'impulsion active des gouvernements qui se sont succédé; on a, de plus que des hospices, des hôpitaux, des maisons de refuge et des bureaux de bienfaisance (1), les salles d'asile, les ateliers de charité (2), les caisses d'épargnes, qui font un puissant appel à l'esprit d'ordre, d'économie et de prévoyance.

Mendiants valides.

De ce qui précède, il résulte qu'à quelques exceptions près, la mendicité ne peut être que le résultat de la paresse, c'est-à-dire celle qui forme la classe des mendiants valides (3), classe dangereuse, qui passe

---

(1) Les hôpitaux, hospices et maisons de refuge datent du vie siècle.

(2) Les ateliers de charité furent étendus, sous Louis XVI, à toutes les provinces.

(3) On compte en France 33,000 mendiants valides.

trop souvent de la mendicité au vol et du vol à l'assassinat, et qui jette dans les campagnes la crainte et la terreur. C'est donc sur cette population oisive et déclassée que le gouvernement a demandé à la gendarmerie une active énergie, une exploration constante des campagnes, qui, en même temps qu'elles rassurent les habitants, purgent les contrées de ces hôtes incommodes.

Les mendiants sont susceptibles d'être arrêtés.

Les mendiants peuvent être arrêtés, d'après les dispositions de l'art. 333 du décret du 1er mars 1854, lorsqu'ils ne sont pas connus de l'autorité locale, et qu'ils ne sont porteurs d'aucun papier constatant leur identité, mais surtout les mendiants valides, qui peuvent être saisis et conduits devant l'officier de police judiciaire, pour être statué à leur égard conformément aux lois sur la répression de la mendicité :

1° Lorsqu'ils mendient avec violences et menaces ;

2° Lorsqu'ils mendient avec armes ;

4° Lorsqu'ils mendient nuitamment ou s'introduisent dans les maisons ;

5° Lorsqu'ils mendient plusieurs ensemble ;

6° Lorsqu'ils mendient après avoir été repris de justice ;

7° Et, enfin, lorsque d'habitude ils mendient hors du canton de leur domicile.

Adultère.

L'adultère consiste dans la violation de la foi conjugale. — Solon croyait que la plus grande peine que l'on pût ordonner contre les femmes adultères, était la honte publique. — A Rome, on mutilait l'adultère pris en flagrant délit. — Dans la législation des Hébreux, on admettait une preuve, celle des eaux amères; cette épreuve était exclusivement dirigée contre les femmes. Cette singulière exception nous fait voir dans quel état d'infériorité, on pourrait dire d'esclavage, se trouvait alors la femme. L'adultère était puni de la mort, et il n'y avait que les épouses qui y fussent condamnées, puisque la loi défendait à la femme d'accuser son mari. Pourtant, le législateur avait donné quelque garantie aux femmes, en ordonnant qu'une plainte en adultère ne pourrait être portée par le mari, si la coupable n'était point restée renfermée avec son suborneur « le temps qu'il faut pour faire cuire et boire un œuf. »

Autrefois, en France, une femme convaincue d'adultère était tenue de nommer un champion, qui attestât son innocence en combattant pour elle; aujourd'hui l'adultère, dans notre Code pénal, est encore un fait immense par ses conséquences. Ce crime *privé*, contre la fidélité jurée, est puni de par le Code pénal, art. 337. L'adultère de la femme ne peut être dénoncé que par le mari.

L'adultère est dit simple lorsqu'il est commis par une personne mariée avec une personne qui ne l'est pas. — L'adultère est dit double s'il résulte du commerce que deux personnes mariées ont ensemble.

Filles publiques.

De ce que l'autorité administrative a la juridiction des voies et lieux publics, de là dérive le pouvoir qu'elle a sur les femmes de mauvaise vie qui se livrent ostensiblement à la prostitution.

11

Parmi ces prostituées, dont l'existence est malheureusement reconnue nécessaire dans les sociétés, sur cent il y en a six, dit-on, qui le sont par tempérament, vingt et une par fainéantise, et soixante-treize par calcul.

L'immense majorité est de la plus épaisse ignorance; très-peu savent écrire convenablement, et, chose digne de remarque, c'est la capitale même qui fournit les plus abruties.

Leur classification à Paris.

Les filles publiques se divisent à Paris en plusieurs catégories, selon leur degré d'abjection, savoir : les filles d'amour, jeunes personnes qui livrent leurs corps gratuitement au profit de la maîtresse de maison; les filles en numéro, qui paient pension et le logement à la matrone, et partagent avec elle les fruits de la débauche; les filles en cartes, ou filles libres; les filles à parties; les entremetteuses, ou proxénètes; les marcheuses; les filles de barrières; les pierreuses; les filles à soldats, et les filles voleuses (1).

(1) Autrefois, les filles de joie ou publiques étaient forcées de porter un costume qui différait de celui des femmes honnêtes, ou au moins une marque distinctive qui les fît reconnaître. C'est ainsi que les filles publiques de Toulon portaient sur l'épaule une aiguillette en signe d'infamie; celles de Toulouse étaient vêtues d'un vêtement particulier; Charles VI, à son avénement au trône, les dispensa de cette contrainte, hors une jarretière de drap au bras droit d'une autre couleur que celle de la robe.

Qui ne sait que saint Louis, sur les plaintes des dames de haut lieu, enjoignit aux courtisanes et filles de joie de s'abstenir de porter la ceinture dorée, à la mode dans

TABLEAU COMPARATIF

DES FILLES PUBLIQUES EXISTANTES A PARIS

en 1835 et en 1858.

ANNÉES.	PROSTITUÉES de l'âge de 12 ans à 65 ans (1).	POPULATION féminine.	PROSTITUÉES sur 1,000 personnes du sexe féminin.
1835	3,517	390,304	9,01
1858	4,651	584,326	7,95

La prostitution reconnue était donc bien plus élevée

ces temps-là, afin de ne pas confondre ces dernières avec les vertueuses grandes dames. Mais, hélas ! il arriva ce qui arrive toujours, en France, au bout de quelque temps, l'édit de Louis IX tomba en oubli et les courtisanes se prirent, petit à petit, à se parer de la ceinture dorée, ce signe extérieur de haute vertu, et tout revint comme par le passé. De là ce proverbe, que *bonne renommée vaut mieux que ceinture dorée.*

L'impératrice Marie-Thérèse fit plus ; voulant mettre un frein à la vie dissolue qui régnait à Vienne dans la population féminine de cette ville, y institua cinquante commissions de chasteté, chargées de surveiller les mœurs de ses sujettes. Les membres de cette police virginale avaient pour mission de parcourir la capitale, de nuit comme de jour, d'arrêter et de conduire au corps-de-garde toute femme qui se montrait seule dans les rues.

(1) C'est l'âge de 22 ans qui donne le plus de filles publiques. C'est la Belgique qui en fournit le plus grand nombre. C'est dans la profession de domestique que l'on en trouve le plus.

en 1835 qu'en 1858. Cette différence peut tenir à certaines causes que l'on ne cherche point à donner.

Sodomie.

Les empereurs Constantin II et Constantin son frère, sont les premiers qui aient porté la peine de mort contre cette turpitude qui déshonore l'espèce humaine.

La sodomie, lorsqu'il n'y a point de violences, ne peut être du ressort des lois criminelles ; elle ne viole les droits d'aucun autre homme ; elle n'a sur le bon ordre de la société qu'une influence indirecte, comme l'ivrognerie, l'amour du jeu. C'est un vice bas et honteux, dont la véritable punition est le mépris.

TABLEAU DES FILLES PROSTITUÉES
PAR PROFESSION.

Ordre des professions.	PROFESSIONS.	MOYENNE sur 1,000 femmes.
1	Sans professions indiquées...........	87,40
2	Domestiques	81,69
3	Gilctières........................	62,42
4	Épileuses........................	47,61
5	Journalières......................	45,08
6	Chaussonnières.	31,41
7	Lingères.........................	22,05
8	Polisseuses.......................	22,30
9	Régleuses........................	21,73
10	Couturières.	19,65
11	Brodeuses........................	17,11
12	Passementières....................	16,69
13	Modistes.........................	43,69
14	Artistes dramatiques.......	13,59
15	Corsetières.......................	13,30
16	Blanchisseuses....................	13,03
17	Boutonnières.....................	12,52
18	Gantières........................	12,20
19	Fleuristes........................	11,20
20	Coloristes	10,21

Ordre des professions.	PROFESSIONS.	MOYENNE sur 1,000 femmes.
21	Plumassières	10,13
22	Casquettières	10,00
23	Piqueuses de bottines	9,74
24	Culottières	9,53
25	Demoiselles du commerce	9,01
26	Ravaudeuses	8,40
27	Marchandes ambulantes	7,64
28	Rempailleuses	7,77
29	Cartonnières	7,18
30	Tapissières	5,51
31	Brunisseuses	5,29
32	Doreuses	5,20
33	Écaillères	4,87
34	Raccommodeuses de dentelles	3,93
35	Vernisseuses	3,59
36	Frangeuses	3,45
37	Matelassières	3,10
38	Relieuses	2,40
39	Sages-femmes	2,16
40	Modèles	1,23
41	Femmes de ménage	1,11

TABLEAU COMPARATIF

DES FILLES PUBLIQUES DE PARIS, DES DÉPARTEMENTS ET DE L'ÉTRANGER

	FILLES PUBLIQUES					FILLES PUBLIQUES			
Ages.	de Paris.	des départements.	de l'étranger.	Totaux.	Ages.	de Paris.	des départements.	de l'étranger.	Totaux.
12 ans	1	.	.	1	27 ans	33	118	8	159
13 —	1	1	1	3	28 —	43	105	3	151
14 —	5	3	.	8	29 —	40	179	7	126
15 —	9	8	.	17	30 —	33	76	4	113
16 —	20	22	2	44	31 —	31	92	4	127
17 —	18	35	2	55	32 —	35	71	3	109
18 —	33	61	7	101	33 —	24	52	2	78
19 —	34	75	6	115	34 —	24	54	.	78
20 —	58	46	12	216	35 —	18	45	1	64
21 —	56	138	10	204	36 —	15	34	2	51
22 —	59	170	12	240	37 —	11	31	1	43
23 —	62	165	13	240	38 —	12	27	.	39
24 —	56	141	10	207	39 —	13	21	3	37
25 —	56	129	8	193	40 —	14	17	.	31
26 —	53	149	3	205	41 —	9	16	.	25

	FILLES PUBLIQUES					FILLES PUBLIQUES			
Ages.	de Paris.	des départements.	de l'étranger.	TOTAUX.	Ages.	de Paris.	des départements.	de l'étranger.	TOTAUX.
42ans	8	10	3	21	54ans	1	1	»	2
43 —	12	11	»	23	55 —	2	2	»	4
44 —	9	6	»	15	56 —	»	1	»	1
45 —	5	9	»	14	57 —	1	2	»	3
46 —	1	10	»	11	58 —	1	»	1	2
47 —	6	7	»	13	59 —	»	»	1	1
48 —	1	3	2	6	60 —	»	»	»	»
49 —	6	3	1	10	61 —	»	»	»	»
50 —	»	5	»	5	62 —	»	»	»	»
51 —	2	5	1	8	63 —	»	»	»	»
52 —	»	3	»	3	64 —	»	»	1	1
53 —	»	3	»	3	65 —	»	1	»	1

TOTAL des filles comprises dans ce tableau... 3,235

A ce nombre il faut ajouter 282 femmes pour lesquelles
il n'est pas possible de connaître l'âge............. 282

TOTAL............ 3,517

NOTA. Le chiffre des filles varie peu, il est en moyenne par année
de deux par âge.

CHAPITRE VI.

Police de l'État

DANS SES RAPPORTS AVEC L'INDUSTRIE.

—

Poids et mesures.

L'uniformité des mesures était établie chez les Romains; la mesure était empruntée à l'homme lui-même (doigt, pouce, pied, coudée). Les capitulaires des rois francs prescrivaient l'unité des poids et mesures, mais celui de 864, de Charles-le-Chauve, montrait l'uniformité sur le point de se rompre; elle disparut bientôt sous l'empire des morcellements de la féodalité. Le droit de déterminer les poids et mesures était un des attributs de la souveraineté, et les seigneurs, qui exerçaient ces attributs dans leur domaine, y établirent ou tolérèrent les diversités. Et il en fut ainsi jusqu'à la loi de l'unité, promulguée par l'Assemblée constituante.

Cette Assemblée eut cette grande conception d'emprunter à la nature même le type de l'unité, de lier le système nouveau à l'existence du globe, et d'offrir à toutes les nations une base scientifique prise dans la nature physique, l'expérience et la raison. Les savants étrangers furent appelés à la fixation de l'unité *natu-*

relle des mesures et des poids, de concert avec l'Académie des sciences, et le décret du 26 mars 1791 posa une base immuable, non pour la France, non pour l'Europe seulement, mais pour la terre civilisée : ce n'est pas là un décret purement national, c'est une loi universelle. Le Consulat, en fixant définitivement, par la loi du 19 frimaire an VIII, la valeur du *mètre* et du *kilogramme* avec toute la précision que lui assuraient les travaux des savants qui l'avaient déterminée, couronna dignement l'œuvre de l'Assemblée constituante (1).

Poids.

Cette unité est le *gramme*, équivalant en poids à un centimètre cube d'eau pure distillée à quatre degrés et demi au-dessus de zéro, maximum de la densité de ce liquide. Le gramme représente en pesanteur 18 grains 831 millièmes de grains (ancien poids). Le système décimal fut appliqué par multiplication et par division : décagramme, hectogramme, etc., décigramme, centigramme, etc.

Mesures.

L'unité *linéaire* adopté fut la dix-millionnième partie du quart du méridien terrestre ; cette unité est le

---

(1) On doit cependant faire remarquer au savant M. Laferrière, auquel nous empruntons ces dernières lignes, que le système décimal est très-ancien ; d'abord en usage dans l'Inde, il passa à Bone, en Afrique, d'où il fut importé en Europe. On peut dire qu'il fut perfectionné chez nous et établi sur des bases plus rationnelles.

mètre, ou 3 pieds 11 lignes et 296 millièmes de ligne. Comme à l'unité de poids, le système décimal fut appliqué à cette unité par multiplication et par division : décamètre, hectomètre, etc., décimètre, ecntimètre.

Statistique des prisons.

On compte en France 526 prisons départementales ou maisons de justice et d'arrêt, 67 maisons de correction, et 21 maisons centrales de détention; il y a de plus trois bagnes, dans les ports de Rochefort, Brest et Toulon (1).

Le nombre des individus des deux sexes, prévenus, accusés ou condamnés, renfermés dans les prisons ou les bagnes était, avant 1836, de cent à cent dix mille; mais depuis, le mouvement général de la population s'est élevé, dans ces dernières années, à plus de cent-quatre-vingt mille détenus, terme moyen.

La population *sédentaire* donne, pour chaque année, une moyenne de 52,000 détenus; les maisons centrales de force et de correction renferment plus de 18,000 individus; les bagnes, de 7 à 8,000 condamnés.

Annuellement, sept mille condamnés à des peines infamantes, et vingt mille condamnés à des peines correctionnelles sont rendus à la société; le même nombre à peu près, et dans les mêmes proportions, est ressaisi chaque année par les prisons. La dépense annuelle des condamnés à plus d'un an de détention, dépasse aujourd'hui six millions.

---

(1) La suppression des bagnes s'opère au grand applaudissement de l'humanité.

CHAPITRE VII.

Police municipale et rurale.

—

Son objet.

La police municipale et rurale, proprement dite, embrasse les objets qui ont rapport à la petite voirie, à la salubrité de la commune, aux accidents, à la surveillance des places, des foires, des marchés et autres lieux et établissements publics, etc.

Cette police municipale, que l'on peut appeler police administrative de second ordre, est dirigée par le maire sous l'autorité et la surveillance du préfet et du sous-préfet; elle s'exécute par voie d'arrêtés.

Lois qui la régissent.

La police municipale et rurale est régie spécialement par les lois de 1790-91, qui donnent aux maires le droit de prendre des arrêtés pour l'application de ces lois.

La gendarmerie est appelée à concourir à l'exécution de ces arrêtés.

Bien que la police urbaine et communale se lie

plus étroitement aux attributions de l'adjoint ou du commissaire de police et de ses agents, la gendarmerie, dont le service de surveillance est plus particulièrement affecté à la sûreté des campagnes, n'est point dispensée d'apporter sa part d'un concours actif et dévoué en tout ce qui a pour but de faire exécuter les arrêtés rendus par les officiers municipaux en vue du bien-être de la commune, de la tranquillité de ses habitants; elle tient à l'œil les individus que la turbulence ou les mauvaises passions portent incessamment à fronder toutes les mesures qu'une sage et constante prévoyance a prises dans le but de paralyser leurs desseins.

Principales contraventions à constater par les sous-officiers et gendarmes.

Les art. 316 et suivants du décret du 1er mars 1854 énumèrent les principales contraventions de police municipale, sur lesquelles ils appellent l'attention de la gendarmerie; ces infractions étant du domaine du droit commun, ne sont susceptibles d'aucun développement, les tribunaux de simple police les répriment; aussi n'est-ce que très-sommairement qu'il sera question ici de la police municipale.

Chemins publics.

On entend par chemins publics, tous ceux qui ne sont pas propriété particulière, qui sont entretenus aux frais du trésor du département ou de la commune.

Le chemin est public dans le sens de l'art. 383 du Code pénal, lorsqu'il est consacré à l'usage public et que tout individu peut librement y passer, à toute

heure du jour ou de la nuit, sans aucune opposition
légale de qui que ce soit.

Ne sont pas chemins publics.

Les rues des villes, bourgs et villages, ne sont pas
considérées comme chemins publics. — Le motif de la
sévérité de la loi disparaît dans les chemins qui, étant
bordés de maisons, forment des rues où les moyens de
secours peuvent être appelés à tout instant; les vols
commis ne sont point assimilés aux vols sur des chemins publics dont les objets, selon la loi, sont aban-
donnés à la foi publique.

Champs. (Art. 388 du Code pénal.)

Par le mot champ, employé dans l'art. 388, il faut
entendre toute propriété rurale, telles que terres la-
bourables, prés, bois, pâturages, animaux et autres de
même nature, dans laquelle sont exposés à la foi publique les objets qui y sont mentionnés; quoique les
mots *chevaux*, *bêtes de charge* soient employés au
pluriel, cet article comprend, dans sa disposition, le
cas où le vol n'aurait eu pour objet *qu'un seul animal.*

Récolte.

Le mot récolte n'exprimant que les fruits ou productions de la terre, détachés de leurs racines, il s'en-
suit que les produits des animaux, tels que le miel,
la laine, le lait, la soie, ne sont point réputés récoltes
dans le sens de la loi.

Maison habitée. (Art. 388, C. P.)

Est réputée maison habitée, tout bâtiment, logement, loge, cabane, même mobile, qui, sans être actuellement habité, est destiné à l'habitation et à tout ce qui en dépend, comme cours, basse-cours, granges, écuries, édifices qui y sont enfermés, quel qu'en soit l'usage et quand même ils auraient une clôture particulière dans la clôture ou enceinte générale.

Cour de cassation.

Est réputée maison habitée :
Une grange dépendante d'une maison habitée ;
Un bateau dans lequel se trouve un logement pour le conducteur, quand même il n'y demeurerait pas habituellement ;
Une forge attenante à une maiso habitée ;
Une étable séparée de toute habitation dans 'quelle couche habituellement le domestique chargé de garder le bétail qui y est renfermé ;
Un jardin attenant à une maison habitée ;
Un jardin clos, attenant à une maison habitée, est une dépendance de cette habitation, lors même qu'il y aurait une clôture particulière dans l'enceinte générale ;
Le vol de plomb garnissant une toiture de maison habitée.

Parc ou enclos. (Art. 391, C. P.)

Est réputé parc ou enclos, tout terrain environné

de fossés, de pieux, de claies, de planches, de haies vives ou sèches ou de murs, de quelque espèce de matériaux que ce soit, quelles que soient la hauteur, la profondeur, la vétusté, la dégradation des diverses clôtures, quand il n'y aurait pas de porte fermant à clef ou autrement, ou quand la porte serait à claire-voie et ouverte habituellement.

Parcs mobiles. (Art. 392, C. P.)

Les parcs mobiles, destinés à contenir du bétail dans la campagne, de quelque matière qu'ils soient faits, sont aussi réputés enclos : lorsqu'ils tiennent aux cabanes mobiles ou autres abris destinés aux gardiens, ils sont réputés dépendants d'une maison habitée.

Cabarets. — Cafés, etc.

La fréquentation habituelle des cabarets exerçait depuis longtemps, sur l'esprit et la moralité des populations, une pernicieuse influence; l'Assemblée nationale législative avait pris en considération une proposition relative à la police des cafés, des cabarets et des autres débits de boissons à consommer sur place, laquelle avait pour but de remédier aux dangers inhérents à cette nature d'établissements publics; le décret du 21 décembre 1851 a repris l'œuvre inachevée de la Chambre législative, et a décidé qu'à l'avenir aucun café, cabaret, ou autre débit de boissons à consommer sur place ne pourrait être ouvert sans la permission préalable de l'autorité administrative.

Cafés. — Cabarets, etc. *— Fermeture aux heures ordinaires.*

La loi du 28 germinal an vi et l'ordonnance du 29 octobre 1820, qui en rappelaient les principales dispositions, n'avaient pas mis au nombre des objets de police confiés à la surveillance de la gendarmerie, la *fermeture* des cafés, des cabarets et autres établissements de ce genre. De là on déniait aux militaires de ce corps le droit d'initiative dans l'exécution des arrêtés relatifs à la fermeture des lieux publics, et les procès-verbaux d'intervention de la gendarmerie, constatant des infractions aux arrêtés municipaux sur les heures de la fermeture de ces lieux publics, n'étaient considérés en justice que comme dénonciations officielles.

Mais la Cour de cassation, suppléant à l'omission de la loi du 28 germinal et de l'ordonnance du 29 octobre, a décidé par plusieurs arrêts, notamment celui du 23 décembre 1834, que l'initiative de la gendarmerie dans la fermeture aux heures déterminées par les arrêtés municipaux, des cafés, cabarets, etc., découlait évidemment du service de police générale des militaires de cette arme, et que la surveillance des établissements ouverts au public est de l'essence de ce service ; qu'en conséquence les procès-verbaux signalant des infractions de cette nature *font foi jusqu'à preuve contraire.*

Le décret du 1er mars 1854, substitué à la loi et à l'ordonnance précitées, ne dit rien non plus concernant cette immixtion. Toujours est-il que la jurisprudence de la Cour de cassation a consacré le principe du droit d'initiative de la gendarmerie, en matière de

fermeture de cafés, cabarets, etc., aux heures régle-
mentées par les arrêtés municipaux.

Aubergistes, cabaretiers, etc.

Un fait très-fréquent est le défaut de paiement aux
aubergistes, cabaretiers, etc., de la nourriture ou de
la boisson par eux fournie à des consommateurs. Ces
détaillants, en pareil cas, ont recours, s'ils le peuvent,
à la force publique qui obtempère à leurs réquisitions ;
ils font arrêter leurs débiteurs.

Il est évident qu'il n'y a pas soustraction fraudu-
leuse à se faire servir à déjeûner ou à boire dans une
auberge ou cabaret, etc. La nourriture et les liquides
sont très-volontairement fournis par ces marchands ;
la consommation en est faite sans mystère. — Lorsque vient le moment de solder, le consommateur déclare qu'il n'a pas d'argent, ou cherche à s'esquiver.
Ce défaut de paiement, c'est-à-dire de ne pas payer
ce que l'on doit, donne lieu à une action.

Mais quelle action, dit le créancier, voulez-vous
que j'exerce contre un passager, un individu qui n'a
peut-être ni feu ni lieu ? La réponse est celle-ci :
L'impossibilité, en fait, d'exercer une action, n'autorise pas, en droit, à lui en substituer une autre.

Les détaillants, au surplus, ne perdent ainsi ce qui
leur est dû qu'à défaut de précaution suffisante. Rien
ne les oblige à fournir ce qui leur est demandé, sans
se faire payer d'avance. Si, pour ne pas repousser les
chalands, ils courent la chance de faire la livraison
sans garantie, ils ont à s'imputer à eux-mêmes la perte
qu'ils éprouvent.

Dans quelques tribunaux, on décide que ce défaut
de paiement est un *larcin* ou *filouterie*. Les mots de

larcin et de filouterie ne sont pas autre chose qu'une répétition du mot vol.

Les filous prennent les bourses, les montres et les mouchoirs dans les poches. Le larcin suppose subtilité dans le voleur et peu de valeur dans l'objet volé. La filouterie et le larcin ne sont donc autre chose que des vols. Il n'y a rien là d'applicable au fait de nourriture ou de boisson ouvertement demandée, librement fournie. Il faut donc toujours en revenir au défaut de paiement, qui ne peut jamais être considéré comme un délit.

Toutefois, comme ici l'usage domine le droit, les gendarmes se conformeront à l'usage en conduisant, le cas échéant, débiteur et créancier devant l'autorité civile.

CHAPITRE VIII.

— —

D'après l'art. 613 du décret du 1ᵉʳ mars 1854, une des principales obligations de la gendarmerie étant de veiller à la sûreté individuelle, elle doit assistance à toute personne qui réclame son secours dans un moment de danger. Tout militaire du corps de la gendarmerie qui ne satisfait pas à cette obligation, lorsqu'il en a la possibilité, se constitue en état de prévarication dans l'exercice de ses fonctions.

En présence de ces dispositions, il a paru utile de donner, autant que possible, aux sous—officiers et gendarmes, les moyens de satisfaire, dans un plus grand nombre de cas et d'une manière intelligente, au texte de l'article précité en leur mettant sous les yeux une instruction sur les premiers secours et les premiers soins à donner, dans diverses circonstances, à des personnes asphyxiées par une cause quelconque (1).

---

(1) On n'entend pas que la gendarmerie soit rigoureusement astreinte à intervenir dans ce que prescrit cette instruction, mais elle rendra un grand service lorsqu'elle pourra suppléer par une intelligence raisonnée à l'ignorance des habitants des campagnes.

INSTRUCTION SUR LES SECOURS A DONNER
AUX NOYANTS ET ASPHYXIÉS.

Remarques générales.

1° Les personnes asphyxiées ne sont souvent que dans un état de mort apparente.

2° Rien ne peut faire distinguer la mort apparente de la mort réelle, que la putréfaction.

3° On doit donner des secours à tout individu retiré de l'eau ou asphyxié par d'autres causes, chez lequel on n'aperçoit pas un commencement de putréfaction.

4° L'expérience a prouvé que plusieurs heures de séjour sous l'eau, ou dans tout autre lieu capable de déterminer une asphyxie, ne suffisaient pas toujours pour donner la mort.

5° La couleur rouge, violette ou noire du visage, le froid du corps, la raideur des membres, ne sont pas toujours des signes de mort.

6° Les secours les plus essentiels à prodiguer aux asphyxiés peuvent leur être administrés par toute personne intelligente; mais, pour obtenir du succès, il faut les donner *sans se décourager*, quelquefois pendant plusieurs heures de suite.

On a des exemples d'asphyxiés rappelés à la vie, après des tentatives qui avaient duré six heures et plus.

7° Quand il s'agit d'administrer des secours à un asphyxié, il faut éloigner toutes les personnes inutiles; cinq à six individus suffisent pour les donner; un plus grand nombre ne pourrait que gêner ou nuire.

8° Le local destiné aux secours ne devra pas être trop chaud; la meilleure température est de 14 degrés

(thermomètre de Réaumur, ou de 17 degrés thermomètre centigrade) ; ce précepte confirme l'utilité de
celui qui précède et qui prescrit d'éloigner les personnes inutiles, lesquelles, outre qu'elles encombrent
le local et vicient l'air, en élèvent aussi la température.

9° Enfin les secours devront être administrés avec
activité, mais sans précipitation et avec ordre.

Asphyxiés par submersion.

Règles à suivre par ceux qui repêchent un noyant.

1° Dès que le noyant aura été retiré de l'eau (1),
s'il est privé de mouvement et de sentiment, on le
tournera sur le côté, et plutôt sur le côté droit. On
fera légèrement pencher la tête en la soutenant par le
front; on écartera doucement les mâchoires, et l'on
facilitera ainsi la sortie de l'eau qui pourrait s'être
introduite par la bouche et par les narines. On peut
même, immédiatement après le repêchage du noyant,
pour mieux faire sortir l'eau, placer la tête un peu
plus bas que le corps, *mais il ne faut pas la laisser
plus de quelques secondes dans cette position.*

2° Pendant cette opération, qui ne devra pas être
prolongée au-delà d'une minute, on comprimera doucement et par intervalles le bas-ventre de bas en haut,
et l'on en fera en même temps autant pour chaque
côté de la poitrine, afin de faire exercer à ces parties

_____

(1) Il n'est point nécessaire, comme on paraît le croire
généralement, de lui laisser les pieds dans l'eau jusqu'à
l'arrivée de l'autorité; les personnes présentes devront lui
administrer sans retard des secours.

les mouvements qu'elles exécutent lorsqu'on respire.

3° Si le noyant est assez près du dépôt de secours pour qu'il puisse y être transporté en moins de cinq ou six minutes, soit par eau, soit par terre, on le couchera, dans la première supposition, dans la bateau, de manière que la poitrine et la tête soient beaucoup plus élevées que les jambes.

4° Si le noyant est trop éloigné du lieu où les secours devront lui être administrés pour que le transport puisse être effectué en moins de cinq à six minutes, et si la température est au-dessous de zéro (s'il gèle), il convient d'ôter les vêtements du noyant, en s'aidant de ciseaux, afin de procéder plus vite, d'essuyer le corps, de l'envelopper dans une ou plusieurs couvertures de laine, ou encore de l'entourer de foin, en laissant toujours la tête libre, et de le porter ainsi au lieu où l'on devra continuer les secours.

Asphyxiés par les gaz méphitiques.

On comprend, sous la dénomination générale d'asphyxiés par les gaz méphitiques, les asphyxies produites par la vapeur du charbon, par les émanations des fosses d'aisances, des puits, des citernes, des égoûts, des liquides en fermentation, ou, en un mot, par les gaz impropres à la respiration.

Toutes peuvent être traitées par les moyens qui suivent :

1° Il faudra sortir promptement l'asphyxié du lieu méphitisé et l'exposer au grand air.

2° On le déshabillera avec le plus de promptitude possible ; mais si l'asphyxie a eu lieu dans une fosse d'aisances, on arrosera préalablement le corps de l'asphyxié avec de l'*eau chlorurée* et on le déshabillera immédiatement après, afin d'éviter le danger auquel on s'exposerait en approchant trop près de son corps.

3° On place le corps assis dans un fauteuil ou sur une chaise, on le maintient dans cette position: un aide, placé derrière lui, soutient la tête. On lui jette de l'eau froide par verrées sur le corps, et principalement au visage; cette opération doit être continuée longtemps, surtout dans l'asphyxie par la vapeur du charbon, des cuves en fermentation; en un mot, dans l'asphyxie par le gaz acide carbonique.

4° De temps à autre, on s'arrête pour tâcher de provoquer la respiration en comprimant à plusieurs reprises la poitrine de tous côtés, en même temps que le bas-ventre, de bas en haut, comme il a été dit pour les noyants.

5° S'il fait quelques efforts pour vomir, il faut lui chatouiller l'arrière-bouche avec la barbe d'une plume.

6° Dès qu'il pourra avaler, il faudra lui faire boire de l'eau vinaigrée.

Asphyxiés par la foudre.

1° Lorsqu'une personne a été asphyxiée par la foudre, il faut tout de suite la porter au grand air, si elle n'y est déjà; la dépouiller promptement de ses vêtements, faire des affusions d'eau froide pendant un quart-d'heure, faire des frictions aux extrémités et chercher à rétablir la respiration par des compressions intermittentes de la poitrine et du bas-ventre (comme pour les noyants).

2° Pendant qu'on se livre à ces tentatives, on fait creuser, par deux hommes, une fosse en terre (autant que possible dans un terrain meublé). Cette fosse doit être assez longue et assez large pour qu'on puisse y placer le corps du foudroyé dans toute sa longueur. On étend l'asphyxié nu, couché sur le dos dans cette fosse, de manière pourtant que la tête soit plus élevée que les extrémités inférieures, et l'on recouvre légèrement tout le corps, à l'exception de la face, de 120 mill. de terre extraite de la fosse. On le laisse ainsi pendant deux à trois heures, en lui faisant de fréquentes affusions d'eau froide au visage.

Ce moyen, quelque bizarre qu'il paraisse et quoiqu'on ne puisse pas bien en expliquer le mode d'action, a été employé depuis longtemps avec un succès très-marqué en Prusse, en Silésie, en Pologne et en Russie.

Asphyxiés par le froid.

Lorsque la mort apparente a été produite par le froid, il est de la plus haute importance de ne rétablir la chaleur que lentement et par degrés. Un asphyxié par le froid qu'on approcherait du feu, ou que, dès le commencement des secours, on ferait séjourner dans un lieu, même médiocrement échauffé, serait irrévocablement perdu. Il faut en conséquence ouvrir les portes et les fenêtres de la chambre où l'on se propose de secourir un asphyxié par le froid, afin que la température de cette chambre ne soit pas plus élevée que l'air extérieur.

On emploiera les moyens suivants :

1° On déshabillera l'asphyxié et l'on couvrira tout son corps, y compris les membres, de linges trempés dans de l'eau froide, et qu'on rendra plus froide encore en y ajoutant des glaçons concassés. Il est préférable, toutes les fois que cela est possible, de se procurer une baignoire et d'y mettre l'asphyxié dans assez d'eau froide pour que tout son corps et surtout les membres en soient couverts. On aura soin, dans ces opérations, d'enlever les glaçons qui pourraient se former à la surface du corps.

2° Lorsque le corps commencera à dégeler, que les membres auront perdu leur raideur et qu'ils offriront de la souplesse, on fera exercer à la poitrine, ainsi qu'au ventre, quelques mouvements (comme pour les noyants), afin de provoquer la respiration, et l'on fera en même temps des frictions sur le corps, soit avec de la neige, si l'on peut s'en procurer, soit avec des linges trempés dans de l'eau froide.

3° Si, dans ces circonstances, la roideur a cessé et que le malade soit dans un bain, l'on en augmentera la température de 3 à 4 degrés de dix en dix minutes, jusqu'à la porter peu à peu à 34 degrés du thermomètre centigrade. Si on ne peut pas disposer d'une baignoire, il faut en agir de même avec les linges dont on enveloppe le corps ou avec lesquels on le frotte.

4° Lorsque le corps commence à devenir chaud ou qu'il se manifeste des signes de vie, on l'essuie avec soin et on le place dans un lit, mais qui ne doit pas être plus chaud que ne l'est l'asphyxié. Il ne faut pas non plus qu'il y ait du feu dans la pièce où est le lit, avant que le corps n'ait recouvré entièrement sa chaleur naturelle.

5° Lorsque le malade commence à pouvoir avaler, on lui fait prendre une tasse de thé ou d'infusion de camomille avec quelques gouttes d'eau-de-vie. Ce thé ou cette infusion doit être à peine un peu plus que tiède; sans cette précaution, on risquerait de produire dans l'intérieur de la bouche des ampoules ou cloches, comme après une brûlure.

6° Si le malade continuait à avoir de la propension à l'engourdissement, on lui ferait boire un peu d'eau vinaigrée.

Il est inutile de faire observer que, de toutes les asphyxies, l'asphyxie par le froid offre, selon l'expérience des pays septentrionaux, le plus de chances de succès, même après 12 ou 15 heures de mort apparente.

Asphyxiés par strangulation ou suspension (pendaison).

1° La première opération à pratiquer, c'est de détacher, ou plutôt pour aller plus vite, de couper le lien qui entoure le cou, et, s'il y a suspension (pendaison), de descendre le corps, en le soutenant, de manière qu'il n'éprouve aucune secousse. *Tout cela sans délai et sans attendre l'arrivée de l'officier public.* Défaire les jarretières, la cravate, les cordons de jupes, le corset, la ceinture de culotte, en un mot, toute pièce de vêtement qui pourrait gêner la circulation.

2° Si le corps est dans une chambre, on doit veiller à ce qu'elle ne soit ni trop chaude, ni trop froide, et à ce qu'elle soit aérée.

3° Il est instant d'appeler le plus tôt possible un homme de l'art, parce que la question de savoir s'il faut ou s'il ne faut pas faire une saignée, reposant en grande partie sur des connaissances anatomiques, relatives à la direction de la corde ou du lien, il n'y a que le médecin qui puisse bien apprécier les circonstances que présente cette direction.

4° Dans aucun cas, la saignée ne doit être pratiquée si la face est pâle.

5° Si la suspension ou la strangulation a eu lieu depuis peu de minutes, il suffit quelquefois, pour rappeler à la vie, de faire des affusions d'eau froide sur la face, d'appliquer sur le front et sur la tête des linges trempés dans de l'eau froide, de faire en même temps des frictions aux extrémités inférieures.

6° Dans tous les cas, il faut, dès le commencement, exercer sur la poitrine et le bas-ventre des compressions intermittentes, comme pour les noyants, afin de provoquer la respiration.

7° On ne négligera pas non plus de frictionner l'asphyxié avec des flanelles, des brosses, surtout à la plante des pieds et dans le creux des mains.

8° Dès qu'il peut avaler, on lui fait prendre, par petites quantités, du thé ou de l'eau tiède mêlée à un peu de vinaigre ou du vin.

Asphyxiés par la chaleur.

1° Si l'asphyxie a eu lieu par l'effet du séjour dans un lieu trop chaud, il faut porter l'asphyxié dans un endroit plus frais, mais pas trop froid.

2° Le débarrasser de tout vêtement qui pourrait gêner la circulation.

3° Les bains de pieds médiocrement chauds, auxquels on peut ajouter des cendres ou du sel, sont indiqués.

4° Lorsque le malade peut avaler, il faut lui faire boire, par petites gorgées, de l'eau froide, acidulée par du vinaigre ou du jus de citron.

Des boissons échauffantes sont toujours nuisibles en pareil cas.

5° Si l'asphyxie a été déterminée par l'action du soleil, comme cela arrive surtout aux moissonneurs et aux militaires, le traitement est le même ; mais il faut, dans ce cas, lorsque le malade ne sue plus, insister sur les applications froides sur la tête.

IIIᵉ PARTIE.

—

CHAPITRE Iᵉʳ.

Code de justice militaire du 9 mai 1857

—

Des rapports de la gendarmerie avec la juridiction militaire et de ses devoirs.

Observation préliminaire.

Un grand nombre d'articles du Code d'instruction criminelle sont, de plein droit et par la force des choses, applicables à la procédure suivie devant les conseils de guerre et aux conséquences des condamnations prononcées par ces conseils ; il en résulte que tout ce qui a été dit dans la première partie de cet ouvrage, sur la forme, la rédaction, le contenu des procès-verbaux, les formalités à observer dans toutes les circonstances où les officiers, sous-officiers et gendarmes se trouvent en présence de faits à signaler, d'instruction judiciaire à établir, trouvera son applicabilité dans la constatation des actes réputés crimes, délits ou contraventions par le Code de justice militaire.

La gendarmerie doit un puissant concours à l'autorité militaire dans la recherche et la répression de toutes les infractions au Code de justice militaire; mais, pour éviter d'être prolixe, on ne s'occupera dans ce chapitre que de ce qui a trait à la gendarmerie, à son action dans l'exercice judiciaire et à ses obligations envers l'Etat comme appartenant à l'armée.

Organisation des tribunaux militaires.

Art. 1er. La justice militaire est rendue en France:
1° Par des conseils de guerre (1);
2° Par des conseils de révision.

Une troisième juridiction, sous le nom de prévôtés, est ajoutée pour les armées en campagne.

Des conseils de guerre permanents.

Art. 2. Il y a un conseil de guerre permanent au chef-lieu de chaque division territoriale.

La composition des conseils est modifiée selon le grade de l'accusé. Elle n'admet que l'élément militaire proprement dit.

Capacité d'âge.

Art. 22 et 31. Nul ne peut faire partie d'un conseil de guerre permanent ou de révision, s'il n'est français ou naturalisé français, et âgé de vingt-cinq ans

---

(1) La règle adoptée par le Code, c'est que l'inférieur ne peut juger son supérieur, et qu'on doit être jugé par des égaux et par des supérieurs.

accomplis, dans le premier cas, et de trente ans dans le second.

Des rapporteurs près les conseils de guerre.

Art. 5. Les rapporteurs et leurs substituts sont chargés de l'instruction (1). Leurs fonctions sont analogues à celles du juge d'instruction. Seulement le rapporteur ne peut procéder à une instruction que sur un ordre d'informer émané de l'autorité supérieure militaire.

Des commissaires impériaux.

Art. 5. Les commissaires impériaux et leurs substituts remplissent les fonctions de ministère public. Les fonctions du commissaire impérial et du substitut se distinguent de celles du procureur impérial, surtout en ce que le premier n'a pas, comme le second, le droit d'instruire dans le cas exceptionnel

---

(1) Une institution fort utile existe dans les corps de troupe de l'armée autrichienne; elle est très-importante pour le soldat et surtout très-paternelle, c'est celle des auditeurs de guerre.

Dans chaque régiment, un magistrat ayant rang de capitaine, nommé *auditeur des guerres*, instruit les procédures. Il est non-seulement l'homme de la loi, mais encore l'homme d'affaires des officiers et soldats. Tout délit, tout procès, toute affaire d'intérêt, sont remis entre ses mains. Cette institution de l'auditeur, dont l'emploi est très-honoré, offre le double avantage de mettre à la portée du commandement un homme de confiance versé dans la connaissance pratique des lois et d'empêcher tout point de contact avec l'autorité civile, contact souvent inutile et quelquefois nuisible.

de flagrant délit. Cette attribution a été réservée au rapporteur, auquel l'article 84 délègue les fonctions d'officier de police judiciaire militaire, mais *seulement* dans le cas de flagrant délit.

Nomination des commissaires impériaux et des rapporteurs.

Art. 9. Les commissaires impériaux et les rapporteurs sont nommés par le ministre de la guerre.

Art. 7. Ils sont pris parmi les officiers supérieurs, es capitaines, les sous-intendants militaires ou adjoints, soit en activité, soit en retraite. Les substituts sont nommés par le général commandant la division.

Autorité du général commandant la division en matière judiciaire militaire.

L'article 84 dispose que la police judiciaire militaire est exercée sous l'autorité du général commandant la division. Ces officiers généraux centralisent la police judiciaire militaire de la même manière que les Cours impériales centralisent la police judicaire ordinaire.— « L'autorité de laquelle tout procède et à laquelle tout vient aboutir, c'est le général commandant la division. » Les actes et les procès-verbaux doivent lui être transmis.

Durée des fonctions du juge.

Art. 6. Les présidents et les juges sont pris parmi les officiers et sous-officiers en activité dans la division ; ils peuvent être remplacés tous les six mois, et même dans un délai moindre, s'ils cessent d'être employés dans la division.

Serment.

La loi n'exige point de serment des membres des
conseils de guerre. Elle considère que les fonctions
de juge sont au nombre des devoirs militaires. Il est
ainsi du commissaire impérial et du rapporteur, à
moins que ces derniers ne soient pris en dehors de
l'activité; alors ils prêtent serment entre les mains du
général commandant la division.

Conseils de révision permanents.

Art. 26. Il est établi, pour les divisions territoriales, des conseils de révision permanents dont le
nombre, le siège et le ressort sont déterminés par décret de l'Empereur.

Les conseils de révision s'occupent de la forme et
non du fonds; ils sont aux militaires condamnés, ce
qu'est, dans l'ordre civil, la Cour de cassation pour
les individus condamnés en matière criminelle ou correctionnelle. Tous les jugements des conseils de guerre
peuvent leur être déférés.

Compétence des tribunaux militaires.

Art. 53. Les tribunaux militaires ne statuent que
sur l'action publique, sauf les cas prévus par l'art. 75,
page 223. Cette action publique comprend les délits
communs, aussi bien que les délits militaires.

*Sont justiciables des conseils de guerre permanents
dans les divisions territoriales.*

Art. 55. Sont justiciables des conseils de guerre
permanents, en temps de paix, tous individus appartenant à l'armée, en vertu soit de la loi de recrutement,
soit d'un brevet ou d'une commission, pour tous les
crimes et délits, sauf les exceptions énumérées par la
loi.

Exception.

Les officiers de la gendarmerie, les sous-officiers et
les gendarmes, ne sont pas justiciables des conseils de
guerre pour les crimes et délits commis dans l'exercice de leurs fonctions relatives à la police judiciaire
et à la constatation des contraventions en matière administrative. (Art. 59 et 576 du décret du 1er mars
1854, et 59 du Code du justice militaire.)

Délits communs commis hors du corps.

Les militaires et ceux qui leur sont assimilés, en
congé ou en permission, restent justiciables des tribunaux ordinaires pour les *délits communs* qu'ils
commettent hors de leurs corps, conformément à l'avis
du conseil d'Etat du 30 thermidor an xii. Cette juridiction est maintenue ; elle se justifie en effet d'elle-
même.

CHAPITRE II.

De la police judiciaire et de l'instruction

(Art. 83 et 84).

L'article 83 du Code de justice militaire, qui se rapproche de l'art. 8 du Code d'instruction criminelle, recherche les crimes ou les délits, en rassemble les preuves, et en livre les auteurs à l'autorité chargée d'en poursuivre la répression devant les tribunaux militaires.

Art. 84. La police judiciaire militaire est exercée sous l'autorité du général commandant la division,

1° Par les adjudants de place;

2° Par les officiers, sous-officiers et commandants de brigade de gendarmerie;

3° Par les chefs de poste;

4° Par les gardes de l'artillerie et du génie;

5° Par les rapporteurs près les conseils de guerre, en cas de *flagrant délit*. — Hors de ce cas, les rapporteurs ne sont pas officiers de la police judiciaire militaire. Sauf la constatation des délits et les actes préparatoires destinés à en recueillir les preuves, le rapporteur et les commissaires impériaux n'ont pas d'initiative propre. La première impulsion leur est toujours donnée par une autorité qui n'est nullement judiciaire , à savoir : le général commandant la division. (Exposé des motifs.)

Peuvent requérir les officiers commandants de brigade de procéder à des actes de justice militaire.

Art. 85. Les commandants et majors de place, les chefs de corps, de dépôt et de détachement, les chefs de service d'artillerie et du génie, les membres du corps de l'intendance militaire, peuvent faire personnellement, ou *requérir les officiers de police judiciaire,* chacun en ce qui le concerne, de faire tous les actes nécessaires à l'effet de constater les crimes et les délits, et d'en livrer les auteurs aux tribunaux chargés de les punir.

Plaintes et dénonciations , déclarations.

Art. 86. Les officiers de police judiciaire reçoivent, en cette qualité , les dénonciations et les plaintes qui leur sont adressées. (P. 20.)

Ils rédigent les procès-verbaux nécessaires pour constater le corps du délit et l'état des lieux. (P. 60 et art. 133 du décret du 1er mars.)

Ils reçoivent les déclarations des personnes présentes ou qui auraient des renseignements à donner. (P. 21-22 et art. 252 du décret du 1er mars.)

Ils se saisissent des armes, effets, papiers et pièces tant à charge qu'à décharge, et, en général, de tout ce qui peut servir à la manifestation de la vérité, en se conformant aux articles 31, 33, 36, 37, 38, 39 et 65 du Code d'instruction criminelle. (P. 33 et art. 252 du décret du 1er mars.)

Flagrant délit.

Art. 87. Dans les cas de flagrant délit, tout officier de police judiciaire militaire ou *ordinaire*, peut faire *saisir* les militaires ou les *individus* justiciables des tribunaux militaires, inculpés d'un crime un d'un délit. Il les fait conduire immédiatement devant l'autorité militaire et dresse procès-verbal de l'arrestation, en y consignant les noms, qualités et signalements de ces individus. (P. 47 et suiv., art. 249 du décret du 1er mars.)

Hors le flagrant délit.

Art. 88. Hors le cas de flagrant délit, tout militaire ou tout individu justiciable des conseils de guerre, en activité de service, inculpé d'un crime ou d'un délit, ne peut être arrêté qu'en vertu de l'ordre de ses supérieurs.

Réquisition de l'autorité militaire à l'autorité civile.

Art. 89. Lorsque l'autorité militaire est appelée, hors le cas de flagrant délit, à constater, dans un établissement civil, un crime ou un délit de la compétence des tribunaux militaires, ou à y faire arrêter un de ses justiciables, elle adresse à l'autorité civile ou judiciaire compétente ses réquisitions tendant, soit à obtenir l'entrée de cet établissement, soit à assurer l'arrestation de l'inculpé.

L'autorité judiciaire ordinaire est tenue de déférer à ces réquisitions, et, dans le cas de conflit, de s'assurer de la personne de l'inculpé.

Lorsqu'il s'agit d'un établissement maritime, la réquisition est adressée à l'autorité maritime.

Réquisition de l'autorité civile à l'autorité militaire.

Art. 90. Les mêmes réquisitions sont adressées par l'autorité civile à l'autorité militaire, lorsqu'il y a lieu, soit de constater un crime ou un délit de la compétence des tribunaux ordinaires dans un établissement militaire, soit d'y arrêter un individu justiciable de ces tribunaux.

L'autorité militaire est tenue de déférer à ces réquisitions, et, dans le cas de conflit, de s'assurer de la personne de l'inculpé. (1).

Domicile. — Introduction. — Formalités.

Art. 91. Les officiers de police judiciaire militaire ne peuvent s'introduire dans une maison particulière, si ce n'est avec l'assistance, soit du juge de paix, soit de son suppléant, soit du maire, soit de son adjoint, soit du commissaire de police. (P. 82 et art. 261 du décret du 1er mars 1854.)

Art. 92. Chaque feuillet du procès-verbal dressé par un officier de police judiciaire militaire est signé par lui et par les personnes qui y ont assisté. En cas

---

(1) La justice est la seule puissance absolue en France, une caserne, un camp ne peut devenir un asile pour soustraire la licence, les délits et les crimes à la poursuite des tribunaux. — Refuser l'exécution d'un jugement est une forfaiture. Il n'y a pas de lieux inviolables, lorsque pour y pénétrer la justice observe les formes prescrites par la loi.

de refus ou d'impossibilité de signer de la part de celles-ci, il en est fait mention (page 22).

Art. 93. A défaut d'officier de police judiciaire militaire présent sur les lieux, les officiers de police judiciaire ordinaire recherchent et constatent les crimes et les délits soumis à la juridiction des conseils de guerre.

Insoumission.

Art. 94. Dans le cas d'insoumission, la plainte est dressée par le commandant du dépôt de recrutement du département auquel appartient l'insoumis.

La plainte énonce l'époque à laquelle l'insoumis aurait dû rejoindre.

Sont annexés à la plainte :

1º La copie de la notification faite à domicile de la lettre de mise en activité;

2º La copie des pièces énonçant que l'insoumis n'est pas arrivé à la destination qui lui avait été assignée;

3º L'exposé des circonstances qui ont accompagné l'insoumission.

Engagé volontaire.

S'il s'agit d'un engagé volontaire ou d'un remplaçant qui n'a pas rejoint le corps, une expédition de l'acte de l'engagement ou du remplacement est annexée à la plainte.

Désertion.

Art. 95. Dans le cas de désertion, la plainte est

13

dressée par le chef du corps ou du détachement auquel le déserteur appartient.

Sont annexés à cet acte :

1° Un extrait du registre matricule du corps ;

2° Un état indicatif des armes et des objets qui auraient été emportés par l'inculpé ;

3° L'exposé des circonstances qui ont accompagné la désertion. (*V.* page 234.)

Dispositions particulières.

Art. 96. Il n'est pas dérogé par les articles précédents aux lois, décrets et règlements relatifs aux devoirs imposés à la gendarmerie, aux chefs de poste et aux autres militaires dans l'exercice de leurs fonctions ou pendant le service.

Procès-verbaux. — Leur transmission.

Art. 97. Les actes et procès-verbaux dressés par les officiers de police judiciaire militaire sont transmis sans délai, avec les pièces et documents, au général commandant la division.

Les actes et procès-verbaux émanés des officiers de police ordinaire sont transmis directement au procureur impérial qui les adresse sans délai au général commandant la division.

CHAPITRE III.

—

Commissions rogatoires,

Art. 102. Si les témoins résident hors du lieu où se fait l'information, le rapporteur peut requérir, par commission rogatoire, soit le rapporteur près le conseil de guerre, soit le juge d'instruction, soit le juge de paix du lieu dans lequel ces témoins sont résidants, à l'effet de recevoir leur déposition.

Le rapporteur saisi de l'affaire peut également adresser des commissions rogatoires aux fonctionnaires dénommés en l'article 84, *lorsqu'il faut procéder hors du lieu* où se fait l'information, soit aux recherches prévues par l'article 86, statuant sur les plaintes et dénonciations qu'ils reçoivent ou qui leur sont adressées, soit à tout autre acte d'instruction.

Dans cette circonstance encore, les officiers et gendarmes pourront consulter ce qui a été indiqué dans la première partie. (Pages 105 et suivantes.)

Citations.

Art. 102. Le rapporteur cite les témoins par le ministère d'un agent de la force publique et les entend.

Remise des citations.

L'art. 107 du décret du 1er mars 1854 prononce que la gendarmerie ne peut être employée à porter des citations aux témoins appelés devant les tribunaux, que dans les cas d'une nécessité urgente et absolue. — Il importe que les militaires de cette arme ne soient pas détournés de leurs fonctions pour ce service, lorsqu'il peut être exécuté par les huissiers et autres agents. Il paraît difficile que la justice militaire puisse se conformer rigoureusement aux prescriptions de cet article, puisque toutes assignations, citations et notifications aux témoins, inculpés ou accusés, sont faites sans *frais* (art. 183 du code). Les seuls gendarmes peuvent opérer sans *frais*.

CHAPITRE IV.

Origine de la prévôté.

La magistrature de la prévôté dans les armées remonte à Charles VI. Le grand prévôt de la connétablie, juge suprême de tous les délits commis par les militaires ou personnes qui y étaient assimilées, était en même temps généralissime des armées ; il dirigeait sans contrôle et sans concurrence toutes les opérations et l'administration générale de la guerre.

Le prévôt de l'armée était un officier qui avait la haute police d'un certain nombre de régiments ou d'une étendue de territoire déterminée ; ils étaient au nombre de quatre, sous les ordres du grand prévôt de la connétablie.

Cette magistrature, supprimée par la Constituante, fut rétablie sous l'empire, et fut exercée par la maréchaussée qui avait pris alors le nom de gendarmerie. Le grand prévôt et les prévôts avaient pour mission de faire arrêter et de juger les vagabonds et gens sans aveu, les gens de guerre et gens assimilés aux gens de guerre ; ils connaissaient, en outre, de tous les vols de grands chemins, séditions, attroupements, assemblées illicites, etc.

Le nouveau Code de justice militaire admet en principe la même juridiction, en donnant au grand prévôt et aux prévôts des attributions plus étendues et plus en rapport avec notre législation militaire.

Le décret du 1er mars 1854, dans son chapitre V, au titre du service de la gendarmerie aux armées, réglemente, de l'article 505 à 536, les devoirs de la gendarmerie dans la position spéciale où la place l'état de guerre. Comme dans son service de police générale à l'intérieur, sa juridiction, sous les ordres des prévôts, embrasse tout ce qui est relatif aux crimes, délits et contraventions commis sur le territoire occupé par l'armée, dans les limites fixées par les articles 51, 52, 75, 173 et 174 du Code de justice militaire. Le but de l'auteur étant de ne mettre sous les yeux des officiers, sous-officiers et gendarmes, que ce qui leur est rigoureusement utile à l'accomplissement de la mission dont ils sont chargés par cette loi, on se bornera à reproduire les articles ci-après cités du Code de justice militaire, comme complément de ce qui a été édicté aux articles 505 et suivants du décret du 1er mars.

Des prévôtés.

Art. 51. Lorsqu'une armée est sur le territoire étranger, les grands prévôts et les prévôts, indépendamment des attributions de police qui leur sont déférées par les règlements militaires, exercent une juridiction dont les limites et les règles sont déterminées par le présent code.

Art. 52. Le grand prévôt exerce sa juridiction, soit par lui-même, soit par les prévôts, sur tout le territoire occupé par l'armée et sur les flancs et les derrières de l'armée.

Chaque prévôt exerce sa juridiction dans la divi‑
sion ou le détachement auquel il appartient, ainsi que
sur les flancs et les derrières de cette division ou de
ce détachement.

Le grand prévôt, ainsi que les prévôts, jugen
seuls, assistés d'un greffier, qu'ils choisissent parm i
les sous‑officiers et brigadiers de gendarmerie.

Compétence des prévôtés.

Art. 75. Les prévôtés ont juridiction :

1º Sur les vivandiers, vivandières, cantiniers,
cantinières, blanchisseuses, marchands, domestiques
et toutes personnes à la suite de l'armée en vertu de
permissions ;

2º Sur les vagabonds et gens sans aveu ;

3º Sur les prisonniers de guerre qui ne sont pas
officiers.

Elles connaissent, à l'égard des individus ci‑dessus
désignés, dans l'étendue de leur ressort :

1º Des infractions prévues par l'art. 271 du pré‑
sent Code (1) ;

2º De toute infraction dont la peine ne peut excé‑
der six mois d'emprisonnement et deux cents francs
d'amende, ou l'une de ces peines ;

3º Des demandes en dommages‑intérêts qui n'excè‑
dent pas cent cinquante francs, lorsqu'elles se ratta‑
chent à une infraction de leur compétence.

---

(1) Art. 271. Sont laissées à la répression de l'autorité
militaire, et punies d'un emprisonnement dont la durée ne
peut excéder deux mois : 1º les contraventions de police
commises par les militaires ; 2º les infractions aux règle‑
ments relatifs à la discipline militaire.

Les décisions des prévôtés ne sont susceptibles d'aucun recours.

Observation sur la compétence des prévôtés.

L'art. 173, qui règle la compétence des prévôtés, n'a besoin que de quelques explications : il faut observer seulement que le Code, en donnant aux prévôtés juridiction pour connaître de toute infraction dont la peine n'excède pas six mois d'emprisonnement et deux cents francs d'amende, entend parler de la peine édictée par la loi contre l'infraction et non de la peine que le juge pourrait appliquer alors que la loi déterminerait un maximum plus élevé ; de même, en autorisant les prévôts à statuer sur les demandes en dommages-intérêts jusqu'à 150 fr., la loi a entendu parler du chiffre de la somme demandée et non de celle allouée par le juge.

Toute infraction dont la peine dépasse ces limites ne saurait être, de la part du prévôt, que l'objet d'une plainte au général, qui, s'il y avait lieu, traduirait le prévenu devant un conseil de guerre.

Procédure devant les prévôtés.

Art. 173. Les prévôtés sont saisies par le renvoi que leur fait l'autorité militaire ou par la plainte de la partie lésée.

Dans le cas de flagrant délit, ou même en cas d'urgence, elles peuvent procéder d'office.

Art. 174. Les prévenus sont amenés devant la prévôté qui juge publiquement.

La partie plaignante expose sa demande.

Les témoins prêtent serment.

Les prévenus présentent leur défense.

Le jugement est motivé : il est signé par le prévôt et par le greffier ; il est exécutoire sur minute.

CHAPITRE V.

—

Origine des lois sur la désertion.

Les premières lois écrites sur la désertion datent du règne de François Ier; jusque-là, on ne suivait, pour juger les soldats qui abandonnaient leur poste, que les coutumes locales ou féodales. Tant qu'il n'y eut pas d'armée permanente, il ne pouvait y avoir de code militaire uniforme; les peines appliquées à ce délit augmentèrent de sévérité, à mesure que les armées permanentes devinrent plus nombreuses, et surtout depuis que le recrutement volontaire, en principe du moins, eut remplacé les contingents forcés. — Au xve siècle, les fantassins déserteurs étaient condamnés à mort; les nobles qui commettaient le même crime en étaient quittes pour perdre leur cheval, leur harnais et un an de solde, ou pour subir la dégradation de *noblesse*, comme coupables de félonie.

Depuis 1534 jusqu'au xviie siècle, la législation voulait que le déserteur à l'ennemi fût pendu, et le déserteur à l'intérieur passé par les armes. Cette dernière peine se nommait l'*arquebuse* (1).

---

(1) Dans quelques villes de France, la promenade publique porte encore le nom d'*Estrapade*. Paris a, dans le quartier latin, sa place de l'Estrapade.

Au xviii° siècle, surtout lors de la campagne de
1741, la désertion prit un développement alarmant
parmi les troupes d'infanterie : officiers et soldats re-
venaient de Bohême et de Bavière en si grand nombre
qu'il fallut donner des ordres pour les arrêter aux
frontières. Les victoires du maréchal de Saxe, et la
prodigalité avec laquelle le gouvernement distribuait
des récompenses honorifiques ou pécuniaires purent
seules ranimer le zèle des troupes. Comment, d'ailleurs, des hommes placés presque sans le savoir sous
les drapeaux par des enrôleurs de profession, ou souvent mal nourris et plus mal payés encore, soumis à
une discipline redoutable, privés de tout espoir d'avancement, n'eussent-ils pas été portés à violer les en-
gagements qu'on ne leur faisait pas même envisager
comme sacrés et imposés par l'honneur? Cependant
le soldat déserteur était toujours sous le coup d'une
pénalité très-sévère qui, ordinairement, alternait entre
les galères et la mort, tandis que l'officier déserteur

Ce nom vient d'un châtiment militaire ainsi appelé, lequel
s'infligeait sur les places publiques.

Ce châtiment consistait à élever le criminel au haut d'une
longue pièce de bois, les mains liées sur le dos avec une
corde qui soutenait le poids du corps, puis à le laisser
tomber avec roideur jusqu'à deux ou trois pieds de terre,
en sorte que le poids du corps lui disloquait les bras et les
épaules.

On disait alors : donner l'estrapade. Les juges pouvaient
condamner jusqu'à trois tours d'estrapade les bas-officiers
et soldats coupables de certains délits.

La peine de l'estrapade s'infligeait encore vers la fin du
xviii° siècle, dans la marine, sous le nom de *cale sèche*. On
lui a, depuis, substitué la *cale mouillée*, moins cruelle que
sa sœur aînée. C'était un des derniers lambeaux du système
qui s'éteignait dans la législation maritime.

était à peu près certain de l'impunité. L'immortel Montesquieu disait lui-même : « L'honneur prescrit à « la noblesse de servir les princes à la guerre, mais « il veut être l'arbitre de cette loi, et, s'il s'offense, « il exige et permet que l'on se retire chez soi. »

La révolution, en modifiant cet état de choses, a conservé avec raison une pénalité sévère pour tous. Cette sévérité est bien explicable. A toutes les époques, chez tous les peuples, quelles que soient leurs croyances religieuses et leurs opinions politiques, dans l'antiquité comme de nos jours, dans les républiques comme dans les monarchies, chez les peuples policés comme dans l'état de barbarie, l'action d'abandonner ses frères, ses compatriotes, l'armée dont on fait partie, le drapeau sous lequel on combat, le sol du pays qui nous a vus naître et qui nous nourrit, est l'action la plus criminelle dont puisse se rendre coupable l'homme de guerre, surtout chez un peuple où les lois donnent à chacun la possibilité d'aspirer aux plus hauts emplois, aux plus éclatantes dignités.

DÉSERTION. — INSOUMISSION. — ABSENCE ILLÉGALE.

Désertion à l'intérieur.

Art. 231 et 234. Est considéré comme déserteur à l'intérieur :

1° Six jours après celui de l'absence constatée, tout sous-officier, caporal, brigadier ou soldat qui s'absente de son corps ou détachement sans autorisation. — Néanmoins, si le soldat n'a pas six mois de service, il ne peut être considéré comme déserteur qu'après un mois d'absence;

2° Tout sous-officier, caporal, brigadier ou soldat

voyageant isolément d'un corps à un autre, ou dont le congé ou la permission est expiré, et qui, dans les quinze jours qui suivent celui qui a été fixé pour son retour ou son arrivée au corps, ne s'y est pas présenté. En temps de guerre, ces délais sont réduits de moitié.

Désertion à l'étranger.

Art. 235. Est déclaré déserteur à l'étranger, trois jours après celui de l'absence constatée, tout militaire qui franchit, sans autorisation, les limites du territoire français, ou qui, hors de France, abandonne le corps auquel il appartient.

Il faut appliquer ici ce qui est dit ci-après sur la supputation du délai.

Désertion à l'ennemi.

Art. 238. Est puni de mort, avec dégradation militaire, tout militaire coupable de désertion à l'ennemi.

Désertion en présence de l'ennemi.

Art. 239. Ce crime est puni de la détention (1).

---

(1) Les habitants des Gaules, qui étaient plutôt les soldats des rois chevelus, ne connaissaient que deux crimes : la lâcheté et la désertion ; tout le reste se rachetait par de faibles amendes.

Cas où les sous-officiers et gendarmes peuvent être déclarés déserteurs. (Art. 36 et 578 du décret du 1er mars 1854.)

Art. 36. En tout état de choses, les militaires de la gendarmerie, qui désirent quitter le service, doivent *absolument* attendre, pour se retirer dans leurs foyers, qu'il ait été statué sur leur demande et qu'il leur ait été remis un titre de libération régulier. — En agissant autrement, ils s'exposent à être déclarés déserteurs et poursuivis comme tels, par application de l'art. 231 ci-dessus.

Art. 578. Les militaires de la gendarmerie qui n'ont pas rejoint leur poste dans les quinze jours qui suivent l'expiration, soit de leurs congés ou permissions, soit des délais fixés par leur feuilles de route, sont réputés déserteurs et poursuivis comme tels, lors même qu'ils ont accompli le temps de service voulu par la loi de recrutement.

Supputation du délai de désertion en mois.

Il est de jurisprudence que le mois, en matière de délai, se compte de quantième à quantième; ainsi, le mois commencé le 2 juin finit le 2 juillet. Si le délai commence le dernier jour d'un mois, il finit le dernier jour du mois suivant; par exemple, on admet que le mois commencé le 28 février finit le 31 mars.

Supputation du délai de désertion en jours.

Le jour dans lequel l'absence est constatée ne compte pas dans le délai, c'est en ce sens que la jurisprudence a toujours interprété l'expression « l'état de désertion ne commence qu'à l'expiration du sixième jour ». Il ne faut pas confondre, en effet, l'expression « *six jours après* » qu'on traduit toujours par celle-ci : « *six jours pleins ou expirés après* » avec l'expression toute différente « *le sixième jour après* ». Au surplus, en matière pénale, la loi s'interprète toujours dans le sens le plus favorable.

Insoumission.

Art. 230. Est considéré comme insoumis, et puni d'un emprisonnement de six jours à un an, tout jeune soldat appelé par la loi, tout engagé volontaire ou tout remplaçant qui, hors le cas de force majeure, n'est pas rendu à sa destination dans le mois qui suit le jour fixé par son ordre de route.

En temps de guerre, la peine est d'un mois à deux ans d'emprisonnement.

Le crime de désertion et le délit d'insoumission sont imprescriptibles.

Le crime de désertion, comme le délit d'insoumission, commencent le jour de l'absence, et se perpétuent jusqu'à la rentrée volontaire ou l'arrestation du délinquant. — Chaque moment qui prolonge la durée de cette absence est un fait, un délit nouveau ; c'est un état permanent de flagrant délit, une série continuelle et non interrompue de délits successifs. — La désertion n'est pas seulement la conséquence de l'abandon du régiment ou du poste ; elle existe aussi dans les circonstances énoncées aux art. 231 et 234, page 228.

Militaires en congé ou permission.

Les militaires en congé ou en permission sont justiciables des tribunaux ordinaires pour les délits communs qu'ils commettent hors de leur corps, conformément à l'avis du conseil d'Etat du 30 thermidor an XII. — Le nouveau Code continue cette disposition, et ne soumet ces militaires à la juridiction des conseils de guerre que pour les *délits militaires*. La compétence de ces conseils pour la connaissance de tels délits, se justifie d'elle-même : « Le militaire en congé ou en permission n'a pas cessé d'être soldat; inscrit sur les contrôles du corps, il reste toujours à la disposition du ministre de la guerre, qui, au premier signal, peut l'obliger à rejoindre le drapeau. La raison indique donc qu'il n'a pas échappé au devoir militaire. » (Rapport au corps législatif.)

Militaires envoyés en congés illimités.

Art. 56 § 4. Les militaires envoyés en congés illimités ont cessé d'être soumis à la discipline du régiment. La justice militaire qui, par la nature de son institution, n'enlève au droit commun que ce que réclament la discipline et la nécessité politique, vient seulement les saisir pour *tous les délits*, dans les cas bien rares prévus par la loi de 1832 (art. 30).

Jeunes soldats laissés dans leurs foyers.

Art. 56 § 4. Les jeunes soldats laissés dans leurs foyers font partie de la réserve de l'armée; mais ils ne tiennent à la vie et au devoir militaire que par le lien de l'appel, lorsqu'ils sont réunis pour les revues ou exercices prévus par les instructions ministérielles et par l'art. 30 de la loi du 21 mars 1832. (Rapport au Corps législatif.)

Jeunes soldats, engagés volontaires, remplaçants.

Art. 58. Les jeunes soldats, les engagés volontaires et les remplaçants, ne sont, depuis l'instant où ils ont reçu leur ordre de route jusqu'à celui de leur réunion en détachement ou de leur arrivée au corps, justicia-bles des mêmes conseils de guerre que pour les faits d'insoumission.

Militaires aux hôpitaux.

Art. 56 § 2. Les militaires, les jeunes soldats, les engagés volontaires, les remplaçants et les individus assimilés aux militaires, placés dans les hôpitaux civils et militaires ou voyageant sous la conduite de la force publique, ou détenus dans les établissements, prisons et pénitenciers militaires.

PLAINTE EN DÉSERTION.

A Monsieur (1)

Le soussigné (2)   , a l'honneur de vous représenter que le nommé   , fils d   et d   , domiciliés à   , canton d arrondissement d   , département d   , né le   à   , canton d   arrondissement d   , département d   , domicilié, avant d'entrer au service, à   , canton d   , arrondissement d   , département d   , taille d'un mètre   millimètres, visage   , front   , yeux   , nez   , bouche   , menton   , cheveux   , sourcils   , teint   , ayant pour *marques particulières :*

Entré au service le (3)

Inscrit au contrôle du corps sous le n°   , a abandonné ses drapeaux (4) le   du mois de

(1) Cette plainte doit toujours être adressée au commandant supérieur du lieu où siége le conseil de guerre permanent.

(2) L'officier qui porte plainte fera mention de sa qualité, et du corps auquel il appartient.

Désigner ici le grade de l'accusé, la compagnie, le bataillon ou l'escadron dont il fait partie, ainsi que le numéro de l'arme du corps auquel il appartient.

(3) Si l'accusé est remplaçant, il faudra mettre : *comme remplaçant de* (indiquer les nom, prénoms et domicile du remplacé).

S'il est enrôlé volontaire, on mettra : *comme enrôlé volontaire devant la municipalité d*   *, canton d*   *, arrondissement d*   *, département d*   *, le du mois de*   *, an*   .

Si c'est un ancien soldat rappelé au service, on l'indiquera.

S'il avait été amnistié, ou s'il avait subi sa peine ou obtenu sa grâce, on mettra : *après amnistie, grâce,* ou *avoir subi la peine de* pour désertion.

(4) Si l'accusé a été déclaré déserteur pour n'avoir pas rejoint après enrôlemnt volontaire, au lieu de ces mots : *a abandonné, etc.,* etc., on mettra : *n'a pas paru au corps dans les délais qui avaient été fixés.*

Si l'accusé est déserteur pour n'avoir pas rejoint à l'expiration de

an   , à   heures du   , pour déserter   ,
et n'a plus reparu au corps depuis cette époque jusqu'au
   ,   du mois d   , qu'il est arrivé à ·   ,
où il a été déposé à la prison d (1)   . (Indiquer
si c'est volontairement ou sous escorte.)

Les témoins de la désertion sont (indiquer les noms, prénoms, grades et compagnies des témoins, s'il en existe).

2° Que le nommé

3°

Les pièces à l'appui de la procédure, au nombre de   ,
sont ci-jointes.

Pour quoi il vous demande qu'il en soit informé, afin
que ledit (2)   , soit ensuite jugé conformément
aux dispositions du Code de justice militaire, et qu'il soit
donné au soussigné un récépissé de la présente plainte.

Fait à

(*Signatures.*)

son congé, au lieu de ces mots : *a abandonné, etc., etc.,* on mettra :
ayant obtenu un congé limité, pour en jouir à dater du
jusqu'au   , en a dépassé la durée, et n'a pas rejoint
dans le délai de faveur accordé par la loi.

Si l'accusé est déserteur pour s'être évadé d'un hôpital, ou n'avoir
pas rejoint après sa sortie de l'hôpital; dans le premier cas, au lieu
de ces mots : *a abandonné, etc., etc.,* on mettra : *s'est évadé de*
l'hôpital de   , département de   , le   ; dans le
second cas, on mettra : *n'a pas rejoint à sa sortie de l'hôpital de*
*   , département d   , le   , et,* dans l'un
ou l'autre cas, on ajoutera : *suivant la déclaration de* (faire mention
de qui l'on tiendra les renseignements, et joindre les pièces à l'appui).

Indiquer s'il est présumé déserteur à l'intérieur, à l'étranger ou à
l'ennemi, et quelles sont les circonstances aggravantes de la désertion.

(1) Indiquer la prison, si le corps est stationné dans la ville où réside
le conseil de guerre permanent; dans le cas contraire, au lieu de ces
mots : *où il a été déposé à la prison,* on mettra ceux-ci : *d'où il a été*
dirigé sur   , pour y être déposé à la prison militaire.

Si la plainte a rapport à plusieurs individus prévenus d'un complot
de désertion, seul cas où elle peut être collective, on la continuera
en mettant :

(2) Rappeler les nom et prénoms de l'accusé.

PLAINTE EN CAS DE CRIME OU DÉLIT.

—

A Monsieur

Le soussigné   , a l'honneur de vous représenter que le nommé   , fils de   .
et de   , domicilés à   , canton
d   , département d   , né le   ,
à   , canton d   , département d   ,
domicilié, avant son entrée au service, à   , canton
d   , département d   , taille d'un
mètre   millimètres, cheveux   , sourcils   ,
front   , yeux   , nez   , bouche   , menton   , visage   , *marques particulières :*
Entré au service le   , inscrit sur le contrôle du
corps sous le n°   , s'est rendu coupable, le   .
Les témoins d   , sont :   . Il a
été déposé à la prison d   .
Les pièces à l'appui de la procédure, au nombre de
      , sont ci-jointes, savoir :   . Pourquoi
il vous demande qu'il en soit informé, afin que ledit
      soit ensuite jugé conformément au Code de jus-
tice militaire, et qu'il soit donné au soussigné un récépissé de la présente plainte.

Fait à   *le*   18   .

(Signatures.)

CÉDULE.

(Art. 174 du Code de justice militaire.)

La présente devra être apportée en venant déposer.

Formule n° 26.

ARMÉE D

PRÉVOTÉ D

Nous   prévôt d   requérons
l   nommé   de comparaître par-
devant nous a   le   18 ,
à   heure   d   pour y déposer en
personne sur les faits relatifs a   nommé
Le   témoin requis prévenu que, faute par
de se conformer à la présente assignation l y sera
contraint par les voies de droit.
Donné à   , le   18 .

Le   Prévôt,

SIGNIFICATION.

L'an mil huit cent   , le   ,
à la requête de M. le   prévôt d
Nous soussigné, avons signifié la cédule ci-dessus a
              en son domicile, à   parlant à
ainsi déclaré; et à ce qu'il n'en ignore, nous lui avons
laissé la présente.
Dont acte, à   les jour, mois et an que dessus.

CHAPITRE VI.

Des crimes, des délits et des peines.

Des peines et de leurs effets.

Art. 185. Les peines qui peuvent être appliquées par les tribunaux militaires en matière de crime, sont (1) :
La mort,
Les travaux forcés à perpétuité,
La déportation,
Les travaux forcés à temps,
La détention,
La réclusion,
Le bannissement,
La dégradation militaire.

Art. 186. Les peines en matière de délit sont :
La destitution,
Les travaux publics,
L'emprisonnement,
L'amende.

---

(1) Les peines, chez les Gaulois, étaient très sévères, si l'on en croit César ; il raconte que Vercingétorix, proclamé roi par les Auvergnats et déclaré général par toutes les Gaules, faisait couper une oreille ou crever un œil pour les moindres fautes, et punissait les plus graves par le feu.

Art. 187. Tout individu condamné à la peine de mort par un conseil de guerre est fusillé.

Art. 188. Lorsque la condamnation à la peine de mort est prononcée contre un militaire en vertu des lois pénales ordinaires, elle entraîne de plein droit la dégradation militaire.

Art. 189. Les peines des travaux forcés, de la déportation, de la détention, de la réclusion et du bannissement, sont appliquées conformément aux dispositions du Code pénal ordinaire.

Elles ont les effets déterminés par ce Code et emportent, en outre, la dégradation militaire.

Art. 190. Tout militaire qui doit subir la dégradation militaire, soit comme peine principale, soit comme accessoire d'une peine autre que la mort, est conduit devant la troupe sous les armes. Après la lecture du jugement, le commandant prononce ces mots à haute voix : « N*** N*** (nom et prénoms du condamné), vous êtes indigne de porter les armes; de par l'Empereur, nous vous dégradons. »

Aussitôt après, tous les insignes militaires et les décorations dont le condamné est revêtu sont enlevés, et, s'il est officier, son épée est brisée et jetée à terre devant lui.

La dégradation militaire entraîne :

1° La privation du grade et du droit d'en porter les insignes et l'uniforme;

2° L'incapacité absolue de servir dans l'armée, à quelque titre que ce soit, et les autres incapacités prononcées par les art. 28 et 34 du Code pénal ordinaire;

3° La privation du droit de porter aucune décoration, et la déchéance de tout droit à pension et à récompense pour les services antérieurs.

Art. 191. La dégradation militaire, prononcée comme peine principale, est toujours accompagnée d'un emprisonnement dont la durée, fixée par le jugement, n'excède pas cinq années.

Art. 192. La destitution entraîne la privation du grade ou du rang, et du droit d'en porter les insignes distinctifs et l'uniforme.

L'officier destitué ne peut obtenir ni pension ni récompense à raison de ses services antérieurs.

Art. 193. Le condamné à la peine des travaux publics est conduit à la parade revêtu de l'habillement déterminé par les règlements.

Il y entend, devant les troupes, la lecture de son jugement.

Il est employé aux travaux d'utilité publique. Il ne peut, en aucun cas, être placé dans les mêmes ateliers que les condamnés aux travaux forcés.

La durée de la peine est de deux ans au moins et de dix ans au plus.

Art. 194. La durée de l'emprisonnement est de six jours au moins et de cinq ans au plus.

Art. 199. Les dispositions des art. 66, 67 et 69 du Code pénal ordinaire, concernant les individus âgés de moins de seize ans, sont observées par les tribunaux militaires.

S'il est décidé que l'accusé a agi avec discernement, les peines de la dégradation militaire, de la destitution et des travaux pub'ics sont remplacées par un emprisonnement d'un an à cinq ans dans une maison de correction.

Art. 200. Les peines prononcées par les tribunaux militaires commencent à courir, savoir :

Celle des travaux forcés, de la déportation, de la

détention, de la réclusion et du bannissement, à partir du jour de la dégradation militaire;

Celle des travaux publics, à partir du jour de la lecture du jugement devant les troupes.

Les autres peines comptent du jour où la condamnation est devenue irrévocable. Toutefois, si le condamné à l'emprisonnement n'est pas détenu, la peine court du jour où il est écroué.

Art. 201. Toute condamnation prononcée contre un officier, par quelque tribunal que ce soit, pour l'un des délits prévus par les art. 401, 402, 403, 405, 406, 407 et 408 du Code pénal ordinaire, entraîne la perte du grade.

Crimes et délits contre le devoir militaire.

Art. 211. Tout militaire qui, étant en faction ou en vedette, abandonne son poste sans avoir rempli sa consigne, est puni :

1° De la peine de mort, s'il était en présence de l'ennemi ou de rebelles armés;

2° De deux ans à cinq ans de travaux publics, si, hors le cas prévu par le paragraphe précédent, il était sur un territoire en état de guerre ou en état de siége;

3° D'un emprisonnement de deux mois à un an dans tous les autres cas.

Art. 212. Tout militaire qui, étant en faction ou en vedette, est trouvé endormi, est puni :

1° De deux à cinq ans de travaux publics, s'il était en présence de l'ennemi ou de rebelles armés;

2° De six mois à un an d'emprisonnement, si, hors le cas prévu par le paragraphe précédent, il était sur un territoire en état de guerre ou en état de siége;

3° De deux mois à six mois d'emprisonnement, dans tous les autres cas.

Art. 213. Tout militaire qui abandonne son poste est puni :

1° De la peine de mort, si l'abandon a eu lieu en présence de l'ennemi ou de rebelles armés (1);

2° De deux à cinq ans d'emprisonnement, si, hors le cas prévu par le paragraphe précédent, l'abandon a eu lieu sur un territoire en état de guerre ou en état de siége;

3° De deux mois à six mois d'emprisonnement, dans tous les autres cas.

Si le coupable est chef de poste, le maximum de la peine lui est toujours infligé.

Art. 214. En temps de guerre, aux armées, ainsi que dans les communes, les départements et les places de guerre en état de siége, tout militaire qui ne se rend pas à son poste en cas d'alerte ou lorsque la générale est battue, est puni de six mois à deux ans d'emprisonnement; s'il est officier, la peine est celle de la destitution.

Art. 216. Les dispositions des art. 237, 238, 239, 240, 241, 242, 243, 247 et 248 du Code pénal ordinaire sont applicables aux militaires qui laissent évader des prisonniers de guerre ou d'autres individus arrêtés, détenus ou confiés à leur garde, ou qui favorisent ou procurent l'évasion de ces individus, ou les recèlent ou les font recéler.

---

(1) C'était une règle invariable chez les Romains que quiconque abandonnait son poste ou laissait ses armes dans le combat était puni de mort.

Révolte, insubordination et rébellion.

Art. 217. Sont considérés comme en état de révolte et punis de mort :

1° Les militaires sous les armes qui, réunis au nombre de *quatre* au moins et agissant de concert, refusent à la première sommation d'obéir aux ordres de leurs chefs;

2° Les militaires qui, au nombre de *quatre* au moins, prennent les armes sans autorisation et agissent contre les ordres de leurs chefs;

3° Les militaires qui, réunis au nombre de *huit* au moins, se livrent à des violences en faisant usage de leurs armes, et refusent, à la voix de leurs supérieurs, de se disperser ou de rentrer dans l'ordre.

Néanmoins, dans tous les cas prévus par le présent article, la peine de mort n'est infligée qu'aux instigateurs ou chefs de la révolte, et au militaire le plus élevé en grade. Les autres coupables sont punis de cinq à dix ans de travaux publics, ou, s'ils sont officiers, de la destitution, avec emprisonnement de deux à cinq ans.

Dans le cas prévu par le n° 3 du présent article, si les coupables se livrent à des violences sans faire usage de leurs armes, ils sont punis de cinq à dix ans de travaux publics, ou, s'ils sont officiers, de la destitution, avec emprisonnement de deux à cinq ans.

Devant l'ennemi.

Art. 218. Est puni de mort, avec dégradation militaire, tout militaire qui refuse d'obéir lorsqu'il est commandé pour marcher contre l'ennemi, ou pour tout autre service ordonné par son chef en présence de l'ennemi ou de rebelles armés.

Si, hors le cas prévu par le paragraphe précédent, la désobéissance a eu lieu sur un territoire en état de guerre ou de siége, la peine est de cinq ans à dix ans de travaux publics, ou, si le coupable est officier, de la destitution, avec emprisonnement de deux à cinq ans.

Dans tous les autres cas, la peine est celle de l'emprisonnement d'un an à deux ans, ou, si le coupable est officier, celle de la destitution.

Violation de consigne.

Art. 219. Tout militaire qui viole ou force une consigne est puni :

1° De la peine de la détention, si la consigne a été violée ou forcée en présence de l'ennemi ou de rebelles armés ;

2° De deux ans à dix ans de travaux publics, ou, si le coupable est officier, de la destitution, avec emprisonnement de un an à cinq ans, quand, hors le cas prévu par le paragraphe précédent, le fait a eu lieu sur un territoire en état de guerre ou de siége ;

3° D'un emprisonnement de deux mois à trois ans, dans tous les autres cas.

Violence contre une sentinelle.

Art. 220. Est puni de mort, tout militaire coupable de violence à main armée envers une sentinelle ou vedette.

Si les violences n'ont pas eu lieu à main armée et

ont été commises par un militaire assisté d'une ou plusieurs personnes, la peine est de cinq ans à dix ans de travaux publics. Si, parmi les coupables, il se trouve un officier, il est puni de la destitution, avec emprisonnement de deux ans à cinq ans.

La peine est réduite à un emprisonnement d'un an à cinq ans, si les violences ont été commises par un militaire seul et sans armes.

Insulte à une sentinelle.

Art. 220 § 4. Est puni de six jours à un an d'emprisonnement tout militaire qui insulte une sentinelle par paroles, gestes ou menaces.

Voies de fait envers son supérieur.

Art. 221. Est punie de mort, avec dégradation militaire, toute voie de fait commise avec préméditation ou guet-apens par un militaire envers son supérieur.

Art. 222. Est punie de mort, toute voie de fait commise sous les armes par un militaire envers son supérieur.

Art. 223. Les voies de fait exercées, pendant le service ou à l'occasion du service, par un militaire envers son supérieur, sont punies de mort.

Voies de fait hors du service.

Si les voies de fait n'ont pas eu lieu pendant le service ou à l'occasion du service, le coupable est puni de la destitution, avec emprisonnement de deux à cinq ans, s'il est officier, et de cinq ans à dix ans de travaux publics,, s'il est sous-officier, caporal, brigadier ou soldat.

Voies de fait pendant le service.

Art. 224. Tout militaire qui, pendant le service ou à l'occasion du service, outrage son supérieur par paroles, gestes ou menaces, est puni de la destitution, avec emprisonnement d'un an à cinq ans si ce militaire est officier, et de cinq ans à dix ans de travaux publics s'il est sous-officier, caporal, brigadier ou soldat (1).

Si les outrages n'ont pas eu lieu pendant le service ou à l'occasion du service, la peine est de un an à cinq ans d'emprisonnement.

Rébellion envers la force armée.

Art. 225. Tout militaire coupable de rébellion envers la force armée et les agents de l'autorité, est puni de deux mois à six mois d'emprisonnement, et de six mois à deux ans de la même peine si la rébellion a eu lieu avec armes.

Si la rébellion a été commise par plus de deux mi-

---

(1) Avant le code, en exécution de la loi du 21 brumaire an V, le supérieur en uniforme était toujours censé en service, et les voies de fait commises par l'inférieur, n'importe dans quelle circonstance, étaient punies de mort. Il n'en sera plus ainsi désormais ; ces mots, écrits dans la loi : *pendant le service* ou *à l'occasion du service*, ont une signification parfaitement nette dans la langue militaire (*Exposé des motifs*).

litaires, sans armes, les coupables sont punis de deux ans à cinq ans d'emprisonnement, et de la réclusion si la rébellion a eu lieu avec armes.

Toute rébellion commise par des militaires armés, au nombre de huit au moins, est punie conformément aux §§ 3 et 5 de l'art. 217, p. 243.

Le maximum de la peine est toujours infligé aux instigateurs ou chefs de rébellion et au militaire le plus élevé en grade.

Vente, détournement, mise en gage et recel des effets militaires.

Art. 244. Est puni d'un an à cinq ans d'emprisonnement, tout militaire qui vend son cheval, ses effets d'armement, d'équipement ou d'habillement, des munitions, ou tout autre objet à lui confié pour le service.

Est puni de la même peine tout militaire qui, sciemment, achète ou recèle lesdits effets.

La peine est de six mois à un an d'emprisonnement, s'il s'agit d'effets de petit équipement.

Art. 245. Est puni de six mois à deux ans d'emprisonnement tout militaire :

1º Qui dissipe ou détourne les armes, munitions, effets et autres objets à lui remis pour le service ;

2º Qui, acquitté du fait de désertion, ne représente pas le cheval qu'il aurait emmené, ou les armes ou effets qu'il aurait emportés.

Art. 246. Est puni de six mois à un an d'emprisonnement, tout militaire qui met en gage tout ou partie de ses effets d'armement, de grand équipement, d'habillement ou tout autre objet à lui confié pour le service.

La peine est de deux mois à six mois d'emprisonnement s'il s'agit d'effets de petit équipement.

Art. 247. Tout militaire qui achète, recèle ou reçoit en gage des armes, munitions, effets d'habillement, de grand ou petit équipement, ou tout autre objet militaire, dans des cas autres que ceux où les règlements autorisent leur mise en vente, est puni par le tribunal compétent de la même peine que l'auteur du délit.

Vol.

Art. 248. Le vol des armes et des munitions appartenant à l'Etat, celui de l'argent de l'ordinaire, de la solde, des deniers ou effets quelconques appartenant à des militaires ou à l'Etat, commis par des militaires qui en sont comptables, est puni de travaux forcés à temps.

Si le coupable n'en est pas comptable, la peine est celle de la réclusion.

S'il existe des circonstances atténuantes, la peine est celle de la réclusion ou d'un emprisonnement de trois ans à cinq ans, dans le cas du premier paragraphe, et celle d'un emprisonnement d'un an à cinq ans, dans le cas du deuxième paragraphe.

En cas de condamnation à l'emprisonnement, l'officier coupable est, en outre, puni de la destitution.

Vol au préjudice de l'habitant.

Est puni de la peine de la réclusion, et, en cas de circonstances atténuantes, d'un emprisonnement d'un an à cinq ans, tout militaire qui commet un vol au préjudice de l'habitant chez lequel il est logé.

Les dispositions du Code pénal ordinaire sont applicables aux vols prévus par les paragraphes précédents, toutes les fois qu'en raison des circonstances, les peines qui y sont portées sont plus fortes que les peines prescrites par le présent Code.

Dépouilles de blessé.

Art. 249. Est puni de la réclusion tout militaire qui dépouille un blessé.

Le coupable est puni de mort si, pour dépouiller le blessé, il lui a fait de nouvelles blessures.

Pillage, destruction, dévastation d'édifices.

Art. 250. Est puni de mort, avec dégradation militaire, tout pillage ou dégât de denrées, marchandises ou effets commis par des militaires en bande, soit avec armes ou à force ouverte, soit avec bris de portes et clôtures extérieures, soit avec violence envers les personnes.

Le pillage en bande est puni de la réclusion dans tous les autres cas.

Néanmoins, si, dans les cas prévus par le premier paragraphe, il existe parmi les coupables un ou plusieurs militaires pourvus de grades, la peine de mort n'est infligée qu'aux instigateurs et aux militaires les plus élevés en grade. Les autres coupables sont punis de la peine des travaux forcés à temps.

S'il existe des circonstances atténuantes, la peine de mort est réduite à celle des travaux forcés à temps, la peine des travaux forcés à temps à celle de la réclusion, et la peine de la réclusion à celle d'un emprisonnement d'un an à cinq ans.

En cas de condamnation à l'emprisonnement, l'officier coupable est, en outre, puni de la destitution.

Incendie.

Art. 251. Est puni de mort, avec dégradation militaire, tout militaire qui, volontairement, incendie, par un moyen quelconque, ou détruit par l'explosion d'une mine, des édifices, bâtiments, ouvrages militaires, magasins, chantiers, vaisseaux, navires ou bateaux à l'usage de l'armée.

S'il existe des circonstances atténuantes, la peine est celle des travaux forcés à temps.

Destruction. — Dévastation.

Art. 252. Est puni des travaux forcés à temps, tout militaire qui, volontairement, détruit ou dévaste, par d'autres moyens que l'incendie ou l'explosion d'une mine, des édifices, bâtiments, ouvrages militaires, magasins, chantiers, vaisseaux, navires ou bateaux à l'usage de l'armée.

S'il existe des circonstances atténuantes, la peine est celle de la réclusion, ou même de deux à cinq ans d'emprisonnement, et, en outre, de la destitution, si le coupable est officier.

Destruction, en présence de l'ennemi, des moyens de défense.

Art. 253. Est puni de mort, avec dégradation militaire, tout militaire qui, dans un but coupable, détruit ou fait détruire, en présence de l'ennemi, des moyens de défense, tout ou partie d'un matériel de guerre, des approvisionnements en armes, vivres, munitions, effets de campement, d'équipement ou d'habillement.

La peine est celle de la détention si le crime n'a pas eu lieu en présence de l'ennemi.

Bris d'armes, d'effets, etc., appartenant à l'Etat.

Art. 254. Est puni de deux ans à cinq ans de travaux publics tout militaire qui, volontairement, détruit ou brise des armes, des effets de campement, de casernement, d'équipement ou d'habillement appartenant à l'Etat, soit que ces objets lui eussent été confiés pour le service, soit qu'ils fussent à l'usage d'autres militaires; ou qui estropie ou tue un cheval, ou une bête de trait ou de somme employée au service de l'armée.

Si le coupable est officier, la peine est celle de la destitution ou d'un emprisonnement de deux à cinq ans.

S'il existe des circonstances atténuantes, la peine est réduite à un emprisonnement de deux mois à cinq ans.

Destruction ou lacération de registres, etc., de l'autorité militaire.

Art. 255. Est puni de la réclusion tout militaire qui, volontairement, détruit, brûle ou lacère des registres, minutes ou actes originaux de l'autorité militaire.

S'il existe des circonstances atténuantes, la peine est celle d'un emprisonnement de deux à cinq ans, et, en outre, de la destitution, si le coupable est officier.

Logement. — Meurtre sur un habitant.

Art. 256. Tout militaire coupable de meurtre sur l'habitant chez lequel il reçoit le logement, sur sa femme, ou sur ses enfants, est puni de mort.

Usurpation d'uniformes, costumes, insignes, etc.

Art. 266. Est puni d'un emprisonnement de deux mois à deux ans tout militaire qui porte publiquement des décorations, médailles, insignes, uniformes ou costumes français sans en avoir le droit.

La même peine est prononcée contre tout militaire qui porte des décorations, médailles ou insignes étrangers sans y avoir été préalablement autorisé (1).

Disposition générale.

Art. 273. Ne sont pas soumises à la juridiction des conseils de guerre les infractions commises par les militaires aux lois sur la pêche, sur la chasse, les douanes, les contributions indirectes, les octrois, les forêts et la grande voirie.

Caractère des condamnations militaires.

Un grand nombre d'articles du Code d'instruction

---

(1) D'après une circulaire du ministre de l'intérieur, du 12 mars 1858, on ne peut porter ostensiblement que les médailles délivrées par le gouvernement, et non celles délivrées par des compagnies de sauveteurs, des compagnies d'assurances, etc.

criminelle sont, de plein droit et par la force des choses, applicables à la procédure suivie devant les conseils de guerre et aux conséquences des condamnations prononcées par ces conseils. (Voir le *Moniteur* du 10 mai 1857.)

Réhabilitation.

L'article 619 du Code d'instruction criminelle, tel qu'il a été modifié par la loi du 3 juillet 1852, est absolu et général. — Il n'y a aucune raison pour que les règles qu'il renferme ne soient pas appliquées au militaire qui sera dans les mêmes conditions.

Peines supprimées.

La peine des *fers* et celle du *boulet* disparaissent du droit militaire. — Les mœurs publiques les ont abrogées longtemps avant le législateur. — Le législateur, en supprimant les fers et le boulet, obéit à la pensée de diminuer le nombre des peines infamantes.

En supprimant la peine des fers pour fait d'insubordination, la loi a voulu que la peine de mort n'eût un caractère infamant qu'autant qu'elle serait accompagnée de la dégradation militaire. (Inst. minist. du 28 juillet 1857. Art. 190, C. just. milit.)

En faisant disparaître celle du boulet, bien qu'elle fût rangée au nombre des peines correctionnelles, elle assujétissait le condamné à un régime tel, que l'opinion générale s'y méprenait, en présence surtout de l'appareil redoutable qui accompagnait son exécution. (Même instruction.)

15

Peines correctionnelles (1).

Les peines correctionnelles prononcées par le Code de justice militaire, en matière de délit, n'ont aucun caractère infamant. Elles sont subies sans chaînes ni fers, et laissent aux condamnés la possibilité de rentrer dans les rangs de l'armée. (Exp. des motifs.)

Peines disciplinaires.

Quant aux peines disciplinaires, il a été rappelé que, même en temps de guerre, le général n'a pas à sa disposition les peines corporelles; c'est avec raison qu'elles sont sévèrement interdites. (*Moniteur* du 9 mai 1857.)

Commutation de peine.

Le militaire condamné à mort, et dont la peine a été commuée en celle des travaux forcés à temps, est placé de plein droit sous la surveillance de la haute police. — La commutation équivaut à une condamnation à la peine substituée avec toutes ses conséquences. L'art. 47 du Code pénal a parlé des condamnés aux travaux forcés, parce que c'est le cas le plus général; mais, en fait, tout homme qui a subi les travaux forcés à temps

---

(1) Pour que la peine correctionnelle d'emprisonnement, quelle qu'en soit la durée, fasse perdre le grade, il faut la réunion de ces trois circonstances : la surveillance de la haute police, l'interdiction des droits civiques et de famille et l'emprisonnement. (Loi du 19 mai 1834.)

est soumis à la surveillance de la haute police, pendant toute sa vie, ainsi que les condamnés à la réclusion. Hors de là, la surveillance de la haute police ne sera prononcée que dans le cas où une disposition particulière l'aura permis. (Art. 50, C. P.)

Contraventions.

Art. 271. Sont laissés à la répression de l'autorité militaire, et punis d'un emprisonnement dont la durée ne peut excéder deux mois :

1° Les contraventions de police commises par les militaires ;

2° Les infractions aux règlements relatifs à la discipline.

Toutefois, l'autorité militaire peut toujours, *suivant la gravité des faits*, déférer le jugement des contraventions de police au conseil de guerre, qui applique la peine déterminée par le présent article.

Pourquoi l'autorité militaire est chargée de réprimer les contraventions.

En chargeant l'autorité militaire de réprimer elle-même les contraventions, on a voulu surtout arriver à une prompte répression, en faisant la part des situations où un intérêt quelconque exigerait l'intervention du conseil de guerre, et elle autorise à le saisir. — Tel serait le cas où il y aurait une partie plaignante, ou encore celui où l'existence de l'infraction, au point de vue légal, paraîtrait ne pouvoir être établie que par un débat contradictoire, etc. (Rapport.)

Présence de la gendarmerie aux exécutions capitales.

L'article 134 du décret du 1er mars 1854 dit : « Lors de l'exécution des jugements des tribunaux militaires, soit dans les divisions de l'intérieur, soit dans les camps ou armées, la gendarmerie, s'il y en a, ne peut être commandée que pour assurer l'ordre, et reste étrangère à tous les détails de l'exécution. En présence de termes aussi explicites, la gendarmerie ne peut éprouver aucune hésitation ; cependant, pour prévenir toute méprise pouvant résulter de la fausse interprétation de cet article, l'auteur de l'ordonnance annotée du 29 octobre 1820 et qui est aussi l'auteur de cet ouvrage, rappelait à ce sujet, dans cette ordonnance, que, lors d'une exécution capitale, un officier d'état-major ordonna à un gendarme d'accompagner le condamné devant le piquet d'exécution pour lui bander les yeux. Le gendarme s'étant refusé à accomplir cette fonction, à moins de l'ordre de son chef direct, celui-ci en référa à l'officier général présent, qui déclara que c'était le fait d'un caporal du régiment du condamné.

MODÈLE D'ACTE DE DISPARITION.

Force publique de l'armée d....

Nous soussignés membres du conseil d'administration de la force publique de l'armée d.... certifions que le nommé Mary (Narcisse), fils de Mary (Jacques) et de Anne Levêque, né le 16 août 1820 à Versailles, département de Seine-et-Oise, gendarme à cheval, inscrit sous le n° 2,725 du registre matricule, a disparu le 15 mai 1857, et que, depuis cette époque, toutes les recherches auxquelles il a été procédé pour découvrir son sort sont demeurées infructueuses (Indiquer les circonstances de la disparition).

Fait à...., le.... 18...

Les Membres du conseil d'administration,

Vu :

Le Sous-Intendant militaire,

CHAPITRE VII.

Conseils d'enquête.

(21 mai 1836.)

De la composition des conseils d'enquête.

Il y aura trois espèces de conseils d'enquête :
1° Conseil d'enquête de régiment ;
2° Conseil d'enquête de division ;
3° Conseil d'enquête spécial pour les intendants militaires, les maréchaux de camp, les lieutenants généraux.

Chaque conseil d'enquête sera composé de cinq membres qui, sauf les cas prévus ci-après, seront désignés, d'après le grade ou l'emploi de l'officier objet de l'enquête, conformément aux tableaux annexés à la présente ordonnance.

Deux membres au moins devront être de l'arme ou du corps d'administration militaire auquel l'officier objet de l'enquête appartiendra.

Désignation des membres.

Le président et les membres de chaque conseil d'enquête, soit de régiment, soit de division, seront désignés par l'officier général commandant la division.

Si l'officier objet de l'enquête est intendant militaire, maréchal de camp ou lieutenant général, le président et les autres membres seront désignés par notre ministre de la guerre.

Sauf l'exception prévue ci-après, les membres du conseil autres que le président seront pris à tour de rôle et par ancienneté de grade, savoir :

1° Si l'officier objet de l'enquête est capitaine, lieutenant, sous-lieutenant, chirurgien-major ou aide-major dans un régiment, parmi les officiers de ce corps;

2° S'il est officier supérieur d'un corps de troupe, officier d'état-major de quelque arme que ce soit, officier de gendarmerie, officier d'un bataillon, d'un escadron ou d'une compagnie formant corps de troupe, officier en non activité, sous-intendant militaire, adjoint à l'intendance, officier de santé ou d'administration des hôpitaux, agent du service de l'habillement et du campement, parmi les officiers en activité dans la division;

3° Si l'officier objet de l'enquête est intendant militaire, maréchal de camp ou lieutenant général, parmi les intendants et officiers généraux des cadres d'activité.

Les membres du grade de l'officier objet de l'enquête ne pourront être moins anciens de grade que lui.

Absence ou empêchement des membres.

En cas d'absence ou d'empêchement constaté, les membres absents ou empêchés seront remplacés par des officiers du même grade, et, à défaut, du grade immédiatement inférieur, mais sans que les officiers nouvellement désignés puissent être ni moins anciens

ni de grades moins élevés que l'officier objet de l'enquête.

Remplacement des membres.

Si, à raison de l'ancienneté de grade, le remplacement ne peut avoir lieu, il y sera pourvu par la désignation d'officiers du grade immédiatement supérieur
à celui de l'officier absent ou empêché.

S'il n'existe pas, dans le régiment ou dans la division, d'officiers réunissant les conditions voulues pour
faire partie du conseil d'enquête, il en sera référé à
notre ministre de la guerre, qui prendra les mesures
nécessaires pour compléter le conseil.

Ne pourront faire partie du conseil d'enquête :

1° Les parents ou alliés de l'officier objet de l'enquête jusqu'au quatrième degré inclusivement ;

2° Les auteurs de la plainte ou du rapport spécial
qui aura motivé la réunion du conseil.

Des formes de l'enquête.

Aucun officier ne pourra être envoyé devant un
conseil d'enquête sans l'ordre spécial de notre ministre
de la guerre ; néanmoins, toutes les fois que, hors du
territoire français européen, il y aura lieu d'envoyer
un officier devant un conseil d'enquête, les gouverneurs généraux et les généraux en chef exerceront les
mêmes pouvoirs que notre ministre de la guerre, excepté dans le cas où l'officier serait intendant militaire, maréchal de camp ou lieutenant général.

Envoi devant un conseil d'enquête.

Lorsque, pour l'une des causes prévues aux art. 12

et 27 de la loi du 19 mai 1834, un officier en activité sera dans le cas d'être envoyé devant un conseil
d'enquête, un rapport spécial, avec la plainte s'il en
a été formé, sera transmis, par la voie hiérarchique, à
notre ministre de la guerre.

Plainte.

La plainte pourra être portée par toute personne
qui se prétendra lésée, ou d'office par l'un des supérieurs de l'officier qu'elle concernera.

Quel que soit le grade de l'officier qui la recevra, il
sera tenu de la faire parvenir hiérarchiquement à notre ministre de la guerre.

Au temps des inspections, et lorsque l'inspecteur
général sera sur les lieux, les pièces, au lieu d'être
transmises à notre ministre de la guerre par le général
commandant la division, le seront par l'inspecteur général, auquel elles seront remises directement par le
chef du corps ou du service inspecté.

Le rapport spécial sera fait, savoir :

Pour l'officier d'un corps de troupe.

Par le commandant du corps ou l'officier supérieur
qu'il désignera.

Pour les chefs de corps, les officiers de gendarmerie,
les officiers sans troupe et ceux en disponibilité ou
en non activité, jusqu'au grade de colonel inclu-
sivement.

Par le commandant de la brigade ou de la subdivision territoriale.

15.

Pour les membres de l'intendance militaire autres que les intendants, les officiers de santé ou d'administration des hôpitaux et les agents de l'habillement et du campement.

Par le chef du service.

Pour un maréchal de camp ou un intendant militaire.

Par un lieutenant général désigné par notre ministre de la guerre.

Pour un lieutenant général.

Par un maréchal de France désigné par notre ministre de la guerre.

Les officiers par l'intermédiaire desquels la plainte et le rapport spécial seront transmis à notre ministre de la guerre les viseront sans émettre d'opinion.

Faculté réservée au ministre.

Notre ministre de la guerre pourra, lorsqu'il le jugera nécessaire, et sans l'accomplissement des formalités ci-dessus prescrites, envoyer d'office un officier en activité ou en non activité devant un conseil d'enquête pour l'une des causes spécifiées aux art. 12 et 27 de la loi du 19 mai 1834.

De la réforme par mesure de discipline.

Un officier ne peut être mis en réforme, pour cause de discipline, que pour l'un des motifs ci-après :

Inconduite habituelle;

Faute grave dans le service ou contre la discipline;

Faute contre l'honneur;

Prolongation au-delà de trois ans de la position de non activité, sauf les restrictions énoncées en l'article suivant.

Tout officier condamné par jugement à un emprisonnement de plus de six mois sera suspendu de son emploi ou mis en réforme, en se conformant aux dispositions des art. 6 et 13 de la présente loi.

La durée de l'emprisonnement ne comptera jamais comme temps de service effectif, même pour la retraite.

Conformément à l'art. 13 de ladite loi, lorsqu'un officier sera resté en non activité pendant trois ans, il devra être envoyé devant un conseil d'enquête par notre ministre de la guerre.

Par qui et à qui les pièces sont adressées.

Lorsque notre ministre de la guerre enverra un officier devant un conseil d'enquête, il adressera au général commandant la division toutes les pièces propres à éclairer le conseil.

Ces pièces, s'il s'agit d'un officier en non activité depuis trois ans, devront faire connaître les causes de sa mise en non activité, et présenter tous les renseignements donnés par les autorités civiles et militaires sur sa conduite et sur son état physique.

S'il s'agit d'un officier condamné par jugement à un emprisonnement de plus de six mois, une expédition du jugement devra faire partie du dossier.

A la réception des pièces envoyées par notre ministre de la guerre, le général commandant la division désignera les membres qui devront composer le conseil d'enquête, et nommera parmi eux un rapporteur qui sera toujours d'un grade supérieur à celui de l'officier objet de l'enquête.

Convocation du conseil.

Il convoquera ensuite le conseil, en indiquant à chacun de ses membres l'époque, le lieu et l'objet de la convocation.

Le général donnera également ordre à l'officier objet de l'enquête de se rendre au conseil aux lieu, jour et heure indiqués et lui fera connaître le nom du rapporteur.

Si l'officier objet de l'enquête est intendant militaire, maréchal de camp ou lieutenant général, notre ministre de la guerre remplira lui-même les formalités prescrites par le présent article.

Toutes les pièces qui auront donné lieu à la convocation du conseil d'enquête seront d'abord envoyées au président, qui les remettra au rapporteur. Celui-ci fera connaître à l'officier qu'elles concernent l'objet de l'enquête.

Séance.

A l'ouverture de la séance, le président, après avoir fait introduire l'officier objet de l'enquête, donnera lecture au conseil des art. 9, 10, 12, 13, 18 et 27 de la loi du 19 mai 1834.

De la réforme.

La réforme est la position de l'officier sans emploi

qui, n'étant plus susceptible d'être rappelé à l'activité, n'a pas de droits acquis à la pension de retraite.

La réforme peut être prononcée :

1° Pour infirmité incurable ;

2° Par mesure de discipline.

La réforme par mesure de discipline des officiers en activité et des officiers en non activité sera prononcée par décision royale, sur le rapport du ministre de la guerre, d'après l'avis d'un conseil d'enquête dont la composition et les formes seront déterminées par un règlement d'administration publique.

La réforme à raison de la prolongation de la non activité pendant trois ans ne pourra être prononcée qu'à l'égard de l'officier qui, d'après l'avis du même conseil, aura été reconnu non susceptible d'être rappelé à l'activité.

Les avis du conseil d'enquête ne pourront être modifiés qu'en faveur de l'officier.

Nul officier réformé n'a droit à un traitement s'il n'a accompli le temps de service imposé par la loi de recrutement.

Tout officier réformé ayant moins de vingt ans de service recevra, pendant un temps égal à la moitié de la durée de ses services effectifs, une solde de réforme égale aux deux tiers du minimum de la pension de retraite de son grade, conformément à ce qui est déterminé par la loi du 11 avril 1831.

L'officier ayant, au moment de sa réforme, plus de vingt ans de service effectif, recevra une pension de réforme dont la quotité sera déterminée, d'après le minimum de la retraite de son grade, à raison d'un trentième pour chaque année de service effectif.

Si l'officier objet de l'enquête ne se présente pas aux lieu, jour et heure indiqués, et s'il n'a fait valoir aucun empêchement légitime, il sera passé outre, et il sera fait mention de son absence au procès-verbal contenant l'avis du conseil d'enquête.

Le rapporteur donnera lecture de l'ordre de convocation et de toutes les pièces transmises par notre ministre de la guerre.

Personnes appelées à donner des renseignements.

L'officier envoyé devant un conseil d'enquête à raison de la prolongation de sa non activité pendant trois ans pourra être visité par des officiers de santé désignés par le président. Dans ce cas, le procès-verbal contenant l'avis du conseil d'enquête fera mention de la déclaration des officiers de santé.

Les officiers de santé ou autres personnes appelées devant le conseil pour donner des renseignements feront leur déclaration successivement et séparément

L'officier objet de l'enquête et les membres du conseil pourront leur adresser les questions qu'ils jugeront convenables, mais par l'organe du président.

Les personnes appelées devant le conseil entendues, l'officier objet de l'enquête présentera ses observations.

Le président consultera ensuite les membres du conseil pour savoir s'ils se trouvent suffisamment éclairés. Dans le cas de l'affirmative, il fera retirer l'officier objet de l'enquête ; dans le cas contraire, l'enquête continuera.

L'enquête terminée, le président, suivant les cas, posera séparément, et dans les termes ci-après, les questions suivantes, savoir :

Pour cause de discipline.

1° M.   est-il dans le cas d'être mis en réforme pour inconduite habituelle?

2° M.   est-il dans le cas d'être mis en réforme pour fautes graves dans le service?

3° M.   est-il dans le cas d'être mis en réforme pour fautes graves contre la discipline?

4° M.   est-il dans le cas d'être mis en réforme pour fautes contre l'honneur?

Pour cause de non activité.

M.   , en non activité depuis plus de trois ans, est-il dans le cas d'être mis en réforme comme reconnu non susceptible d'être rappelé à l'activité?

Pour cause de condamnation à un emprisonnement de plus de six mois.

M.   , condamné à plus de six mois de prison par jugement du   , est-il dans le cas d'être mis en réforme?

Aucune autre question que celles indiquées en l'article précédent ne pourra être soumise au conseil d'enquête.

Du scrutin.

Sur chacune des questions que le conseil aura à décider pour former son avis, les membres iront au scrutin secret en déposant dans une urne, pour l'affirmative, une boule sur laquelle sera inscrit le mot *oui*, et, pour la négative, une boule sur laquelle sera inscrit le mot *non*.

La majorité formera l'avis du conseil.

Le résultat du vote sera consigné dans le procès-verbal contenant l'avis du conseil.

Procès-verbal de la séance.

Le procès-verbal contenant l'avis du conseil d'enquête sera signé par tous les membres, et envoyé à notre ministre de la guerre, avec toutes les pièces à l'appui, par l'intermédiaire du général commandant la division, et directement par le président, s'il est lieutenant général ou maréchal de France.

Les séances du conseil d'enquête ne peuvent avoir lieu qu'à huis-clos.

Le conseil d'enquête sera dissous de plein droit aussitôt après qu'il aura donné son avis sur l'affaire pour laquelle il aura été convoqué.

IVe PARTIE.

Lois, ordonnances et décisions ministérielles
ayant un caractère de permanence.

—

Loi relative aux contributions à payer par les officiers de gendarmerie. (23 juillet 1820.)

. . . .

Art. 30. Les officiers sans troupe, officiers d'état-major, officiers de gendarmerie, et généralement tous ceux qui, en vertu de décrets et d'arrêtés, ont jusqu'à présent payé la contribution personnelle et mobilière en raison de leur traitement ou de leur indemnité de logement, seront imposés d'après le mode et dans la proportion arrêtés pour les autres contribuables.

————————

Loi relative aux contributions personnelle et mobilière, des portes et fenêtres et des patentes. (26 mars 1831.)

. . . .

Art. 3. Les officiers de terre et de mer qui n'ont point de résidence fixe, et n'ont d'habitation que celle de leur garnison, continueront à être exempts de la contribution personnelle et mobilière. Néanmoins, ceux qui ont d'autres habitations particulières, soit pour eux, soit pour leur famille, seront cotisés, comme les autres contribuables, au rôle de la commune où ces habitations sont situées.

. . . .

Circulaire du ministre de la guerre contenant des instructions sur la composition des conseils de discipline pour la gendarmerie, et concernant les compagnies de discipline. (17 septembre 1825).

L'accroissement de l'effectif des compagnies de discipline, depuis dix-huit mois, a fixé mon attention. Je crains que des chefs de corps n'aient perdu de vue le but de cette institution, que l'expérience recommande, et qui cesserait bientôt d'être utile à l'armée, si l'on faisait une application trop fréquente des mesures qu'elle ordonne à l'égard des soldats indisciplinés.

Nonobstant les dispositions précises de l'art. 1er de l'ordonnance du 1er avril 1818, on fait souvent comparaître devant les conseils de discipline des militaires

qui sont prévenus d'injures, menaces et voies de fait
envers leurs supérieurs, de rébellion à la force armée, de voies de fait envers les habitants, de vente
d'effets militaires, enfin de délits prévus par la loi,
dont l'application punirait sévèrement les coupables,
et donnerait des exemples qui pourraient rappeler à
leurs devoirs les soldats disposés à s'en écarter. D'autres propositions me sont également adressées contre
des soldats auxquels on ne peut reprocher que des
fautes légères d'indiscipline, et envers lesquels on n'a
pas épuisé tous les moyens de correction qui sont à
la disposition de MM. les chefs de corps. Il est résulté de cette indulgence pour les uns, et de la sévérité à l'égard des autres, que les compagnies de discipline ont acquis une force qui est hors de proportion
avec celle de l'armée, malgré l'indulgence avec laquelle on y a réadmis des disciplinaires aux époques
de l'avénement et du sacre de Sa Majesté.

. . . .

---

*Circulaire du ministre de la guerre portant qu'il
devra être fourni par les commandants de compagnie aux chefs de légion un état descriptif du
casernement des brigades de gendarmerie, et divers
autres renseignements après la passation ou le renouvellement des baux. (14 décembre 1830.)*

Lorsqu'il y a lieu de passer des baux pour le casernement des brigades de la gendarmerie de l'intérieur,
ou de renouveler ceux qui vont expirer, vous m'a-
dressez, sur ma demande, et après que MM. les préfets ont soumis ces baux à mon approbation, l'état

descriptif des lieux, dressé conformément à la circulaire du 3 avril 1818, avec les observations dont ils paraissent susceptibles sous le rapport de l'exécution du service et du bien-être des hommes et des chevaux.

Ce mode entraînant des lenteurs qui retardent le moment où les baux peuvent être définitivement approuvés, j'ai décidé qu'à l'avenir MM. les commandants de compagnie vous adresseraient les états descriptifs des lieux et les autres renseignements qu'ils sont dans l'obligation de vous fournir immédiatement après la passation ou le renouvellement des baux, et que vous me les ferez parvenir avec votre avis et sans attendre ma demande, afin que je puisse les recevoir en même temps que les baux soumis à mon approbation par MM. les préfets.

. . . .

Circulaire du ministre de la guerre portant que les procès-verbaux relatifs au transport frauduleux des lettres doivent être adressés aux directeurs des postes. (15 novembre 1831.)

M. le ministre des finances a remarqué que, dans un grand nombre de localités, la gendarmerie transmet directement aux procureurs du roi les procès-verbaux constatant des délits en matière de transport frauduleux des lettres, tandis que l'arrêté du 27 prairial an IX a formellement statué (art. 5) que ces procès-verbaux doivent être adressés aux directeurs des postes pour être envoyés par eux à l'autorité judiciaire. Il me fait observer que, par suite de cette infraction à la règle établie, l'administration, restant dans l'ignorance des poursuites qui sont exercées, ou ne les apprenant que lorsque les délais d'appel sont expirés, ne peut réformer les jugements qui lui paraissent contraires à ses droits, et qu'il en résulte un préjudice réel pour les intérêts du trésor.

Circulaire du ministre de la guerre indiquant les mesures à prendre, pour empêcher que les militaires voyageant sous l'escorte de la gendarmerie ne puissent s'enivrer. (21 juin 1833.)

Monsieur, j'ai souvent eu occasion de remarquer que des militaires voyageant sous l'escorte de la gendarmerie commettaient des désordres, soit en route, soit dans les maisons d'arrêt où ils étaient déposés, parce que ces hommes se trouvaient dans un état d'ivresse par suite d'un défaut de surveillance ou d'une condescendance extrême de la part des gendarmes qui les conduisaient. La fréquence des événements que je vous signale prouve que les gendarmes se relâchent de la sévérité qu'ils doivent apporter dans le service des escortes. Il est donc nécessaire que vous preniez, dans la légion que vous commandez, les mesures les plus propres à empêcher que les militaires voyageant sous l'escorte des gendarmes ne fassent un usage immodéré du vin, et surtout leur interdire absolument l'usage des liqueurs spiritueuses. La fermeté et l'exactitude que l'on mettra à exécuter cet ordre devant prévenir le retour de circonstances fâcheuses et ôter aux hommes détenus l'occasion de nouvelles fautes qui ne peuvent qu'aggraver leur position, j'aime à croire que vous ne négligerez rien pour que vos subordonnés aient désormais à s'y conformer ponctuellement.

Circulaire du ministre de la guerre relative à la surveillance à exercer par la gendarmerie sur les cantonniers. (25 mars 1834.)

Il ne s'agit pas, suivant M. le ministre du commerce lui-même, d'imposer à l'arme de nouveaux déplacements, mais uniquement de profiter, pour la surveillance des cantonniers, des tournées qui sont faites par les militaires de cette arme dans l'intérêt de la police générale. Mon intention est, en conséquence, que MM. les chefs de légion et commandants de compagnie assurent l'effet des dispositions ci-après, tant par leur concours personnel que par les instructions qu'ils auront à donner à leurs inférieurs.

1° Il ne sera fait, en aucun cas, des tournées spéciales pour la surveillance des cantonniers; mais toutes les fois que les sous-officiers et gendarmes se trouveront sur les routes pour le service habituel de l'arme, ils devront prendre note des absences qu'ils remarqueraient parmi les cantonniers.

2° Les commandants de brigade adresseront sans retard, au lieutenant de l'arrondissement, le relevé des notes prises dans le cours de chaque tournée.

3° Les lieutenants transmettront aux commandants de compagnie, les 8, 16, 24 et 30 ou 31 de chaque mois, des états récapitulatifs des absences constatées par les brigades sous leurs ordres.

4° Les commandants de compagnie renverront immédiatement au préfet du département les états par lieutenance.

5° Les tableaux indiquant les noms et les stations des cantonniers par arrondissement de sous-préfecture, et les états particuliers destinés à faire connaître les cantonniers compris dans la circonscription de chaque brigade, seront fournis tout dressés à la gendarmerie, ainsi que les imprimés nécessaires pour l'inscription des absences remarquées.

6° Les relevés d'absence sont les seules pièces que la gendarmerie soit tenue d'établir elle-même.

Elle est expressément dispensée de tout rapport qui exigerait de sa part la moindre dépense en frais de bureau.

Désirant, en outre, connaître le degré de zèle que chaque compagnie apportera dans l'accomplissement du nouveau service confié à sa vigilance, et apprécier en même temps les résultats de la mesure dont il s'agit, dans l'intérêt de l'administration publique, j'ai décidé qu'il serait ajouté sur l'état n° 10, au-dessous du total de la récapitulation des arrestations faites pendant le mois, un article ainsi conçu : *Nombre d'absences constatées parmi les cantonniers stationnaires,* ci. . . . .

Circulaire du ministre de la guerre prescrivant aux conseils d'administration de la gendarmerie de donner immédiatement avis au ministre des accidents survenus aux sous-officiers et gendarmes et des mariages que peuvent contracter ces militaires. (4 juillet 1836.)

Les conseils d'administration des corps ou compagnies de gendarmerie rendent rarement compte au ministre des accidents que les sous-officiers et gendarmes peuvent éprouver dans l'éxécution de leur service, ou des changements qui surviennent dans leur position privée.

Cependant il importe que tout événement grave et de nature à altérer la santé ou les moyens d'activité d'un militaire, soit immédiatement constaté par des pièces authentiques propres à servir de bases soit à des demandes de congés de convalescence ou de traitement aux eaux thermales, soit aux propositions de retraite pour infirmités qui pourraient en résulter prématurément.

D'un autre côté, il est dans l'intérêt même des hommes qu'en cas de mutations à ordonner d'office, je puisse m'assurer s'ils sont célibataires ou chargés de famille.

Je vous invite, en conséquence, à prescrire aux conseils d'administration des compagnies sous vos ordres :

1° De faire désormais constater sur-le-champ, par un procès-verbal régulier appuyé de certificats d'officiers de santé, tout accident ou blessures graves survenus dans un service commandé.

Une expédition de chaque procès-verbal me sera transmise pour être déposée au dossier du militaire ;

2° D'énoncer avec un soin scrupuleux, sur les contrôles de la prochaine inspection générale, la position de chaque sous-officier et gendarme, comme célibataire, marié ou veuf, avec ou sans enfants :

3° De me faire connaître, à l'avenir, par des rapports succincts et individuels, les mariages contractés par les sous-officiers et gendarmes.

*Lettre du ministre de la guerre de laquelle il résulte
que la gendarmerie n'est pas destinée à exercer
une surveillance occulte, et ne peut exécuter un
service de surveillance en habit bourgeois. (22 mai
1837.)*

En effet, l'instruction du 10 avril 1821 prescrit à
tout officier, sous-officier et gendarme, d'être habituellement en tenue militaire, et la circulaire du
11 juin 1835, dont les dispositions ont été rappelées
dans l'instruction sur les revues d'inspection de 1836,
interdit expressément toute espèce de déguisement.
Or, si l'emploi de ce dernier moyen est défendu,
même pour des opérations importantes et déterminées
au succès desquelles il pourrait parfois contribuer, à
plus forte raison ne saurait-il être exigé pour un service occulte auquel la gendarmerie n'est point affectée, service de nature à déconsidérer les hommes à
leurs propres yeux, tout en attirant sur eux l'ani-
madversion populaire, et que le sieur... a justement
apprécié comme incompatible avec son double titre de
militaire et de chevalier de la Légion d'honneur.

La surveillance de la gendarmerie, exercée ostensiblement, en uniforme, est, au contraire, toute légale, et ne peut avoir pour résultat que de prévenir
les désordres; mission infiniment plus honorable pour
le premier corps de l'armée que celle d'épier les progrès du mal pour en rendre compte lorsque la répression est devenue nécessaire.

*Circulaires du ministre de la guerre en date des
12 août 1837 et 7 mai 1838.*

On s'est plaint, avec raison, que des gendarmes
appelés auprès des conseils de révision, ont été chargés
de faire l'appel des jeunes gens, de les faire déshabiller,
de les toiser et de porter, soit des dépêches, soit des
lettres particulières.

Pour détruire cet abus, je rappelle à MM. les présidents des conseils de révision que la gendarmerie
qu'il devront requérir ne saurait être employée *qu'afin
de maintenir l'ordre* ou prêter main-forte pour l'exécution de la loi, conformément à l'ordonnance du
29 octobre 1820 et aux instructions en vigueur.

Je recommande à MM. les officiers qui assistent
aux opérations du conseil de révision de ne point
perdre de vue les principes rappelés ci-dessus, et, au
besoin, de faire à l'autorité des représentations convenables, si elle prétendait charger la gendarmerie de
quelques soins ou de quelque service qui ne soient
pas dans ses devoirs.

Signé : BERNARD.

*Circulaire du ministre de la guerre relative à la jus-
tification des mariages des officiers de gendarmerie.
(24 juillet 1840.)*

Messieurs, les dispositions renfermées dans l'instruction du 19 mars 1830 ont été déclarées applicables à tous les officiers de l'armée, quels que soient
leur grade et l'arme à laquelle ils appartiennent.

Cette instruction prescrit notamment aux conseils d'administration d'adresser au ministre de la guerre des certificats constatant la célébration des mariages que les officiers ont été autorisés à contracter; ce qui n'a pas été généralement exécuté par les conseils d'administration des corps et compagnies de gendarmerie.

Voulant que cette omission soit promptement réparée, et désirant en prévenir le retour, j'ai arrêté ce qui suit :

1° Le mariage de tout officier en activité dans l'arme, à l'époque de ce jour, sera constaté par un certificat individuel, rédigé conformément au modèle ci-après :

« Nous, soussignés, membres du conseil d'administration d   , certifions, d'après l'extrait des registres de l'état civil qui est déposé dans les archives de la compagnie (*ou du corps*) que M   (*nom, prénoms, grade et résidence*), s'est marié le   , à la mairie d   , arrondissement d   ; département d   , à demoiselle   (*nom et prénoms*), en vertu de l'autorisation ministérielle qui lui a été accordée le

« A   , le   18

« Vu :   (*Suivent les signatures.*)

« *Le chef de légion,* »

Circulaire du ministre de la guerre faisant connaître que le salut n'est pas dû, par les militaires de la gendarmerie, aux sous-officiers de la ligne. (7 juin 1840.)

Quelques conflits s'étant élevés à diverses époques, entre des sous-officiers de la ligne et la gendarmerie, à l'occasion du salut militaire que les premiers prétendaient leur être dû par les gendarmes, je crois devoir vous fixer sur cette question.

La gendarmerie est une arme toute spéciale, qui, soit par la nature de son service, soit par sa composition, ne peut être soumise aux mêmes règlements que les autres corps de l'armée. En effet, les militaires de cette arme exercent une police immédiate sur tous les sous-officiers et soldats hors de leurs casernes. Suivant les art. 365 et 368 de l'ordonnance du 16 mars 1838, les simples gendarmes sont pris parmi les sous-officiers et les caporaux ou brigadiers de l'armée, et subsidiairement parmi les soldats qui remplissent certaines conditions; les brigadiers de gendarmerie sont choisis parmi les adjudants, les sergents-majors et les maréchaux des logis chefs désignés par les inspecteurs généraux. D'après les art 364 et 370 de la même ordonnance, les maréchaux des logis, les brigadiers de gendarmerie et même les gendarmes, sont nommés par le ministre de la guerre, et enfin ces militaires peuvent se retirer du service sur une simple démission.

Les dispositions de l'ordonnance du 2 novembre 1833 qui concernent le salut ne sont point applicables au corps de la gendarmerie; cette ordonnance, exclusivement relative aux troupes en garnison, n'a pu infirmer ni modifier, à l'égard de cette arme, celle toute spéciale du 29 octobre 1820, qui règle le service de la gendarmerie, en exécution de la loi du 28 germinal an VI. C'est dans les termes et dans l'esprit de ces derniers actes qu'il faut chercher la solution de la question. (V. le décret du 1er mars 1854.)

Or, il est facile de se convaincre, par leur examen, que les gendarmes, qui ont le droit de verbaliser, et dont les rapports font foi en justice, forment, en quelque sorte, le premier degré de la magistrature administrative et judiciaire, et que non-seulement ils en sont les agents directs, mais encore les agents permanents. La spécialité de leur position est établie par la loi, dont ils sont les organes, et devant laquelle ils prêtent serment de ne faire usage de la force qui leur est confiée que pour le maintien de l'ordre; mission qu'ils ne pourraient remplir en bien des circonstances, et notamment dans la police qu'ils exercent sur les militaires, *si le caractère du soldat ne disparaissait en eux sous cette investiture légale*. La permanence du service de la gendarmerie est la conséquence de cette même loi qui, en lui prescrivant une action continue de surveillance et de répression, place constamment les militaires de cette arme dans la situation du soldat en faction. Ainsi, sous le double rapport de la spécialité et de la permanence de leurs fonctions, les gendarmes ne doivent point le salut aux sous-officiers de la ligne, tandis que les militaires des autres armes, soumis aux dispositions de l'ordonnance du 2 novembre 1833, doivent le salut à ceux de la gendarmerie, toutes les fois que ceux-ci portent les marques distinctives d'un grade supérieur à celui des militaires.

Extrait de la circulaire du 19 juillet 1840.

A l'avenir, toute installation de brigade dans un casernement sera constatée par un procès-verbal conforme au modèle ci-dessous, et dont un double sera immédiatement adressé au ministre de la guerre.

Exécution de la circulaire ministérielle du 19 juillet 1840.

INSTALLATION

D'UNE BRIGADE DE GENDARMERIE.

GENDARMERIE.

° LÉGION.

° COMPAGNIE.

PROCÈS-VERBAL.

Les soussignés (*nom et prénoms*), maire de la commune d... (*ou ville d...*), et (*nom et prénoms du commandant de la brigade*), brigadier (*ou maréchal des logis*) de gendarmerie, certifions que la brigade (*l'arme*) de gendarmerie créée a... par décision ministérielle du..., a été installée le... (*la date, le mois, ou aujourd'hui*), dans la maison affectée à son casernement et appartenant à... (*la commune, ou les nom et prénoms du propriétaire*), qui en a passé bail avec l'administration le...; pour.... (*durée du bail, 3, 6, 9, etc.*) années.

A...., le.... 18...

Circulaire du ministre de la guerre concernant les mesures relatives à la construction et à l'ameublement des écuries à l'usage de la gendarmerie.
(12 août 1841.)

Messieurs, une circulaire du 23 septembre 1840 prescrit, dans des vues de conservation et de salubrité, de nouvelles dispositions pour la construction et l'ameublement des écuries à l'usage des corps de cavalerie et d'artillerie.

Il importe qu'il soit fait application de ces dispositions au casernement de la gendarmerie. En conséquence, lorsqu'il s'agira, soit de placer une brigade à cheval dans une autre caserne, soit de la maintenir par un renouvellement de bail, dans celle qu'elle occupe, vous aurez à provoquer auprès de l'administration départementale les mesures nécessaires pour que l'écurie soit établie (autant que possible), de manière à présenter toutes les conditions de salubrité qui sont déterminées par la circulaire du 23 septembre ci-après.

Je vous recommande de veiller désormais à ce que les états descriptifs que vous m'adresserez indiquent avec précision la largeur, la longueur et la hauteur des écuries, ainsi que les divers détails sur les moyens d'aération et sur l'ameublement de ces écuries, afin que je puisse prononcer avec entière connaissance de cause et des lieux.

Circulaire du ministre de la guerre qui prescrit des dispositions pour l'amélioration des écuries dans les quartiers de cavalerie. (23 septembre 1840.)

Colonel, depuis plusieurs années, la nécessité de porter remède aux nombreuses pertes en chevaux de l'armée, lesquelles sont en grande partie causées par la morve, a fixé d'une manière toute particulière l'attention du ministre de la guerre, qui, dès le commencement de 1838, a chargé une commission spéciale de rechercher quelles étaient les causes qui propageaient la morve dans les corps de troupes à cheval, ainsi que dans les établissements de remonte, et quels seraient les moyens préservatifs à employer contre cette maladie.

La commission a étudié cette grave matière dans son ensemble et dans tous ses détails, et elle a formulé, à la suite de cette étude, plusieurs propositions que j'ai fait examiner contradictoirement sur tous les points de vue.

Après avoir pesé les diverses considérations qui devaient déterminer la solution des questions soulevées et les mesures à prendre pour l'amélioration de l'état actuel des choses, j'ai reconnu, en définitive, en ce qui concerne le service du casernement, que l'encombrement des chevaux dans les écuries, généralement trop peu aérées, avait dû contribuer à produire et à propager la morve; que la plupart de ces locaux ne présentaient pas toutes les conditions de salubrité que l'on doit chercher à y réunir, et enfin que l'ameublement des écuries pouvait également être amélioré. J'ai donc dû modifier les principes suivis jusqu'à ce jour, à ces divers égards, dans la construction des quartiers de cavalerie, et j'ai décidé que les bases ci-après seraient admises à l'avenir :

1° Lorsqu'il s'agira d'un projet d'ensemble, on devra, autant que possible, placer la totalité des chevaux d'un escadron dans un seul et même bâtiment, divisé par des murs de refend transversaux ou des cages d'escaliers, suivant les convenances de localité, en quatre écuries doubles de même capacité.

2° Toutes les fois que l'on aura la faculté de prendre des jours sur les deux façades des corps d'écuries, les chevaux seront placés tête à tête et séparés par une cloison longitudinale, laquelle, entre les piliers qui la consolideront, ne s'élevera pas plus haut que 30 centimètres au-dessus du couronnement du râtelier, de manière à laisser la plus grande circulation d'air entre les deux portions de l'écurie.

3° La largeur des écuries à un seul rang de chevaux, dites *écuries simples*, sera de six mètres dans œuvre; celle des écuries à deux rangs, dites *écuries doubles*, sera de 12 mètres quand les chevaux seront placés tête à tête, et de 10 mètres 40 centimètres quand, par l'exigence des localités et faute d'une largeur suffisante des bâtiments, on sera forcé de mettre les chevaux croupe à croupe.

Dans tous les cas, la hauteur sur le plafond devra être de 5 mètres.

4° Des portes destinées à procurer une ventilation longitudinale dans les écuries, pendant l'absence des chevaux, seront percées dans les murs de pignon et de refend transversaux. D'autres portes, destinées au service habituel pendant la présence des chevaux, seront établies dans les murs de façade. Si leur exposition au nord et des circonstances locales faisaient reconnaître la nécessité de couvrir ces dernières par des tambours pour préserver les chevaux de la brise ou des courants d'air, cette disposition pourrait être admise, et particulièrement pour les infirmeries, mais seulement comme exception et sur une proposition spéciale.

Les portes auront 2 mètres de largeur environ; leur hauteur sera de 2 mètres 60 centimètres au moins; mais lorsque, par une cause quelconque, on devra se tenir près de cette limite inférieure, il conviendra de remédier, s'il est possible, au défaut de décoration architectonique qui en résultera, en les surmontant d'une imposte ou autrement; un guichet sera établi dans un des ventaux.

5° Les fenêtres seront nombreuses: on devra chercher à en établir une de trois en trois chevaux. Le bas des fenêtres sera placé à 3 mètres du sol; elles s'ouvriront autour de leur arête inférieure et sur une surface de 1 mètre et demi carré, au moyen du mécanisme le plus simple possible; elles seront, de plus, garnies de volets en bois du côté du sud, lorsque cette disposition sera reconnue nécessaire en raison du climat et des localités.

Les embrasures des fenêtres seront descendues jusqu'au sol, afin d'augmenter l'espace intérieur, et aussi pour que ces embrasures puissent être utilisées pour le dépôt du harnachement. On y établira des crochets et des chevalets pour la suspension des selles, brides, bridons, etc.

C'est dans ces embrasures que l'on devra pratiquer, pour multiplier les moyens de sortir la litière pendant les journées non pluvieuses, quelques ouvertures, de 1 mètre de large et de 70 centimètres de hauteur, parfaitement closes.

6° Des ventouses supérieures ou cheminées d'appel seront établies d'après les nécessités reconnues dans chaque localité; elles doivent être placées au-dessus et dans l'axe des passages en arrière des chevaux, et se fermer à volonté.

On ne fera usage de ventouses inférieures que lorsque leur emploi paraîtra nécessaire, pourvu que les courants d'air froid qu'elles produiront ne puissent pas venir frapper les chevaux directement, de manière à les incommoder.

7° Le payage sera formé en grès, cailloux coupés ou autres pierres dures, les meilleures dans chaque localité; il sera posé sur une forme résistante, et garni dans tous les joints d'une matière imperméable et adhérente, telle que le mortier hydraulique, le ciment de Pouilly ou l'asphalte, suivant leur adhésion relative aux pavés mis en usage.

La pente du sol, à moins de circonstances tenant à une disposition particulière des rigoles ou à la nature des matériaux employés, sera de 2 centimètres par mètre. Cette pente est considérée comme un minimum; elle ne devra jamais dépasser 3 centimètres.

8° Les mangeoires seront en bois, en pierre dure ou en fonte, suivant la qualité et le prix de ces matières dans chaque localité; elles seront posées sur un massif en maçonnerie dont le parement aura, comme la face antérieure des mangeoires, une inclinaison en surplomb du cinquième, par rapport à la verticale. L'arête supérieure de cette face sera à 1 mètre 10 centimètres de hauteur au-dessus du sol.

Les mangeoires auront 20 centimètres de profondeur; leur largeur sera de 30 centimètres en haut et de 24 au fond. Celles en bois seront divisées par cheval, au moyen de séparations en planches; celles en pierre ou en fonte pourront n'être creusées que sur

60 centimètres de longueur, mais le massif sur lequel elles reposeront n'en sera pas moins continu, et s'élèvera, entre les portions creusées, à la hauteur totale de 1 mètre 10 centimètres.

9° Les râteliers ordinaires en bois continueront à être mis en usage; cependant l'emploi de corbeilles en fonte ou en fer creux pourra être autorisé, sur une demande spéciale, dans les localités où le prix de ces matières rendrait cette mesure avantageuse.

Le pied des fuseaux de râtelier doit être à 50 centimètres de hauteur au-dessus du plan supérieur des mangeoires.

10° Les anneaux de mangeoires seront supprimés et remplacés par un système d'attache qui, tout en laissant aux chevaux la liberté nécessaire pour se coucher et pour atteindre le fourrage placé dans le râtelier, suffit pour empêcher qu'ils mangent la ration de leurs voisins.

Ce système se compose 1° d'une barre de fer rond, courbée à ses deux extrémités, posée de haut en bas parallèlement à la face antérieure de la mangeoire, fixée au sommet de celle-ci et scellée en bas dans le massif en maçonnerie; 2° d'une chaîne en fer de 65 centimètres de longueur, y compris, à l'une de ces extrémités, un anneau qu embrasse la barre d'attache le long de laquelle il glisse, et à l'autre extrémité un T pour prendre l'anneau du licol.

Ce système sera à demeure dans les écuries, et fera partie du matériel du casernement.

11° L'espacement des chevaux sera de 1 mètre 50 centimètres.

12° Le nouveau mode d'attache adopté rendra le barrage des chevaux moins utile, puisqu'ils ne pourront plus mordre leurs voisins et atteindre la ration de ceux-ci ; mais, d'un autre côté, l'augmentation de l'espacement les exposant davantage aux coups de pieds, il y a nécessité, au moins, de barrer par un les chevaux de remonte et les chevaux vicieux ou inquiets. Cette dernière disposition sera appliquée à raison de vingt chevaux par escadron, jusqu'à ce que l'expérience ait permis de reconnaître si ce nombre suffit ou doit être augmenté, ou si enfin le barrage par un ne doit pas même être étendu à tous les chevaux.

Le barrage sera pratiqué au moyen de forts poteaux placés en arrière des chevaux, de trois en trois. Ces poteaux seront reliés par des traverses pour soutenir les cordes de suspension des barres.

13° On déterminera, d'après les localités et de manière à diminuer le moins possible les contenances, les places à réserver pour les gardes et pour les ustensiles d'écurie.

Tels sont les principes qui devront servir de bases dans la rédaction des projets de détails d'écurie.

La garniture en paille de l'extrémité de la barre est essentiellement utile pour arrêter les coups de pieds, sans donner lieu à un bruit qui souvent, lorsque cette précaution n'est pas prise, anime et excite les chevaux ; mais le soin de l'établir reste entier aux chefs de corps.

Le pavage est, en énéral, la partie défectueuse des écuries militaires ; leur perméabilité, en laissant pénétrer les urines dans le sol, donne lieu à des émanations pernicieuses pour la santé des chevaux ; leur irrégularité, en empêchant l'écoulement, augmente cet inconvénient et corrompt la litière ; elle occasionne aussi fréquemment des manques d'aplomb. Un bon pavé doit donc être imperméable, bien dressé et

17

exempt de fortes aspérités; il doit aussi ne pas être glissant. C'est ce que l'on a cherché à obtenir au moyen du mode de pavage indiqué pour les constructions neuves.

. . . .

Observations additionnelles.

Emplacement. Dans le choix d'un lieu pour l'emplacement ou l'assiette d'une écurie, il faut, autant que possible, ne pas loger les chevaux au rez-de-chaussée d'un bâtiment dont les étages supérieurs sont habités par l'homme, les émanations qui s'élèvent sans cesse de la litière étant toujours nuisibles. Le local doit être isolé afin de recevoir convenablement l'air et la lumière.

L'exposition la plus préférable dans le Nord de la France est le midi. Dans les pays méridionaux, il faut choisir l'est ou l'ouest.

Dimensions. Plus une écurie doit contenir de chevaux, plus aussi elle doit offrir de grandes dimensions; il ne faut pas moins de 40 mètres cubes d'air par cheval dans une écurie de 30 à 40 places. Au contraire, 35 mètres cubes d'air sont suffisants si le local ne doit contenir qu'une dizaine de chevaux.

Ouvertures. Les portes doivent être assez grandes et à deux battants, les fenêtres assez nombreuses pour permettre à l'air de se renouveler facilement et promptement. En hiver, on doit ouvrir de préférence celles opposées au vent, et, dans la belle saison, celles où il y a de l'ombre.

Si l'écurie est trop petite, mal située, on doit établir des cheminées d'appel qui livrent passage à l'air rendu léger et altéré par la chaleur et les émanations animales.

Litière. Elle sera bien entretenue, abondante et *permanente.* La corvée ne doit se faire que tous les huit ou dix jours, pendant les promenades : par ce moyen, les chevaux ne respirent pas les miasmes qui se dégagent du fumier lorsqu'on le remue. Les matières fécales ne devront pas séjourner dans l'écurie, elles seront enlevées le plus promptement possible, afin d'avoir constamment un local propre.

Température. La température doit être réglée de façon à avoir toujours une écurie inodore. Pendant les grands froids, la température des écuries descend à 4 ou 5 degrés centigrades. Lorsque, à l'extérieur, le thermomètre marque 0, on peut donner de l'air de façon à obtenir une température de 8 degrés centigrades. Quand l'air est lourd, humide, on peut tout ouvrir ; on ouvre moins de croisées lorsque l'air est sec et qu'il fait du vent. En général, moins il y a de chaleur dans une écurie, mieux se portent les chevaux qui y sont renfermés. L'air pur est sans contredit le meilleur préservatif de la morve et de toutes les affections des voies et des organes de la respiration.

En ajoutant à ces précautions hygiéniques une nourriture modérée et une saine stabulation, on prévient presque toujours les maladies auxquelles sont exposés les chevaux mal soignés.

Circulaire du ministre de la guerre qui indique la conduite à tenir à l'égard des militaires qui rentrent en état d'ivresse dans leur quartier. (30 décembre 1844.)

. . . .
. . . .

Je dois vous rappeler que les moyens les plus efficaces pour arriver à un résultat si désirable consistent principalement dans l'obligation que doit s'imposer le supérieur d'éviter tout contact avec le soldat ivre. Lorsque celui-ci rentre à la caserne, s'il ne se couche pas immédiatement, l'ordre doit être donné de le faire saisir *par ses égaux, et sans l'intervention d'un chef,* pour qu'il soit conduit à la salle de police. En agissant ainsi, il ne sera puni que disciplinairement, parce qu'il n'aura commis qu'une faute; tandis qu'avec la présence d'un supérieur, cet homme peut être entraîné, comme il n'arrive que trop souvent, à commettre envers ce dernier un délit dont les conséquences, sous le rapport de la pénalité, sont toujours déplorables. Dans toute autre circonstance, hors du quartier, quand l'intervention d'un chef est jugée nécessaire, il importe, d'après cette règle, que celui-ci se tienne, autant que possible, à distance du soldat ivre, pour ne pas être exposé à ses coups, et pouvoir cependant surveiller l'exécution des ordres qui lui ont été donnés.

Ces mesures de précaution sont autant dans l'intérêt de l'humanité que dans celui de l'armée, parce que, d'une part, il est pénible d'avoir à appeler la sévérité de la loi militaire sur des hommes dont le plus grand nombre serait incapable, à jeun ou dans une situation normale, de commettre les crimes ou délits pour lesquels ils sont condamnés; et, d'autre part, parce que l'Etat, si la loi recevait son entier effet, pourrait perdre de bons serviteurs.

. . . .

_____

Décision du ministre de la guerre relative aux honneurs à rendre aux officiers en tenue du matin ou revêtus du caban ou du manteau. (15 janvier 1847.)

Le pair de France, ministre secrétaire d'Etat de la guerre ;

Considérant que les honneurs à rendre aux officiers par les factionnaires, ne peuvent rigoureusement être imposés qu'en présence des insignes qui caractérisent et marquent le grade (c'est-à-dire de l'épaulette pour tous les corps de l'armée, sauf les neuf régiments de hussards et les zouaves et spahis d'Afrique) ;

Considérant que toute autre règle exposerait souvent le soldat à des fautes involontaires ;

Considérant que les marques de respect sont dues par tout inférieur à son supérieur, en toute situation, et que la supériorité de l'officier sur le sous-officier et le soldat est toujours suffisamment indiquée, soit en tenue du matin, soit avec le caban ou le manteau ;

A pris, le 15 janvier, la décision suivante :

« Les sentinelles ne sont point obligées de rendre les honneurs à l'officier en tenue du matin, ni en aucune autre tenue, quand elle est couverte du caban ou du manteau ; mais elles lui doivent les marques de respect. Ces marques de respect consistent, pour la sentinelle, à régulariser sa position, soit l'arme au bras, soit l'arme au pied, à garder l'immobilité et la main dans le rang quand l'officier est à portée, c'est-à-dire à six pas au moins.

« Ces marques de respect sont dues par toutes les sentinelles à tous les officiers sans distinction de corps ni de grade.

Note adressée par le ministre de la guerre à MM. les généraux commandant les divisions et subdivisions militaires, ainsi qu'aux chefs de corps de toutes armes, relativement aux mesures de précaution à prendre à l'égard des hommes ivres. (22 septembre 1849.)

L'examen des procédures concernant les militaires condamnés, soit à mort, soit à cinq ans de fers ou travaux forcés, pour des actes d'insubordination, m'a amené à reconnaître que les mesures de prudence indiquées par les circulaires des 30 décembre 1844 et 12 novembre 1832 n'étaient pas toujours observées, dans les corps, à l'égard des hommes ivres.

Ainsi, il arrive que des infractions à la discipline de peu d'importance, commises par des militaires pris de vin, dégénèrent en actes criminels, par la faute même de leurs supérieurs qui, s'écartant des voies de prudence que les instructions ministérielles leur ont tracées, agissent par *eux-mêmes* pour les faire rentrer dans l'ordre, et les contraindre à l'obéissance, au lieu de n'employer que de simples soldats.

Le ministre invite MM. les généraux commandant les divisions et subdivisions militaires, ainsi que les chefs de corps placés sous leurs ordres, à veiller à la stricte observation des dispositions des circulaires des

12 novembre 1832 et 30 décembre 1844, qui prescrivent aux militaires revêtus d'un grade, d'éviter avec soin de se commettre avec leurs subordonnés, lorsque ceux-ci se trouvent dans un état de nature à les empêcher d'apprécier la portée de leurs actions.

Extrait de la circulaire du 21 mai 1851.

Des difficultés assez nombreuses s'étant élevées en ce qui concerne les droits et les devoirs respectifs des autorités civile et militaire, et au sujet des dispositions ayant pour but d'assurer le maintien de la sécurité publique, soit par l'emploi de la force, soit par la présence de la troupe et l'envoi de détachements sur les points menacés, et ces difficultés ayant donné lieu à des réclamations et, parfois, à des conflits d'attributions et de pouvoirs, le ministre de l'intérieur a jugé utile de rappeler, d'une manière bien précise par une circulaire en date du 21 mai 1851, les règles qui doivent être suivies par l'autorité civile lorsqu'il s'agit de réclamer le concours de l'autorité militaire et l'intervention de la force publique.

La loi a laissé à l'autorité militaire, et à elle seule, tout ce qui se rattache à la discipline de la troupe et au commandement de l'armée; en aucune circonstance, les fonctionnaires de l'ordre civil, quel que soit leur rang hiérarchique, ne peuvent donner des ordres à la troupe; les termes de l'art. 17, titre III, de la loi du 10 juillet 1791 sont formels à cet égard, et ne sauraient recevoir une interprétation différente.

Mais le même article, aussi bien que les art. 9 et 16, imposent aux commandants militaires l'obligation

« de se concerter avec toutes les autorités civiles, à l'effet de procurer l'exécutif de toutes les mesures ou précautions qu'elles auront pu prendre pour le maintien de la tranquillité publique ou pour l'observation des lois, aussi bien que d'obtempérer à leurs réquisitions, toutes les fois qu'elles seront dans les cas prévus par les lois. »

De là cette règle claire et précise : l'autorité civile requiert l'autorité militaire de lui prêter son concours, et celle-ci obtempère à sa réquisition, en se réservant, sous sa responsabilité, *le choix des moyens nécessaires à l'exécution*.

Sauf les exceptions motivées par l'urgence, et dont il va être parlé, c'est à cet officier général, et non à ses subordonnés, que les réquisitions des préfets doivent être adressées; en effet, aux termes de la loi : « les officiers civils doivent remettre au commandant militaire une réquisition signée d'eux, dont les divers objets sont clairement expliqués et détaillés, et dans laquelle ils désignent l'étendue de surveillance qu'ils croient nécessaire. » Il résulte naturellement de ces expressions qu'on ne doit point se borner à des réquisitions verbales, mais qu'en adressant des réquisitions écrites, *l'autorité civile est tenue de donner les détails convenables sur la situation et sur l'étendue du danger*. Elle n'a pas à requérir tel ou tel nombre de soldats, tel détachement de telle arme ou d'une autre; l'autorité militaire apprécie seule ce que les circonstances réclament à cet égard : toutefois, rien ne s'oppose que, par voie de renseignement ou de simple conseil, le préfet n'indique son opinion sur la force numérique de la troupe qui devrait être employée sur les lieux, et sur sa composition. En agissant ainsi, il ne fait que se conformer à la loi qui, en matière de réquisition, enjoint aux officiers civils de désigner « l'étendue de surveillance qu'ils croient nécessaire. »

Il peut arriver que l'autorité militaire refuse d'obtempérer aux réquisitions de l'autorité civile; le cas échéant, le refus est constaté, et il en est référé au gouvernement lui-même qui avise. Le décret rendu le 7 juin 1848 par l'Assemblée constituante, sur les attroupements, veut qu'un roulement de tambour annonce l'arrivée de l'officier civil, et il ordonne à ce même magistrat, en cas de résistance, de faire disperser l'attroupement par la force. La loi ne suppose donc pas que le concours de la force militaire puisse manquer au magistrat qui le réclame.

Il est évident que l'obligation d'adresser les réquisitions de l'autorité civile au chef militaire qui commande le département, ne doit pas s'entendre dans un sens absolu : en cas d'urgence bien démontrée, en cas de trouble fâcheux, et lorsque les points où le désordre paraîtrait imminent seraient assez éloignés du chef-lieu de la division ou de la subdivision pour qu'on eût à appréhender d'aggraver la situation par des retards, dans toutes les circonstances analogues, le magistrat civil, investi du droit de réquisition, doit s'adresser directement au chef militaire le plus voisin. Il n'est pas douteux que les officiers auxquels de semblables réquisitions seraient adressées ne s'empressent d'y faire droit. Les instructions générales émanées du ministre de la guerre leur tracent, à cet égard, leurs devoirs.

Dans plus d'une circonstance, les préfets ou les maires, qui désirent des accroissements ou des changements de garnison, croient pouvoir s'adresser directement au ministre de la guerre. Cette correspondance est contraire aux règles de la hiérarchie ; c'est toujours par l'intermédiaire du ministre de l'intérieur que de semblables demandes doivent parvenir à l'administration de la guerre.

Enfin, les préfets, et encore moins leurs subordonnés ne disposent pas de la troupe, ils n'ont le droit d'exercer sur elle aucune espèce de commandement direct ; ils n'agissent que par voie de réquisition écrite et en faisant appel à son concours.

Circulaire du ministre de la guerre, aux chefs des légions de gendarmerie, rappelant qu'aux termes de l'art. 638 du règlement du 1ᵉʳ mars 1854, les gendarmes ne peuvent être distraits de leurs fonctions. (15 septembre 1854.)

Messieurs, le premier paragraphe de l'art. 638 du décret du 1ᵉʳ mars 1854 dispose formellement que « *les militaires de la gendarmerie ne peuvent être « distraits de leurs fonctions pour être employés à « des services personnels.* »

Cette disposition a été insérée en vue de faire cesser l'habitude prise par certains officiers de gendarmerie d'employer des militaires de l'arme à leur service personnel ou à celui des membres de leur famille.

L'habitude dont il s'agit a le double inconvénient de faire retomber sur des hommes déjà chargés de service celui de gendarmes que des convenances personnelles en font dispenser, et, d'un autre côté, de nuire essentiellement à la considération d'une arme dont la force principale réside dans l'autorité morale qu'elle est appelée à exercer.

Il arrive souvent aussi que les gendarmes qui sont ainsi distraits de leur service demandent à suivre les officiers qui les emploient, lorsque ceux-ci sont appelés à changer de résidence, et, si leur demande était accueillie, il en résulterait des mutations sans nombre, fort onéreuses pour le Trésor et stériles néanmoins pour le service de l'arme.

. . . .

Le Maréchal de France, Ministre de la guerre,

Signé : VAILLANT.

Circulaire du ministre de la guerre, aux chefs de légion de gendarmerie, relativement à la remise des procès-verbaux constatant les contraventions en matière de simple police. (7 juin 1851.)

Messieurs, l'art. 175 de l'ordonnance du 29 octobre 1820, sur le service de la gendarmerie, porte « que les officiers de l'arme transmettront aux commissaires de police et aux maires des lieux où de simples contraventions auraient été commises les procès-verbaux et renseignements qui concernent les prévenus de ces contraventions. »

J'ai été informé, à diverses reprises, des abus auxquels l'exécution de ces dispositions a donné lieu de la part des maires de quelques communes, qui paraissent avoir pris sur eux de ne donner aucune suite à des procès-verbaux dont l'envoi leur avait été fait par la gendarmerie.

En conséquence, et de concert avec le département de la just'ce, j'ai arrêté les dispositions ci-après :

« À l'avenir, les maréchaux des logis et brigadiers de gendarmerie exécuteront de la manière suivante la remise des procès-verbaux constatant de simples contraventions, en se conformant d'ailleurs aux prescriptions de l'art. 187 de l'ordonnance du 29 oct. 1820 (1).

« Une des deux expéditions de ces procès-verbaux sera transmise aux commissaires de police ou aux maires remplissant les fonctions du ministère public près les tribunaux de simple police; l'autre sera transmise aux commandants de lieutenance, qui devront communiquer tous les quinze jours aux procureurs de la République l'indication sommaire des contraventions, avec la date des procès-verbaux, ainsi que le nom des contrevenants et celui des fonctionnaires auxquels l'envoi aura été fait. »

Je vous charge de veiller à l'exécution de ces dispositions, qui ont pour objet d'assurer la répression des contraventions en matière de simple police, et d'éviter le retour des abus qui m'ont été signalés.

Le Ministre de la guerre,
Signé : RANDON.

Circulaire du ministre de la guerre prescrivant aux militaires de la gendarmerie de se servir de leurs armes quand leur personne est menacée. (30 novembre 1853.)

Général, depuis quelque temps, les attentats contre

---

(1) Voir l'art. 405 du décret du 1er mars 1854.

la gendarmerie se multiplient d'une manière déplorable.

Le braconnier surpris en flagrant délit de chasse, le prévenu sur le point d'être arrêté, n'hésitent pas à mettre le gendarme en joue, et celui-ci, en marchant résolûment sur l'individu qui le menace, reçoit souvent la mort pour prix de sa confiante générosité. Quelquefois, le coup qui le frappe fait, en même temps, une veuve ou des orphelins.

Je sais que la modération avec laquelle les gendarmes s'acquittent de leurs fonctions, est l'un des éléments les plus solides de l'autorité morale dont ils jouissent. Cette modération prend surtout un caractère particulier de grandeur et de force, quand elle se manifeste au milieu des périls; mais il est évident qu'elle enhardit le crime, et qu'elle est la cause principale des pertes nombreuses éprouvées par la gendarmerie.

Je dois me préoccuper de l'existence si précieuse de tant de braves gens, plus qu'ils ne le font eux-mêmes.

Pour que le but que je me propose soit atteint, les généraux divisionnaires devront rappeler aux chefs de légion que les gendarmes ont des armes pour faire exécuter les lois, et qu'ils doivent s'en servir dès que la sûreté de leur personne est sérieusement compromise. Ils inviteront les chefs de légion à donner des instructions dans ce sens, en transmettant aux officiers sous leurs ordres copie de la présente circulaire.

Je connais assez l'esprit qui anime les militaires de la gendarmerie pour être assuré que, tout en se conformant aux recommandations qui vont leur être adressées, ils sauront en faire application avec la modération qui est le caractère essentiel de l'arme, et avec opportunité.

Vous m'accuserez réception de la présente.

Recevez, etc.

> Le Maréchal de France, Ministre de la guerre,
> Signé : A. DE SAINT-ARNAUD.

Circulaire du ministre de la guerre, aux chefs de légion de gendarmerie, portant que les gendarmes chargés d'escorter les convois de poudre dirigés par chemins de fer ont droit au voyage gratuit pour aller et revenir. (25 mars 1854.)

Colonel, la gendarmerie est souvent requise pour fournir des escortes aux convois de poudre dirigés par chemins de fer; et ce service, qui est réglé par des traités, a cependant quelquefois donné lieu à des difficultés.

Ainsi, des agents de certaines compagnies n'ont pas voulu accorder le passage gratuit à des gendarmes qui, après avoir achevé leur mission d'escorte, avaient à revenir à leur résidence.

J'ai écrit à ce sujet à M. le ministre des travaux publics, qui vient, par une circulaire du 18 de ce mois, de rappeler à MM. les administrateurs des lignes de chemins de fer les obligations qui leur sont imposées.

> Le Ministre de la guerre,
> Signé : VAILLANT.

---

*Circulaire du ministre de la guerre, aux chefs de
légion de gendarmerie, relative aux formalités que
doivent remplir les huissiers lorsqu'ils ont à exercer
leur ministère dans une caserne de gendarmerie.*
(6 novembre 1855.)

Colonel, j'ai été consulté sur la question de savoir
si un huissier peut s'introduire dans une caserne de
gendarmerie pour y exercer les poursuites qui ressor-
tissent à son ministère.

Aux termes de l'art. 12 du règlement du 17 août
1824, les personnes étrangères à l'armée ne peuvent
pénétrer dans les bâtiments militaires, sans une permission de l'autorité militaire.

En conséquence, pour pénétrer dans une caserne
de gendarmerie, tout officier ministériel doit, préalablement, demander un permis au commandant de la
compagnie de gendarmerie. Avant de déférer à la demande, le commandant de gendarmerie aura le soin
de s'entourer des renseignements nécessaires, afin de
s'assurer que la saisie peut avoir un résultat utile, et
que ce n'est pas un prétexte pour troubler un établissement militaire ou reconnaître ses dispositions
intérieures.

L'officier ministériel, une fois muni de ladite permission, aura entrée dans la caserne pour signifier
tous actes et même procéder à la saisie des effets
mobiliers appartenant au gendarme débiteur, à l'exception, toutefois, de ceux déclarés insaisissables par
l'art. 592 du Code de procédure.

Donnez des instructions dans ce sens à vos subordonnés.

Le Maréchal de France, Ministre de la guerre,

Signé : VAILLANT.

*Décision du ministre de la guerre indiquant comment
doivent être remplacés les membres absents des conseils d'administration des compagnies de gendarmerie. (31 janvier 1856.)*

Des doutes se sont élevés sur la question de savoir
comment il doit être suppléé à l'absence d'un ou de
plusieurs membres des conseils d'administration des
compagnies de gendarmerie (*pour les cas qui n'admettent pas la coopération des sous-officiers, brigadiers et gendarmes*), lorsque le nombre des officiers
présents au chef-lieu de la compagnie se trouve réduit à deux ou même à un seul.

Dans le but de faire cesser toute incertitude à ce
sujet, et afin de prévenir les inconvénients qui pourraient résulter de l'ajournement des délibérations des
conseils d'administration, le maréchal ministre secrétaire d'Etat de la guerre a pris, le 31 janvier courant,
la décision suivante :

Lors des vacances d'emploi, ou en cas d'absence
par congé ou maladie d'un des trois officiers faisant
partie des conseils d'administration des compagnies de
gendarmerie, les chefs de légion sont autorisés à détacher au chef-lieu des compagnies le plus ancien
capitaine commandant d'arrondissement.

Si un conseil d'administration est incomplet par
suite de l'absence simultanée du chef d'escadron et
d'un autre officier du chef-lieu, il est détaché, indépendamment du capitaine chargé du commandement
provisoire ou intérimaire de la compagnie, un second
officier commandant d'arrondissement.

Enfin, si le chef d'escadron et le trésorier sont absents en même temps, et s'il arrive que le capitaine
du chef-lieu soit investi du commandement de la com-

pagnie, il y a lieu, pour assurer les délibérations, de détacher deux officiers.

Les déplacements dont il s'agit ne doivent être ordonnés que dans des cas urgents et sur une proposition spéciale faite au chef de légion par le sous-intendant militaire chargé de la surveillance administrative de la compagnie de gendarmerie.

Les officiers détachés au chef-lieu d'une compagnie pour assister à une délibération du conseil d'administration ne peuvent y séjourner après la clôture de cette opération. Ils doivent retourner le jour même à leur poste, ou le lendemain au plus tard.

———

Circulaire du ministre de la guerre, aux chefs des légions de gendarmerie, relative à la destination à donner aux folios de punitions des militaires rayés des contrôles. (1er mars 1856.)

Messieurs, mes circulaires des 29 novembre 1855 et 16 janvier dernier, relatives aux folios mobiles de punitions, ne contiennent aucune prescription à l'égard des folios des militaires de la gendarmerie qui sont rayés des contrôles pour une cause quelconque. (*Démission, retraite, réforme, réintégration dans les corps de la ligne ou décès.*)

Ces documents ne sauraient disparaître, car il peut être utile de les consulter dans certaines circonstances, lorsque, par exemple, l'homme démissionnaire ou réformé sollicite sa réadmission. A cet effet, il m'a paru opportun d'arrêter les dispositions suivantes pour les différents cas dans lesquels se trouvent les militaires rayés des contrôles :

1° *Démission ou réforme par mesure disciplinaire.* Dès que la radiation d'un homme est prononcée, les folios de brigade, d'arrondissement, de compagnie ou de légion sont réunis et placés dans le dossier de ce militaire aux archives de la compagnie, et ils ne doivent être détruits qu'après quinze ans, selon les termes de la note ministérielle du 2 octobre 1837. Cette disposition ne dispense pas la compagnie de l'extrait (n° 24 *ter*) qui doit être adressé au ministre à l'appui de toute proposition de démission ou de réforme, et qui reste dans le dossier de l'homme aux archives de la guerre.

Si le militaire placé dans cette catégorie vient à être réintégré, les folios qui le concernaient sont de nouveau employés pour l'inscription de ses punitions pendant sa nouvelle période d'activité;

2° *Retraite, réforme pour infirmités.* Les folios sont également placés au dossier individuel conservé à la compagnie, sauf l'un d'eux qui est adressé au ministre, après radiation de l'homme, pour être conservé dans les archives;

3° *Réintégration dans les corps de la ligne.* Le folio de compagnie est adressé au corps avec les autres pièces qui intéressent l'homme réintégré. Les autres folios sont conservés jusqu'à l'époque ci-dessus déterminée pour leur destruction;

4° *Décès.* Les folios sont conservés à la compagnie jusqu'à la même époque.

Le *Maréchal de France, Ministre de la guerre,*

Signé : VAILLANT.

Circulaire du ministre de la guerre, aux chefs des légions de gendarmerie, relative à l'enregistrement des procès-verbaux constatant des contraventions à la grande voirie et à la police du roulage. (2 mars 1857.)

Messieurs, l'art. 491 du décret du 1er mars 1854 dispose, à propos des procès-verbaux *qui sont de nature à donner lieu à des poursuites judiciaires*, que les gendarmes les font enregistrer, s'il se trouve un bureau d'enregistrement dans le lieu de leur résidence, et que, dans le cas contraire, l'enregistrement a lieu *à la diligence du ministère public* chargé des poursuites.

Cette disposition n'est pas applicable aux procès-verbaux constatant des contraventions à la grande voirie et à la police du roulage, et dont les procureurs impériaux n'ont pas à s'occuper, puisqu'ils n'entraînent que des poursuites administratives. Il en résulte que, dans les localités où il n'existe pas de bureau d'enregistrement, les gendarmes seraient astreints à des déplacements nuisibles au service et onéreux pour eux, ou exposés à l'inconvénient de voir frapper leurs actes de nullité, faute de les avoir fait enregistrer en débet dans les trois jours, comme le prescrivent les art. 19 de la loi du 30 mai 1851 et 493 du décret du 1er mars 1854. Mais, d'un autre côté, la loi ne s'oppose pas à ce que, dans le cas dont il s'agit, l'enregistrement soit effectué, au besoin, par un intermédiaire compétent. Il est donc évident que, pour les procès-verbaux rapportés en matière de police du roulage, cette formalité peut être remplie par les commandants d'arrondissement, qui reçoivent toujours lesdits procès-verbaux et sont chargés de les transmettre aux sous-préfets.

Cette solution étant de nature à prévenir des difficultés, il m'a paru indispensable de la porter à la connaissance de tous les officiers, sous-officiers, brigadiers et gendarmes. Vous voudrez bien la notifier aux commandants de compagnie de votre légion, en les chargeant de prescrire les mesures nécessaires pour que les militaires sous leurs ordres s'y conforment ponctuellement.

———

Le ministre de la guerre, par une circulaire du 30 août 1860, rappelle les dispositions de celle du 21 août 1854.

Colonel, l'art. 539 du décret du 1er mars 1854, en laissant aux conseils d'administration des compagnies de gendarmerie le soin de délivrer aux sous-officiers, brigadiers et gendarmes des permissions de mariage, prescrit à ces conseils de s'assurer que la future possède des ressources suffisantes pour ne pas être à la charge du militaire qui désire l'épouser. Si la quotité de ces ressources n'a pas été précisée dans le décret, c'est que les conditions à exiger pour garantir le bien-être d'un ménage peuvent varier suivant les localités, suivant la profession de la future et suivant les avantages que sa position de famille lui assure. Il se peut aussi que le militaire ait pour lui-même ou par sa famille des ressources qui lui permettent une alliance peu avantageuse, au point de vue matériel, mais convenable à tous autres égards ; que la future ne fasse, quant à présent, aucun apport et qu'elle justifie d'espérances qui assurent l'avenir. Dans ces différents cas, la réalisation d'une somme d'argent déterminée ne doit pas être exigée comme condition absolue de la permission de mariage. Ce qu'il importe principalement aux conseils d'administration d'apprécier, c'est si l'alliance projeté n'est pas de nature à nuire à la considération personnelle du militaire ou à augmenter ses charges de manière à le mettre dans l'obligation de contracter des dettes.

Le Maréchal de France,   Signé : VAILLANT.

FIN DU TRAITÉ ÉLÉMENTAIRE DES FONCTIONS DE LA POLICE JUDICIAIRE, ADMINISTRATIVE, MUNICIPALE, etc.

Vᵉ PARTIE.

MÉLANGES

OU

SIMPLES APERÇUS HISTORIQUES

PORTANT SUR DES OBJETS DIVERS (1).

GENDARMERIE ANCIENNE.

Le mot gendarmerie est une expression générale sans signification déterminée, appliquée, suivant les époques, à différentes troupes armées, et dont les écrivains qui l'ont mentionnée n'ont eu en vue que le temps où ils vivaient, et par conséquent n'ont écrit qu'un chapitre de l'histoire de ce mot, laissant ainsi l'ensemble des pages confus et inintelligible. — Aussi

---

(1) Après avoir traité dans les cinq parties précédentes de matières sérieuses, l'auteur a pensé être agréable à ses lecteurs en terminant son volume par quelques aperçus historiques purement élémentaires, de nature à captiver leur attention. Puisse-t-il avoir été assez heureux pour toucher favorablement la fibre de ses anciens frères d'arme.

croyons–nous devoir prendre pour guide le savant général Bardin : Les vieux auteurs ont écrit gens d'armerie (*gens armata*); gens d'armes (1) c'était une locution estropiée et barbare dont l'usage a repétri en un mot concret la périphrase et prononcé la légitimation :

« Trompés par la similitude des noms, quelques personnes confondent, à tort, l'ancienne gens d'armerie de France avec notre moderne gendarmerie. Les gendarmes (2) d'autrefois formaient le premier corps de cavalerie, puis à la création de corps de cavalerie spécialement attachés au service du Roi, ils marchaient immédiatement après ces corps, dits de la maison du Roi.

Le premier corps de cavalerie réglée remonte à Charlemagne et prit le nom de gens d'armerie formée en escadrons (le mot escadron vient du mot *Ile* en grec), elle se composait de noblesse; elle combattait sur un rang, les nobles ne voulant pas être au combat derrière. Cette cavalerie fut même seule comme troupe réglée jusqu'à Louis XII.

La gendarmerie s'illustra durant les guerres de son temps; l'Italie tout entière a retenti du bruit de ses armes, et lorsque, plusieurs siècles après, un *jeune et puissant capitaine* vint y renouveler les prodiges d'Annibal, les échos de la Brenta, du Pô et de l'Adige, redisaient encore les exploits de la vieille gendarmerie française. Nos soldats républicains retrouvèrent ses traces glorieuses sous les murs de Milan, près des lagunes de Venise, et dans les palais de l'antique Par-

---

(1) On a écrit gens d'armes jusqu'au siècle de Louis XIV.

(2) On adoptera dans cette courte notice l'orthographe nouvelle : *gendarme, gendarmerie.*

théñope, qui deux fois servit de joyaux à la couronne de France. Compulsons rapidement les pages de ses annales militaires.

A Formigny, en 1450, quelques centaines de gendarmes français fondent avec impétuosité sur quatre mille Anglais commandés par Thomas Kyriel, les culbutent, les mettent en déroute et font leur chef prisonnier. Cet exploit, qui acheva d'expulser les Anglais de la Normandie, causa une joie universelle; il y fut célébré par des processions solennelles, etc.

A Fournoue, en 1492, ce fut la gendarmerie qui ouvrit aux débris de l'armée de Charles VIII le chemin de la France qu'elle n'espérait plus revoir. En effet, l'Italie méridionale tout entière s'était levée pour arrêter la marche de nos bataillons.

Les défilés des Apenins étaient gardés, et à Pontremoli il fallut traîner à force de bras une lourde artillerie. Les gendarmes français donnèrent l'exemple en s'attelant aux pièces, et parvinrent, après d'incroyables efforts, à la sortir de ces sentiers.

A Agnadel, c'est une dernière charge de gendarmerie qui brisa les lignes vénitiennes. Au moment de fournir cette attaque décisive, les généraux de Louis XII voyant la journée avancée et les ennemis inébranlables dans leurs positions, lui adressèrent cette question : Où coucherons-nous, sire? — Sur le ventre des ennemis, répond le Roi; et il se tourna vers la gendarmerie qui, sur un signe, s'élança tête baissée dans les rangs des Vénitiens. Le général Alvicennes fut fait prisonnier; quinze mille ennemis tués et trente-six pièces de canon furent les trophées de cette victoire.

Pendant le siége de Padoue, Bayard, le chevalier

sans peur et sans reproche, avait dans sa compagnie de gendarmes un jeune homme de seize ans nommé Bouthières; il s'était, pendant le combat, mesuré corps à corps avec un officier albanais, de la cavalerie légère ennemie, d'une taille extraordinaire, et l'avait fait prisonnier. Il vint le présenter à l'empereur Maximilien, allié des Français. Surpris de la disproportion des forces entre le français et l'albanais, le premier dit à celui-ci qu'il s'émerveillait qu'un grand colosse comme lui se fût laissé prendre par un enfant. Le Grec, plus honteux du reproche que de sa défaite, dit qu'il avait cédé au nombre et qu'il avait été saisi par quatre cavaliers. Lapalice et Bayard étaient présents. — Entendez-vous ce qu'il rapporte? dit ce dernier à Bouthières; cela est contraire à votre récit et touche à votre honneur.

Aussitôt le jeune gendarme, jetant sur son captif un regard foudroyant : *tu mens*, lui dit-il, *et pour prouver que je t'ai pris moi seul, remontons à cheval et je vais te tuer ou te faire crier quartier une seconde fois.*

L'Albanais refusa honteusement.

A Brescia, en 1511, la gendarmerie française, ayant pour général le brillant duc de Nemours, se précipita sur les retranchements, les escalada et entra la première par la brèche dans les murs de cette ville. Au moment où les tambours battent, où les clairons sonnent, la gendarmerie du duc de Nemours, l'armet en tête et la cuirasse sur le dos, s'élance de tous côtés sur les remparts ennemis. Le combat est sanglant et opiniâtre. Bayard était là aussi, animant ses gendarmes par son exemple et ses paroles, lorsqu'il reçut un coup de pique qui lui traversa la cuisse; on le crut mort : *Allons, mes amis! mes camarades!* cria le duc de Nemours, *allons venger la mort du plus accompli chevalier qui fut jamais*. Il dit et saute dans les retranchements ; les gendarmes le suivent, ils enfoncent l'ennemi, le poursuivent dans la ville et triomphent !

Bayard survécut à sa blessure ; mais lui, l'intrépide jeune homme, fut tué quelques jours après sous les murs de Ravenne, après avoir dispersé la cavalerie ennemie. On le trouva sous un monceau de cadavres de ses gendarmes ; son armure était brisée et il avait encore un tronçon d'épée à la main.

A Guinégate, la gendarmerie française fit des prodiges de valeur, et avait gagné la victoire, lorsque les fantassins, trop avides de butin, quittèrent imprudemment leurs positions pour piller le camp ennemi, et changèrent ce succès en revers.

A la tête de quelques gendarmes, Bayard soutint les efforts de plusieurs corps considérables ; voyant qu'il faut céder à la force et se rendre, il le fait d'une manière sage et hardie. Il aperçoit de loin un gendarme ennemi, richement armé, qui, croyant la journée victorieuse pour les sie-us, s'était jeté aux pieds d'un ar bre pour se reposer et avait quitté son casque ; il pique droit à lui, saute de son cheval, et lui appuyant l'épée sur la gorge : *rends-toi, homme d'armes*, lui dit-il, *ou tu es mort*. L'Anglais pensant qu'il est venu du renfort aux França's se rend sans faire de résistance.

A cette même journée, Chabannes de la Palice, qui combattait à la tête de la gendarmerie, fut fait prisonnier au milieu d'une sanglante mêlée. Sa compagnie fut dispersée et mise en fuite. Mais à peine ses gendarmes se furent-ils aperçus que leur chef était tombé au pouvoir de l'ennemi, qu'ils se rallièrent, revinrent au combat et reprirent leur général.

Un épisode non moins glorieux pour la gendarmerie

est celui-ci : A la bataille de Novare, le brave Robert de la Marck, capitaine d'une compagnie de cent gendarmes, apprend que ses deux fils, tout couverts de blessures, ont été laissés parmi les morts. Il ne veut pas, le vieux capitaine français, que morts ou vivants, ils restent entre les mains des Suisses qui combattaient alors contre nous. Il marche droit à l'ennemi, avec ses gendarmes, renverse tout devant lui et parvient jusqu'au lieu où ses deux enfants nagent dans le sang. A cette vue, sa fureur redouble et lui prête de nouvelles forces ; il charge l'aîné de ses fils sur son cheval, met l'autre sur celui d'un de ses gendarmes, et une seconde fois il se fait jour au travers de l'infanterie helvétienne. (*Mémoires de du Bellay*.)

Elle fut sublime à Marignan, cette vieille gendarmerie royale, et la victoire fut son œuvre. Après une longue journée de combat contre la redoutable infanterie suisse, telle, dit le vieux maréchal Trivulce, que les dix-huit batailles auxquelles il avait assisté ne lui paraissaient qu'un jeu d'enfant, les gendarmes français ne s'arrêtèrent que lorsque leurs bras ne purent plus manier la lance. Harassés de fatigue, ils se couchèrent l'épée au poing et côte à côte avec les soldats du cardinal de Sion. Mais aux premières lueurs du jour, ils recommencèrent l'attaque avec une impétuosité si grande que les rudes montagnards suisses abandonnèrent en frémissant le champ de bataille, où dix mille des leurs étaient tombés morts ou mutilés. A neuf heures la victoire était décidée, et François 1er en attribuait hautement les résultats à sa gendarmerie.

Lorsque, après le traité de 1516, les Suisses furent redevenus nos alliés, ils avaient conçu une telle idée de la gendarmerie française à cette journée de Marignan, qu'ils ne voulurent plus marcher au combat ni monter à l'assaut sans être appuyés par elle. En sorte que durant toute la période des guerres de François Ier et de Henri IV, les gendarmes français et les Suisses formèrent presque toujours brigade ensemble.

A la Bicoque, cette erreur du maréchal Lautrec, la gendarmerie se dévoua pour le salut de l'armée et sortit toute mutilée du combat, mais elle fit expier cher aux ennemis la faute de leur général.

A la bataille de Rebec, c'est la gendarmerie qui formait l'arrière-garde sous les ordres de Bayard. Jamais peut-être l'armée française ne s'était trouvée dans une circonstance plus critique; car elle était poursuivie l'épée dans les reins par des forces supérieures, et, pendant une retraite difficile, elle avait à lutter contre le connétable de Bourbon et le marquis de Pescaire. Bayard avec sa gendarmerie ne désespéra pas du salut de l'armée. Il résista longtemps, dirigea ses troupes avec habileté, combattit avec un courage qui firent dire de lui, dans cette circonstance, qu'il avait les trois qualités qui forment un grand capitaine : *assaut de lévrier, défense de sanglier* et *fuite de loup.* — Malheureusement, le brave chevalier fut atteint d'un coup de feu qui lui brisa les reins; il mourut à quarante-huit ans, ce capitaine des gendarmes qu'on avait surnommé le chevalier sans peur et sans reproches; il mourut comme était mort son trisaïeul, tué à la bataille de Poitiers, son bisaïeul, tué à Azincourt, et son père mortellement blessé à la *journée des éperons*.

Du reste, cette hérédité du courage, du dévouement et de la gloire, n'est pas rare dans notre armée. Nous pourrions choisir une pauvre famille de France, obscure dans quelque province lointaine, et dont l'aïeul mourut à Rosbach ou à Valmi, le père à Austerlitz ou à la Bérésina, le fils à Waterloo, et le petit-fils sur la brèche de Constantine, sur le point culmi-nant de Malakoff ou à Solferino.

Au moment de repasser les monts d'Italie, et de commencer cette campagne dont le dénouement fut la fameuse journée de Pavie, François I⁰ʳ énumérant les forces de son armée, disait : *quant à ma gendarmerie, je croirais lui faire injure si je la mettais en parallèle avec celle de l'Empereur.* Durant cette sanglante journée, la gendarmerie soutint sa réputation ; le chif-fre de 7,000 hommes qu'elle perdit répond victorieu-sement à ce qu'en ont pu dire quelques historiens.

La gendarmerie se retrouve sur tous les champs de bataille de cette époque. Dans les derniers jours du règne de François I⁰ʳ, elle défendit le sol de la patrie contre l'invasion étrangère, elle signa la victoire de Cérisolles, et à Boulogne elle rougit le fer de ses lan-ces des Anglais et du duc de Norfolk. Sous Henri II, elle s'immortalisa à Renty. Pendant la guerre de re-ligion, elle combattit à Jarnac, Moncontour, à Dreux, à Saint-Denis, etc. Nous rappellerons encore un trait qui mérite d'être inscrit dans les annales de la gen-darmerie française.

Au siége de Renty, formé par Henri II, défendu par Charles-Quint, on en vint aux mains, les pre-mières charges furent funestes aux Français ; les Im-périaux durent ce succès aux reitres (1) troupe de cavaliers allemands si redoutable alors, que l'on appe-lait les diables noirs. Cette cavalerie était si sûre de

_____

(1) On appelait REITRES les GENS D'ARMES levés en Al-lemagne ; c'étaient des stipendiaires peu estimés, et com-battant surtout du pistolet. Ils ont presque tous péri à la bataille d'Auneau où ils étaient au service de Henri IV.

vaincre les gendarmes, que déjà elle avait fait peindre sur ses enseignes des allégories outrageantes pour ce corps. Mais Tavannes leur fit payer cher cette rodomontade. Il attaqua à la tête de sa compagnie de gendarmes les reîtres avec une telle intrépidité, qu'il les mit dans la plus sanglante déroute et leur enleva leur insolente cornette ; leur fuite détermina celle de l'armée impériale.

À l'occasion de cette éclatante victoire, le Roi récompensa dignement le brave capitaine Tavannes sur le champ de bataille. La gendarmerie eut elle-même la plus grande part des faveurs que le Roi accorda dans cette circonstance mémorable.

Sous Henri IV, les cuirassiers ou gendarmes étaient armés de pistolet et de l'épée qui se portait avec le baudrier. Ce corps n'avait rien conservé de l'armure des anciennes compagnies d'ordonnance. En 1672, un seul régiment de gendarmerie conservait la cuirasse.

Au commencement du xviie siècle, Louis XIV fit reprendre la cuirasse à toute la cavalerie.

On voit encore à l'attaque de Senef, en 1774, le corps de la gendarmerie se distinguer d'une manière toute particulière dans une charge qu'elle fit sous les yeux du prince de Condé, charge qui le rendit maître d'un défilé par où l'armée espagnole commandée par le prince d'Orange devait se retirer.

Ici se termine la rapide analyse que nous avons faite de notre ancienne gendarmerie qui s'illustra sur tous les champs de bataille et eut une large et glorieuse part le tous nos grands faits d'armes.

Louis XIV, qui apporta de notables changements dans la constitution de l'armée, abolit tous les gendarmes au service des princes par un sentiment qu'il est facile de comprendre, et créa une gendarmerie de sa maison qui ne forma plus, jusqu'en 1780, qu'une poignée de cavaliers divisés en quelques compagnies faisant partie de la garde du souverain.

Plusieurs écrivains remarquent à ce sujet que depuis les Romains, c'est la première institution d'une troupe destinée à former réserve d'une manière permanente. En effet, l'effectif actuel des gendarmes montés (14,246) offre une ressource immense dans un temps de crise où l'augmentation de la cavalerie doit être spontanée.

MARÉCHAUSSÉE. — GENDARMERIE MODERNE.

Les anciens gendarmes créés par Charlemagne, seule cavalerie réglée jusqu'à Louis XII, et connus depuis sous le nom de *gens-d'armes* jusqu'à Louis XIV, n'étaient point une magistrature armée comme notre gendarmerie d'aujourd'hui; elle était seulement belligérante.

Ce n'est donc pas dans les fastes de cette gendarmerie qu'il faut rechercher l'origine de la gendarmerie actuelle; c'est dans la *maréchaussée* de l'ancienne monarchie, c'est même dans les siècles antérieurs à l'établissement des Francs dans les Gaules.

Tertullien nous apprend que les Romains avaient établi des stations militaires dans toutes les provinces de leur vaste empire : espèces de brigades mobiles qui obéissaient aux ordres des magistrats et réprimaient le brigandage.

Dans les Gaules, le service de cette troupe était simple; les habitants, plutôt soldats des rois, ne con-

naissaient que deux crimes : la *lâcheté* et la *désertion.*
Tout le reste se rachetait par de légères amendes.

L'existence de la maréchaussée ou gendarmerie
actuelle, ou d'institutions analogues se confond avec
l'origine des sociétés; on a senti la nécessité de former
un corps armé destiné à protéger la majorité des
citoyens contre les entreprises d'une minorité turbu-
lente et désorganisatrice (1).

On prétend, selon certains historiens, que les scythes furent les premiers archers chargés de faire la
police chez les Athéniens et d'exécuter les ordres des
magistrats de cette cité.

Le mot *maréchaussée* a une expression commune
avec l'expression *maréchal*. On lit dans le *Traité de
police* que, dans les Gaules, les Romains tenaient,
de lieue en lieue, des postes chargés de la répression
du brigandage ; c'était un genre de maréchaussée. De
tout temps, en France, le *grand sénéchal*, le *connétable*, les *maréchaux* ont eu sous leurs ordres des
hommes d'armes ou des troupes plus ou moins analogues aux corps de la maréchaussée, et qui s'étaient
nommés *sénéchaussée* et *connétablie*. — Successivement, François Ier, Charles IX, Louis XIII ont
institué des corps qui se sont fondus dans la maréchaussée. Plusieurs ordonnances rendues par ces
monarques mentionnaient la *maréchaussée* et la *connétablie* comme la *justice* ou la voie de répression exercée par les maréchaux, leurs lieutenants, à la table de

---

(1) Il fallut des hommes pour juger et d'autres hommes
pour faire exécuter les jugements. Ce fut la création véritable de la maréchaussée, quelle qu'ait été la dénomination
donnée à ces hommes.

marbre, et leurs prévôts, *sur les gens de guerre en garnison et aux champs.*

Les troupes d'*archers* de la prévôté, les diverses compagnies d'archers qui existaient en 1520, ont été la souche de la maréchaussée réorganisée par l'édit de mars 1720 (1).

Le nom de *maréchaussée,* affecté à une *juridiction* et synonyme de droit ou justice des maréchaux, amena le nom de *cavalier* de la maréchaussée, et, par syncope, celui de maréchaussée devenu la dénomination de la troupe.

La *maréchaussée* se recrutait parmi d'anciens militaires, de vieux sous-officiers ayant honorablement servi dans les régiments de cavalerie; ils pouvaient, après en avoir fait partie pendant vingt ans, être admis à l'Hôtel des invalides avec un rang qui les assimilait à la gendarmerie de la maison royale.

On appelait à cette époque, comme aujourd'hui, *prévôté,* la troupe de maréchaussée qui, à l'armée, était chargée de la police du quartier général.

Les fonctions primitives de la maréchaussée consistaient à battre la campagne pour surveiller les malfaiteurs. Une ancienne ordonnance veut qu'elle fasse des chevauchées par les champs sans demeurer esvilles, et nétoie les pays de leurs establissements de voleurs et vagabonds.

Sous Louis XV, ses fonctions la classaient en

---

(1) Napoléon, en Egypte, imita certains archers de l'antiquité en créant le régiment des dromadaires. Les archers à pied ont figuré chez presque toutes les nations; en France, cette milice mercenaire se composait de Génois, d'Italiens. La France ne commença à avoir des archers nationaux à pied que sous Charles VII.

général dans l'armée sédentaire. Cependant des troupes de maréchaussée faisaient campagne sous les ordres des prévôts.

En temps de paix, les congés de semestre étaient soumis au visa des chefs de la maréchaussée. En tout temps elle exerçait une surveillance particulière sur les hommes à *cartouches jaunes*. Les corps en route dans l'intérieur étaient flanqués et suivis par des cavaliers de maréchaussée, qui se relevaient de résidence en résidence, pour réprimer, au besoin, les désordres commis par les *traînards*.

Le corps de la maréchaussée a été subordonné à des inspecteurs généraux, au nombre de trois; c'étaient des *mestres de camp* (colonels); elle était commandée par de *grands prévôts* (c'étaient de simples chefs d'escadron); elle avait des *officiers d'épée*, de *robe courte* et des *exempts*.

La maréchaussée, supprimée en 1790 et recréée à l'instant même par l'Assemblée constituante, sous le nom de *gendarmerie nationale départementale*, ne tarda pas à inaugurer brillamment sa nouvelle dénomination comme force publique à l'intérieur et comme vertu guerrière aux armées. Elle se distingua d'une manière toute particulière à Jemmapes, où elle eut sa part de gloire; on la vit aussi combattre pendant le cours des guerres de la Révolution, du Consulat et de l'Empire.

En 1812, à Villo-Drigo, en avant de Burgos, une légion de gendarmerie (connue sous le nom de Burgos) attendait froidement l'ennemi : les dragons-lourds (*rouges*) anglais, apercevant ces chapeaux à cornes déformés par la pluie et les bivouacs, et ne trouvant pas dans ces gendarmes le brillant de couleur et les formes élégantes qui les frappaient dans notre cavalerie, les Anglais crurent avoir affaire à ces corps improvisés ou à ces régiments provisoires, quelquefois peu dangereux. Les dragons rouges chargèrent en caracolant; mais ils furent rudement reconduits, poursuivis de tous côtés, écrasés, sabrés et complètement anéantis. Napoléon, pour reconnaître tant de valeur, décréta que chaque officier fut élevé à un grade supérieur, et que les sous-officiers gendarmes fussent nommés sous-lieutenants. — C'est un des plus beaux faits d'armes de nos guerres.

Un vieux soldat se rappelle avoir vu, en 1805, à Bamberg, en Bavière, une colonne de 6,000 gendarmes, qui mit à défiler le quart d'une journée. « Rien n'était plus beau que ces hommes d'élite montés sur de magnifiques chevaux, dont les queues étaient ornées de rosettes. »

Pendant les Cent-Jours, la gendarmerie à pied et à cheval a fait en Vendée une guerre très-pénible et très-meurtrière; elle a coopéré notablement à la pacification de cette province, confiée à l'un de nos généraux les plus distingués, le général Lamarque.

Napoléon, à son retour de l'île d'Elbe, manquant de cavalerie, fit prendre tous les chevaux de la gendarmerie propres à faire campagne; cette ressource lui procura à l'instant de quoi faire face aux éventualités.

La gendarmerie considérée comme force publique.

Mais c'est dans son service d'ordre public, de police générale, que la gendarmerie est admirable. — Elle est à la fois la sentinelle vigilante du gouvernement, comme aussi le faisceau de la loi promenant dans les campagnes son égide protectrice.

Simple aperçu, nous nous dispenserons d'entrer dans des détails sur le service de la gendarmerie, sur ses titres à la bienveillance du gouvernement et à la reconnaissance de nos concitoyens ; des écrivains distingués ont traité ce sujet, nous nous contenterons de reproduire quelques lignes de M. le comte de Cessac, général de division.

M. le comte de Cessac s'exprime ainsi sur la gendarmerie : « Une société ne peut exister sans lois. Les lois les plus sages seraient inutiles si les magistrats n'étaient chargés de veiller à leur observation ; les magistrats seraient vainement vigilants et intègres s'il n'avaient constamment en main une force capable de donner du poids à leurs décisions ; il faut donc qu'il y ait dans toute société des hommes destinés à servir de force aux lois.

« Maintenir l'ordre et la tranquillité publique dans l'intérieur de l'empire, tel est le grand objet des travaux de la gendarmerie ; ce service est moins éclatant que celui, du reste, des troupes réglées, mais non moins utile à la société.

« Nous devons beaucoup à des hommes qui, pour repousser un ennemi extérieur, affrontent de temps en temps de grands dangers, qui apprennent constamment, pendant la paix, l'art de faire la guerre avec succès. Mais devons-nous moins à ceux qui se consacrent, dans tous les temps, à veiller sur nos propriétés et sur nos personnes? Dans une société naissante, vertueuse et peu nombreuse, le guerrier serait peut-être le seul nécessaire ; mais dans une société formée, corrompue et nombreuse, tout corps qui a les mêmes devoirs à remplir que la gendarmerie, mérite, s'il s'en acquitte avec exactitude et prudence, une protection spéciale de la part du gouvernement, beaucoup d'estime et de reconnaissance de la part du public. »

C'est surtout au corps de la gendarmerie qu'il faut appliquer cette page d'Alfred de Vigny :

« La servitude militaire est lourde et inflexible comme le masque de fer du prisonnier sans nom, et donne à tout homme de guerre une figure uniforme et froide... la fatigue y ajoute ses rides, le soleil ses teintes jaunes, et une vieillesse anticipée sillonne des figures de trente ans. Cependant une idée commune à tous a souvent donné à cette réunion d'hommes sérieux un grand caractère de majesté, et cette idée est l'abnégation.

« L'abnégation du gendarme est une croix plus lourde que celle du martyr. »

GENDARMERIE D'ORDONNANCE.

Les gendarmes d'ordonnance créés par l'Empereur Napoléon, le 24 septembre 1806, à l'instar de ceux fondés par Charles VII et reformés par Louis XVI, formaient quatre compagnies présentant un effectif de deux cent soixante-et-onze hommes, en officiers, sous-officiers et gendarmes. L'uniforme était à peu près celui des chasseurs à cheval de la garde impériale, dont ils avaient l'organisation.

Les gendarmes d'ordonnance débutèrent avec avantage, le 18 février 1807, dans une reconnaissance sur le village de Langkarel, sous Neugarten; ils chargèrent vigoureusement l'ennemi et lui causèrent des pertes notables. Le général Teulié, sous les ordres duquel ils étaient placés, fait de leur bravoure le plus grand éloge. Ils étaient restés vingt-sept heures à cheval. *Royer-Lametz*, maréchal des logis dans la 2ᵉ compagnie, fait deux prisonniers à la prise du fort de Neugarten, entre le premier dans la ville de Treptow le 20 février, après avoir fait prisonnier le commandant de la cavalerie; blessé au siége de Colberg dans une charge. Ces actions d'éclat lui ont valu le grade de lieutenant.

Le 8 mars suivant, à Zernin, les gendarmes d'ordonnance donnèrent des preuves du courage le plus audacieux et se distinguèrent de manière à obtenir désormais l'estime et l'amitié de tous les corps de la garde.

Le colonel comte de Montmorency, commandant les escadrons de cette gendarmerie, rend ainsi compte de leur conduite au général Teulié :

« Mon général, je dois vous rendre compte de l'affaire qui a eu lieu, hier, entre les gendarmes d'ordonnance que j'ai l'honneur de commander et la cavalerie nnem.e.

« Nous formions l'avant-garde de votre division au sortir de Corlin; après deux heures de marche, la cavalerie ennemie, composée de cuirassiers, de dragons de la reine et des hussards de Rodolphe, forte de deux cents chevaux, se montra tout-à-coup sur les hauteurs qui dominent la route de Colberg. — Le cri des gendarmes à la vue de l'ennemi fut si universel, qu'il me fut impossible de prévoir si je resterais maître d'arrêter leur impétuosité en cas d'attaque; je ne devais pas, d'après vos ordres, m'éloigner de la colonne. L'impatience des gendarmes était à son comble; elle était suffisamment excitée par la mort de M. Alexandre d'Ablons, leur camarade, tué dans la reconnaissance du 4, deux heures après

19

celle que j'avais faite le même jour, accompagné de mon capitaine en second, de l'adjudant de l'escadron et de mon gendarme de planton, et où nous avions essuyé une vive fusillade ; ajoutez à ce motif le désir constamment exprimé et si naturel de prendre rang dans l'armée par une action brillante.

« L'ennemi fit mine de tenir; alors les cris de: *Vive l'Empereur!... Chargeons!...* se firent entendre dans les rangs, et, par un mouvement spontané, officiers et gendarmes s'élancent à toute bride et .e sabre à la main sur l'escadron ennemi ; les Prussiens fuient, et, pendant une lieue, sont poursuivis avec la même ardeur, en charge individuelle. Plusieurs morts, blessés et prisonniers restèrent sur la route.

« Arrivés à la hauteur de Zernin, les gendarmes sont, par mon ordre, reformés en escadron et mis en bataille sur un petit plateau, à deux cents pas des maisons du village ; à peine installés, un feu de carabines et de mousquets des mieux nourris part tout-à-coup des haies et des maisons; une compagnie de chasseurs ennemis était embusquée dans le village.

« Les gendarmes essuient froidement cette décharge, qui pouvait être si meurtrière pour eux; un seul, M. de Stappers, de planton auprès de moi, est blessé à mes côtés d'une balle qui lui traverse le bras droit et le met hors de combat; le cheval de mon capitaine en second, M. Carion-Nisas, est frappé d'une balle ; celui de M. d'Albuquerque, officier adjudant, venait d'être blessé au commencement de l'affaire; deux autres chevaux sont tués, l'un sous M. de Charette, maréchal des logis, l'autre sous M. Papillon, gendarme.

« A la faveur de cette fusillade, qui recommençait avec plus de vivacité, à l'aide de cinquante cuiras-

siers, troupe fraîche cachée dans le village, la cavalerie ennemie se rallie, se forme et sonne la charge.
Voyant le double danger de cette position, je crie de
nouveau : *Vive l'Empereur!... Chargeons!...* A ce
cri répété par mon capitaine en second à la tête de la
1re compagnie, et par M. de Montbreton à la tête de
la 2e compagnie, ma troupe entière s'élance à toute
course sur l'infanterie et la cavalerie.

« Les deux troupes ennemies, frappées de terreur
à ce choc imprévu, jettent leurs armes et fuient vers
Colberg : l'infanterie sur la gauche, au milieu de
marais impraticables, la cavalerie sur la droite; celle-
ci attira seule l'impétuosité des gendarmes, qui étaient
dans la proportion d'*un* contre *trois;* ils chargèrent
impétueusement cette cavalerie et la poursuivirent
jusqu'à une demi-lieue de Colberg. Trente prisonniers et une douzaine de morts et de blessés furent le
fruit de cette seconde charge; les prisonniers faits
dans la première charge s'étaient échappés sur la
route.

« J'ai à regretter un seul gendarme, M. Grard, tué
lâchement sous le canon de la ville par un prisonnier,
qui ramassa sa carabine et la lui déchargea dans les
reins par derrière. — J'ai à me louer de tous les
gendarmes et de leurs officiers; ils ont mérité l'honneur de leur création, et je suis fier d'avoir été placé
à leur tête.

« Revenu à la hauteur de Zernin, l'ennemi marcha
plus en avant; là, je fus joint par une vingtaine d'intrépides voltigeurs italiens; je remis de nouveau mes
gendarmes en bataille, les voltigeurs se mirent sur
leur flanc gauche, et aussitôt que l'ennemi fut à portée, ceux-ci firent un feu très-vif auquel l'ennemi
riposta par quelques coups de carabine. — Le cheval

de M. Carion-Nisas reçut une seconde balle à cette décharge, plusieurs gendarmes reçurent de légères blessures. L'escadron s'ébranla pour la charge, l'ennemi l'évita par une fuite précipitée.

« Suit la liste des officiers, sous-officiers et gendarmes qui se sont le plus particulièrement distingués dans cette brillante affaire.

« Je reproche avec vous, mon général, trop d'impétuosité aux gendarmes; mais combien le désir de recevoir leur baptème militaire, et de mériter de plus en plus, ainsi que moi, vos suffrages et votre bienveillance, ne rend-il pas excusable l'excès de notre ardeur !

« L. DE MONTMORENCY. »

Le 20 mars, quelques jours après la rencontre de Zernin, le général Teullé écrivait au major général :

« La gendarmerie d'ordonnance de Sa Majesté s'est portée rapidement de Neckin à Selnou avec une compagnie du 19°; cet appareil a imposé à l'ennemi. M. Nicolon, de ce corps, a été blessé à la tète, etc. »

Le 10 avril, Napoléon, accompagné du prince Murat et d'un brillant état-major, vint passer l x revue des gendarmes. En arrivant sur le front des deux escadrons, il adressa quelques paroles affectueuses à M. de Montmorency, puis ensuite il dit à la troupe d'une voix forte :

« *Gendarmes d'ordonnance! soyez les bienvenus; vous avez bien commencé, j'espère que vous continuerez toujours de même, et que vous vous rendrez digne du corps auquel vous appartenez.* »

A dater de ce moment et pendant tout le cours de la campagne, le corps des gendarmes continua de faire le service d'escorte auprès de Sa Majesté.

Les compagnies de gendarmes d'ordonnance furent dissoutes, par un décret daté de Fontainebleau, le 23 octobre 1807. Les officiers, sous-officiers et gendarmes furent répartis dans les différents corps de l'armée avec de l'avancement.

Nous nous permettrons une digression. Parmi les officiers sortis des gendarmes d'ordonnance, il en était un, M. d'Albignac, qui avait servi dans sa jeunesse dans l'armée de Condé; mais il était revenu de toutes les rêveries de l'émigration. M. d'Albignac était un homme du monde, de beaucoup d'esprit, très-capable et doué par-dessus tout d'une gaîté intarissable. On raconte de lui un trait où son caractère se peint admirablement.

M. d'Albignac, qui était très-familier et pour ainsi dire à *tu* et à *toi* avec son commandant le général de Montmorency, s'approche un jour de lui, et lui demande directement quelque chose dont il avait besoin pour son équipement; mais le général, prenant la demande au sérieux, lui répond aussitôt :

— Mon cher d'Albignac, à Paris, chez Mme de Luynes, et partout ailleurs, nous pouvions causer très-familièrement comme de bons camarades; mais ici ce n'est plus la même chose. Il faut que vous sachiez ce que c'est que la hiérarchie militaire : vous avez besoin d'une bride et d'une sous-ventrière, dites-vous? c'est très-bien; mais vous me demandez cela à moi, votre colonel! ce n'est pas dans l'ordre. Adressez-vous à votre maréchal des logis, qui fera son rapport au lieutenant, qui le transmettra au capitaine, le capitaine en référera au chef d'escadron, qui viendra ensuite prendre mes ordres, puisque je suis votre chef à tous. Comprenez-vous cela, mon cher ami?

— Oui, mon colonel.

Peu de temps après, M. d'Albignac ayant été blessé dans une escarmouche, M. de Montmorency va le voir et lui demande comment il se trouve. Bien qu'il souffrît beaucoup, M. d'Albignac trouva plaisant de faire voir à son chef combien il était pénétré des hauts enseignements qu'il avait daigné lui donner sur la hiérarchie militaire, et, au lieu de répondre directement à sa question, il lui dit :

— Mon général, donnez vos ordres au chef d'escadron, qui les transmettra à mon capitaine, qui en fera part à son lieutenant, qui m'enverra mon maréchal des logis, auquel je répondrai que cela va mieux.

M. de Montmorency, qui était par dessus tout un excellent homme, excusa facilement son subordonné de cette innocente mystification.

Cette anecdote fit quelque bruit et parvint aux oreilles de l'Empereur, qui en rit beaucoup, en disant :

— Je reconnais bien là la vieille noblesse française : esprit et gaîté; ce seront toujours les hommes de Fontenoy !

GUET.

Le guet, sorte de garde idioplique, selon l'encyclopédie, dont l'histoire ne commence à s'éclairer que depuis le règne de Philippe-Auguste, était des compagnies et confréries spécialement affectées à la sûreté publique dans les villes.

L'organisation et l'effectif de ces compagnies et corporations ont varié selon les époques et les circonstances. Elles jouissaient, sous Charles IX, de certains priviléges, à charge de marcher à la guerre aux frais de la ville, s'ils en étaient requis.

Le guet était autrefois une garde non soldée par l'Etat ou la ville, et tenue sur pied aux dépens des corps de métiers; mais les métiers qui avaient obtenu le privilége d'en être exempts, étaient bien plus nombreux que ceux qui concouraient à son entretien.

Des débris de ces institutions il restait encore, sous Louis XVI, des compagnies royales ou confréries de chevaliers de l'arbalète et de l'arquebuse. Dans plusieurs autres villes, de semblables gardes étaient une trace des anciennes compagnies franches et des francs-archers du moyen-âge; sous le roi Henri III encore, les gens de métiers, comme on les appelait, faisaient à tour de rôle le service de la ville; ceux qui étaient commandés devaient, à l'entrée de la nuit ou à l'heure du couvre-feu, se présenter devant le Châtelet pour faire le guet. Les clercs du guet leur enseignaient leurs postes; ils n'étaient relevés qu'au point du jour, c'est-à-dire à l'instant où le son de la corne qui se faisait entendre sur la tour du Châtelet annonçait que la guette était finie.

La police était faite par des archers de l'Hôtel de ville, par des sergens du Châtelet, etc. Il existait encore une garde bourgeoise.

Mais il y avait en outre, sous les ordres d'un chevalier du guet, un guet divisé en guet royal et en guet assis; c'est ce corps qui fut probablement la souche des gardes de police spécialement affectés au service d'ordre public, et qui, attachées au gouvernement, les a fait considérer comme institution politique, et a donné lieu à leur suppression et réorganisation, selon les changements survenus dans les dynasties.

Cette quantité de troupes différentes n'empêchait pas qu'il n'y eut habituellement huit à neuf mille voleurs exerçant leur métier au sein de la capitale.

Sous Louis XV et Louis XVI, le guet à pied et à cheval, et extraordinairement les six régiments des gardes font le service de la ville. Les autres corps et confréries n'existent plus en octobre 1791. Les régiments portant les nᵒˢ 102, 103 et 104, ainsi que les bataillons de chasseurs des barrières, sont créés pour faire le service de la capitale; mais bientôt ils sont envoyés aux armées. La garde nationale soldée et non soldée et la gendarmerie sont appelées à les remplacer. Le Directoire crée une légion de police presqu'aussitôt licenciée qu'instituée.

Le Premier Consul crée deux régiments de garde municipale, forts de deux bataillons chacun; ces deux régiments, dont Paris avait peu à se louer, firent bientôt partie de l'armée active; ils se distinguèrent à Friedland et à Dantzig. Sous la Restauration, une gendarmerie royale fut instituée, dissoute en 1830 et remplacée par une garde municipale qui, à son tour, fut licenciée, et reparut, avec quelques légers changements dans son uniforme, sous le nom de *garde de Paris*.

Le corps de la garde de Paris, et dans les villes où il existe une semblable institution, remplace l'ancien guet; son service dans la cité est analogue à celui de la gendarmerie dans les campagnes dont la surveillance lui est spécialement attribuée; mais, depuis la création des sergents de ville et le chiffre successivement élevé de leur effectif, le service du beau corps de Paris est devenu presqu'en tout point militaire; sa coopération dans l'exercice de la police est tout auxiliaire, ce qui, nous le croyons, ne doit pas les mécontenter.

L'IVRESSE A TROIS DEGRÉS.

Un philosophe a dit que la vigne porte trois sortes de raisin : le *plaisir*, l'*ivresse* et le *repentir*. Ce philosophe débonnaire définit très-bien ces trois grandes phases par lesquelles passe notre faible humanité dans l'usage d'un liquide d'une si grande influence sur la vie de l'homme.

Le vin dans sa *pleine nature* est une des plus utiles productions de la terre ; il a une puissance civilisatrice et sociale ; il est le lien des peuples ; il rend l'homme meilleur en exaltant chez lui les sentiments de la bonne et franche fraternité. C'est le vin qui encourage, soutient le travailleur courbé sur sa tâche ingrate ; c'est le vin enfin qui rapproche et fait aimer. Il est le sang de la terre, la vivifiante chaleur du soleil, le premier né de la vigne.

Le premier effet du vin est d'augmenter le sentiment général du bien-être ou d'exalter réellement ce bien-être lui-même. Alors il paraît agir d'une manière aussi bienfaisante sur les facultés intellectuelles que sur les forces physiques. Les pensées semblent couler avec plus de facilité, on s'exprime avec plus d'aisance et de justesse, on est plus sociable, et l'on se trouve dans une disposition qu'on souhaiterait toujours, s'il était possible, pour soi et pour les autres. Voici pour le plaisir.

Mais sortant bientôt des bornes d'une sage tempérance, le torrent des idées devient plus rapide et plus violent, on a peine à les réprimer ; c'est le moment des saillies heureuses, mais on est obligé de faire un grand effort pour raconter quelque chose d'un peu embrouillé, car les pensées se succèdent avec trop de

19.

rapidité pour qu'on ait le temps de les arranger dans l'ordre qu'exige le récit : c'est là le premier degré de l'ivresse.

Plus tard, les idées se succèdent avec une violence toujours croissante ; les sens perdent leur délicatesse ordinaire et l'imagination gagne à mesure qu'ils perdent. Le langage du buveur est plus oratoire et plus poétique ; il parle plus fort que de coutume ; il élève la voix parce qu'il s'entend moins, et qu'il juge de l'ouïe des autres par la sienne : tel est le second degré de l'ivresse.

Bientôt les sens deviennent encore plus obtus ; celui qui est arrivé à ce degré d'ivresse confond par instants les personnes au milieu desquelles il se trouve et qu'il reconnaît parfaitement ; il laisse tomber à terre un verre qu'il croit remettre sur la table, quoiqu'on ne remarque pas encore en lui la maladresse et l'incertitude des mouvements qui a lieu plus tard. A en juger par ses discours, ses idées commencent à manquer d'ensemble, malgré leur vivacité, qui brille et s'éteint comme une étincelle ; puis cette vivacité de ses idées, et leur rapidité, donnent à ses passions une force insurmontable contre laquelle la raison ne peut rien. Il se laisse entraîner par elles à moins qu'un hasard ne le détourne de leur objet. Sa langue bégaie, ses yeux vendangent, ses jambes sont avinées ; il chancelle et tombe dans un sommeil profond, où toutes ses facultés morales et physiques s'éteignent à la fois. Tel est l'effet déplorable du troisième degré de l'ivresse qui amène le repentir.

Dans le premier degré, les idées ont seulement une vivacité inaccoutumée, l'homme a la conscience parfaite de son état extérieur, les sens sont intacts. — Dans la seconde période de l'ivresse, l'homme a encore l'usage de ses sens quoiqu'ils soient affaiblis d'une manière remarquable, mais il est tout à fait hors de lui, la mémoire et l'intelligence l'ont abandonné. Dans cet état, il est dangereux pour lui et pour les autres. — Dans le dernier degré de l'ivresse, non seulement on ne se possède plus, mais les sens sont affaiblis au point que l'on n'a pas même la conscience de son état extérieur. Celui qui se trouve dans ce cas est plus dangereux pour lui-même que pour les autres.

OPINION DE NAPOLÉON SUR LES MEILLEURES TROUPES.

Mme de Montholon demandait un jour à l'Empereur quelles étaient, à son idée, les meilleures troupes. Celles qui gagnent la bataille, Madame, répondit l'Empereur; puis il ajouta : elles sont capricieuses et journalières comme vous, mesdames. — Les meilleures troupes étaient les Macédoniens sous Alexandre; les Carthaginois sous Annibal; les Romains sous les Scipion, et les Prussiens sous Frédéric. — Toutefois, je crois pouvoir affirmer que les Français sont celles qu'il est plus facile de rendre et de maintenir les meilleures.

CAMP DE CHALONS.

Le camp de Châlons (sur Marne) est exactement établi sur le terrain où Attila fit camper son armée de cinq cent mille hommes et sa terrible cavalerie scythe.

Cette puissante armée se composait de Huns, de Gépides, d'Alains, de Scythes et de Germains; elle fut battue, le 10 septembre 451, par Aëtius, général romain, dont l'armée composée de Gaulois de la Belgique et de la Celtique, de Bourguignons, de Goths et de Saxons, était d'un effectif à peu près égal à celui de son adversaire.

Attila était un berger scythe qui se donnait le titre de prince. Un jour en paissant ses vaches, il trouva dans les pacages une épée nue sous les pieds d'une génisse. Sur cette épée il jura ses droits à la domination du monde. Il fit écrire ces mots sur ses bannières : *Attila fléau de Dieu.* — *L'herbe ne croît plus où le cheval d'Attila a passé.*

Notre armée foule donc sous ses pieds, chaque année, la poussière où furent ensevelis plus de cent quatre-vingt mille ennemis barbares.

Attila, que les historiens nous représentent comme la terreur et l'effroi de l'univers, n'en fut pas moins un soldat courageux, capitaine fort habile, politique astucieux et rusé : il fut craint de ses ennemis et fut l'idole de ses sujets. Ce grand ravageur des deux hémisphères mourut pendant la célébration de ses noces d'une hémorragie nasale qui l'étouffa, en 453.

DU MOT PÉKIN EMPLOYÉ PAR LES MILITAIRES.

Sans remonter à l'origine du mot pékin, qui signifiait sorte de soldats à pied, d'origine italienne, méprisés des véritables soldats, qui firent tant la maraude, que leur nom devint un terme de mépris dans les armées. De vieux dialogues militaires du règne de Henri III et de Henri IV, grossiers dialogues, assez semblables au catéchisme poissard, emploient souvent le mot *piquini* ou péquin pour désigner les adversaires en religion. Ainsi dans un de ces dialogues l'on voit un papiste traiter Coligny de *pékin;* un autre est intitulé : *Les pékins de Montauban.* De leur côté, les huguenots renvoyaient l'apostrophe à leurs ennemis.

Le mot est vaguement resté dans les corps-de-garde sans que l'on en comprit bien la signification. Ce qui obligea M. de Talleyrand à dire un jour à un officier qui employait cette expression : « Ce qui n'est pas pékin n'est pas civil. »

Cette expression, d'un usage très-fréquent il y a trente ans pour désigner tout individu qui n'était pas soldat, se perd aujourd'hui.

TITRES NOBILIAIRES DANS LEURS RAPPORTS AVEC LES GRADES ACTUELS DE L'ARMÉE.

Le mot hiérarchie (1), emprunté de l'Eglise, est nouveau dans la langue de l'armée ; il fut employé pour la première fois en 1783, mais ce ne fut que dans l'ordonnance du 17 mars 1788 que le ministère de la guerre l'adopta en lui donnant une sérieuse consécration.

---

(1) Dans le langage militaire, la hiérarchie est la base de la subordination; elle prévient la confusion en établissant la régularité dans toutes les relations du service; elle maintient la discipline et assure l'exécution des ordres, en ne laissant rien ignorer au chef de ce qui concerne le subordonné. (*Encyclopédie.*)

L'armée se lie donc aujourd'hui par des chaînons hiérarchiquement coordonnés. Chaque chaînon, comme le dit le savant général Ambert, ne pèse pas sur le chaînon inférieur, au contraire, il le soutient; pas un chaînon n'est superflu; tout chaînon supérieur a été chaînon inférieur; tout chaînon inférieur peut devenir chaînon supérieur.

Les divers échelons de la hiérarchie sont exprimés par le mot grade; ce mot est tellement nouveau dans le langage militaire, que les écrivains du XVIIIe siècle n'en font pas même usage, ils employaient le mot *office*, qui a donné naissance à *officier*.

Mais si le mot *grade* est nouveau, l'idée qui l'exprime remonte à l'enfance des sociétés. Cette idée est celle du commandement militaire. La noblesse fut le berceau des grades militaires.

Le grade a d'abord été *noblesse*, puis *charge*, enfin *office*.

Le cortége du grade est aujourd'hui l'épaulette, ou le galon, le devoir, le traitement, la retraite; jadis ce furent les domaines héréditaires, les droits, etc. Avant de se nommer capitaine, colonel, général, le chef se nomma chevalier, comte, baron, marquis, duc, roi.

La hiérarchie n'était certes pas établie avec autant de régularité que de nos jours; cependant il existait une législation qui réglait les attributions hiérarchiques des divers chefs des armées, qui prouve que les titres nobiliaires furent autrefois une désignation des fonctions militaires.

Empereur.

À Rome, les généraux d'armée, les consuls, le dictateur *faisant campagne*, avaient le titre d'*empereur*.

Plus tard, l'empereur fut le général perpétuel. — Le titre d'empereur devint ensuite une récompense honorifique. Le général vainqueur était salué du titre d'impérator. Tacite rapporte qu'avant d'être élevé à l'empire, Auguste avait été *décoré* vingt-et-une fois du titre d'impérator. César, que le peuple romain avait nommé empereur, transforma en rang politique la récompense militaire.

Roi.

Le mot roi signifiait chef d'armée ; Pharamond, Clodion, Mérovée, et tous les rois des premiers siècles de la hiérarchie française.

Prince.

Dans les légions romaines, les *princes* étaient les soldats principaux ; d'après Végèce, les princes étaient en première ligne sur les champs de bataille ; ils environnaient et défendaient l'aigle de la patrie. Les princes étaient les grenadiers d'alors.

Duc.

Les ducs en tous pays ont généralement occupé le sommet de la hiérarchie militaire. Les ducs étaient principalement chargés du gouvernement des provinces ; ils remplissaient des fonctions à peu près analogues avec celles des généraux commandant les divisions territoriales ; les ducs étaient aussi les représentants du roi à l'armée. Au moyen-âge, les ducs ne sont plus officiers militaires, mais chefs de principautés.

Comté.

« Il serait impossible de tracer d'une façon positive les fonctions militaires des comtés. — Sous Charlemagne, quelques comtes sont gouverneurs de province, quelques autres gouverneurs de grandes villes. Mais ils étaient généraux d'armée, car ils conduisaient les troupes à la guerre. Montesquieu les considère plus particulièrement comme gouverneurs de province. Si l'on a comparé le duc au général de division, on peut donc comparer volontiers le comte au général de brigade, commandant tantôt une subdivision territoriale, tantôt, à l'armée, une réunion de troupes.

Vicomte.

Le grade de vicomte correspond à celui de commandant de place; les vicomtes commandaient les villes, sous les ordres des ducs et des comtes qui commandaient les provinces. On ne pouvait donc être vicomte d'une contrée, mais d'une localité.

Marquis.

L'expression marquis signifie, dans son étymologie, marche-frontière. — Le marquis, officier d'un grade très-élevé, commandait aux frontières, comme le sont de nos jours les gouverneurs des places de guerre.

Tous les grades qui viennent d'être examinés rapidement ont une origine latine et byzantine; empereur, roi, duc, comte, vicomte et marquis étaient des héritages de la vieille civilisation.

Baron.

Il n'en est pas de même du *baron*. Le baron est un grade franc, tandis que les autres sont des grades gaulois, empruntés par les vainqueurs aux vaincus, qui, eux-mêmes, les tenaient des conquérants romains.

Les barons étaient, dès l'origine de la monarchie, les hommes du souverain, ses leudes, ses compagnons, ses amis ; ils furent les preux de Charlemagne, les pairs des premières et secondes races. Ils avaient d'abord formé la *maison militaire* du roi, et bientôt après ils eurent leur maison. L'office royal devint un grade militaire.

Les barons devinrent les grands vassaux de l'empire. Les comtes et les ducs résidaient dans leurs gouvernements, tandis que les barons commandaient les armées. Au xve siècle, les chefs de troupe prenaient le titre de baron. Les gardes urbaines mêmes étaient placées sous les ordres des barons.

Les barons ont été supérieurs aux ducs et aux comtes.

Lorsque Napoléon créa la noblesse impériale, il donna de préférence le titre de baron à ses généraux et le titre de duc à ses maréchaux.

D'autres grades existaient en même temps que ceux dont il vient d'être question ; mais ceux-là ont disparu sans que la noblesse les eût adoptés, parce qu'ils n'ont pas abouti à la possession du territoire, ou ont cessé d'être militaires. Ainsi le *bailli* a été colonel, puis magistrat ; l'*amiral* (de l'arabe *émir*, seigneur) a été général ; le *châtelain*, gouverneur de forteresse ; le *maître*, général, chef ; le *sénéchal*, général, puis justicier.

On comprend facilement comment ces divers grades militaires des premiers temps de la monarchie sont devenus des titres de noblesse, et pourquoi de nouvelles dénominations ont remplacé les anciennes.

Sergent de bataille.

La charge de sergent de bataille remonte à 1515; elle était, dans nos armées, la plus considérable après celle de maréchal de camp. Ses fonctions étaient de ranger l'armée en bataille sous les ordres du général en chef.

Caporal.

Dans les divers pays où cette expression était usitée, elle signifiait chef de troupe; elle était même synonyme de général. Les caporaux actuels sont bien déchus, c'est aujourd'hui le grade le plus élémentaire de la hiérarchie militaire dans l'infanterie; c'est le grade le plus difficile, dont les fonctions sont multiples. Le caporal est en quelque sorte le pivot de tout le mécanisme du service et de la discipline.

NOTICE SUR LA DISCIPLINE MILITAIRE DES ARMÉES ANCIENNES ET MODERNES.

La discipline est la vertu guerrière.

PLATON.

Aux yeux de l'antiquité et des savants, dit le général Bardin, « la discipline est l'art de *dresser les hommes de guerre*, de les soumettre au frein du service mili-

taire, de les mouvoir à un signal ; c'était le secret de
la locomotion des troupes, son objet était d'assouplir
les disciples, de leur inculquer le respect pour qui
commande ; elle était le gouvernement raisonné d'une
armée, l'observance des formes particulières à la
profession des armes, la conduite tenue par une
troupe conformément à des règlements. »

Le discrédit de la discipline peut ruiner une nation ;
ainsi périrent Rome et Byzance, tandis que, si la
discipline est en vigueur, rien n'est désespéré, tous
les désastres sont réparables, seraient-ils la suite de
fautes capitales commises par les généraux. Son pouvoir magique fait sortir de terre des armées ; ainsi
ressuscitait Rome écrasée par Annibal, par Brennus.

La discipline de la cavalerie doit être plus parfaite
que celle des autres armes, a dit Napoléon, avec ce
sentiment profond de l'homme de génie (1).

Il s'agit ici de la discipline qui *enseigne*, *entretient*
et *soutient*, et non de la discipline qui *châtie* ; en
logique militaire, cette distinction est importante.

Dans le livre de Dubellay (1535), le mot discipline
commence à prendre un sens modifié, il n'exprime
plus l'ensemble de *la science des armes*, il signifie
seulement partie morale de l'art militaire de terre,
éducation régulière, instruction des troupes, soins
journaliers donnés à la conservation des hommes,

---

(1) L'Empereur rendait au mot discipline sa valeur
réelle, il n'entendait pas dire que la cavalerie dût être plus
obéissante que les autres armes, mais que son organisation
étant plus compliquée, ses mouvements plus étendus, ses
manœuvres plus rapides, ses fautes plus difficiles à réparer
et ses soins plus minutieux, sa discipline devait être supérieure à celle de l'infanterie, de l'artillerie, etc. Tout ce qui
constitue la cavalerie exige une plus grande perfection.

A peu près à la même époque, l'expression *discipline* passe de la langue des savants dans celle des gens de guerre, et à partir de là elle change de sens : elle exprime la haute et basse *justice militaire* exercée sur des portions de troupes qu'on nommait alors enseignes et bandes; elle indique un genre et une application de peines de tous les degrés indistinctement.

La discipline, dépouillée ainsi de son acception morale, est devenue analogue à celle des moines. Cette observation n'est point échappée au savant Lloyd : « Comme on a réduit, dit-il, le caractère « moral du soldat à une obéissance aveugle, qui est « une vertu monastique, on a calqué la discipline des « casernes sur celle des cloîtres; trompé par un effet « pareil, on a confondu des idées opposées. »

Au beau temps de la Grèce et de Rome, la discipline était l'art de rendre militaire le patriotisme; le sens du mot avait un côté noble, parce que les récompenses faisaient partie d'une discipline qui avait également pour pivots les honneurs et les rigueurs. A la fin du moyen-âge, le sens qu'on lui a substitué ne conservait qu'une idée de rigueur, il perdait ce côté noble, il rappelait cet instrument de pénitence dont se flagellaient des ascètes extravagants. Cette discipline des Grecs et des Romains, cette loi de salut public, n'a plus été alors que l'art de donner l'immobilité aux hommes enrôlés, le droit du bâton, la répression arbitraire des désobéissances, le châtiment manuel des erreurs ou des oublis, et dans une infinité de bouches, l'expression est devenue synonyme du mot *canne, chat à neuf queues, coups correctionnels, etc.*

Depuis 1790, le sens du mot discipline a changé encore, en ce qu'il n'a plus eu de rapport avec l'application des peines, mais seulement avec la répression des fautes.

Tout démontre donc que notre discipline actuelle n'a plus son ancien caractère : ce n'est plus la *tactique*, elle en est totalement distincte ; ce n'est plus l'*art militaire*, ce n'est plus la réunion des meilleures règles sur le service militaire, depuis les sublimes conceptions jusqu'aux moindres détails ; la discipline n'en est qu'une partie, une dépendance, une condition ; ce n'est plus l'administration de la justice, mais seulement un mode secondaire de punir.

Il importait d'appuyer sur ces démonstrations pour bien comprendre ce qui va être dit.

Esquissons quelques traits de la discipline ancienne ; nous prions nos lecteurs de se reporter en imagination aux époques des Grecs et des Romains et à leurs coutumes pour modifier en proportion l'acception du mot.

La discipline a été habilement réglée en Grèce ; aussi Frédéric II a-t-il dit : « Là naquirent jadis l'ordre et la discipline. » La pensée du roi soldat s'applique aux dernières phases des temps héroïques et aux événements décrits par Homère. Ce grand poëte nous montre une discipline déjà murie, en nous peignant l'attention, le silence, la rapidité des phalanges grecques qui marchent au combat. Plus tard Xénophon, 340 avant J.-C., nous enseigne les progrès qu'a faits la science en nous récitant la relation de cette retraite des Dix mille, le plus précieux, comme le plus ancien monument de la science militaire.

Chose digne d'attention, si l'on en croit le témoignage de Platon, la discipline des Grecs si parfaite, si harmonieuse, c'est-à-dire leur vertu guerrière, alla s'affaiblissant lorsqu'ils renoncèrent à l'exercice de la danse pyrrhique, danse regardée comme une étude essentielle de la tactique.

La légion romaine a été regardée comme la merveille de la discipline.

Une discipline d'un autre ordre, et qui n'est pas moins admirable, se retrouve dans les campagnes des consuls et dans ce respect des propriétés porté à tel point, qu'une légion commandée par Marcus Scaurus campe autour d'un pommier chargé de fruits mûrs, sans qu'il en soit cueilli un seul par ses soldats.

Ici la discipline se présente non comme une vertu guerrière, une science positive, ou une conception du génie, mais comme la manifestation d'une moralité militaire.

Nous arrivons à un troisième ordre d'idées, c'est la discipline pénale; rien n'est comparable à ces sentences, prononcées par des pères contre leurs fils, à ces arrêts sanglants. Ainsi Manlius-Torquatus, songeant à augmenter la force du commandement, fait mourir son fils qui avait vaincu sans son ordre. — Caïus donne l'ordre à son armée que chacun se tienne à son poste et sous les armes; c'était au mois d'août, la chaleur était grande, son fils mène boire son cheval à une rivière voisine, Caïus l'apprend et fait trancher la tête à l'infracteur.

Toutes les fois que les Romains se crurent en danger, ou qu'ils voulurent réparer quelques pertes, ce fut une pratique constante chez eux d'affermir la discipline militaire. Sont-ils battus à Numance, Scipion Emilien prive d'abord ses soldats de tout ce qui les avait amollis, il vend ou fait abattre toutes les bêtes de somme de l'armée et fait porter à chacun du blé pour trente jours, et sept pieux. Les légions ont-elles passé sous le joug en Numidie, Métellus répare cette honte par un acte de discipline.

La légion de Campanie saccage-t-elle sans ordre la ville de Régium, elle est conduite à Rome où le peuple la juge et la condamne à la décimation. Cinquante soldats sont massacrés, chaque jour, leurs corps privés de sépulture, et le Sénat défend de pleurer. L'arrêt prononcé au nom de la discipline, aucun légionnaire ne fait résistance.

Alexandre craignant le relâchement de la discipline dans son armée riche de dépouilles, fait mettre le feu au bagage de ses soldats et brûle toutes leurs richesses et les siennes.

On citerait un nombre infini d'exemples de cette dure et inexorable discipline à laquelle étaient soumises les anciennes armées.

La rigueur des moyens répresssifs était telle que la double récidive d'une même faute, comme on le voit dans Polybe, quelque légère qu'elle fût, entraînait la peine de mort.

La discipline, cette force des armées, ne survit pas aux sanglantes libéralités de Sylla; il la ruine dans ses expéditions d'Asie en accoutumant son armée aux rapines et en lui donnant, par des largesses, des besoins qu'elle n'avait jamais eus.

Auguste cherche à la rappeler dans ses armées, mais elle perd ensuite toute vigueur; Tibère tolère l'abandon du casque, armure trop pesante pour des soldats énervés.

La milice romaine ne se relève plus jusqu'en 530, où Justinien Ier essaie de faire refleurir la discipline. Il fait un code qui trace avec beaucoup de sagesse les règles d'une bonne discipline; mais ce code disparaît et se perd par les invasions successives des barbares.

Quelques siècles plus tard, les succès de Charlemagne sont liés à la discipline de son armée, on en retrouve la preuve dans ses capitulaires; sous ses successeurs, il n'y a plus de discipline et leur race périt.

Depuis cette époque jusqu'au règne de Henri IV, il n'existait plus de discipline dans les armées; sous le règne de ce roi on vit paraître une faible lueur d'une discipline renaissante. Mais c'est surtout Gustave-Adolphe qui la restaure admirablement.

Chez les Suédois, il ressuscite les merveilles romaines; toutes les exactions, toutes les infractions aux lois militaires sont réprimées avec une inflexible sévérité.

On retrouve plus tard une image de cette symétrique exactitude dans les troupes de Charles XII; mais sa discipline était dure et sombre, tandis que celle de Gustave était modérée quoique sévère.

Pierre-le-Grand introduit dans ses états la brutalité de la discipline suédoise; on y voit des généraux russes, par l'effet d'une discipline arbitraire, redevenir simples soldats. A cet arbitraire résultant des abus d'une discipline tombée dans un état voisin de la barbarie, l'Europe civilisée a fait prévaloir d'autres principes, appropriés aux caractères de chaque nation, à l'esprit du temps, à la marche du gouvernement. Aujourd'hui les mots *lois* et *discipline* sont inséparables. La discipline doit dépendre entièrement de la loi militaire, mais il faut qu'elle soit aidée par la loi civile, ce palladium de tous les droits.

On pourrait distinguer la discipline en active et en passive. La première doit tirer sa force d'une hiérarchie habilement coordonnée; elle doit être calme, impartiale, prompte, ferme, jamais avilissante; il faut qu'elle se montre plus portée à prévenir les torts qu'occupée à réprimer les écarts, et qu'elle s'abstienne d'arbitraire quand elle est réduite à châtier.

Cette discipline, qui ne pèse pas comme joug mais comme bouclier, confiée à un pouvoir mûri par l'expérience, participe de la puissance paternelle.

La discipline qu'envisageaient Pierre I⁽ᵉʳ⁾, Frédéric II et autres grands hommes, ne se soutenait, comme chez les anciens, qu'à l'aide de punitions sévères, impitoyables; ainsi agissait Pierre Iᵉʳ quand il sacrifiait un jeune officier qui avait combattu sans ordre les Suédois et en avait triomphé; ainsi pensait Frédéric II lorsqu'il envoyait à la mort le malheureux lieutenant Zietten, qui avait violé une défense en gardant de la lumière un peu tard dans sa tente pour écrire à son infortunée femme.

Qu'on nous permette une digression qui prouvera que c'est de nos jours à peine que des sentiments plus humains ont prévalu en certains pays. Laudon ramène à l'obéissance, par un exemple d'une rare sévérité, vingt-cinq mille Hongrois campés à peu de distance de l'ennemi, et tout prêts à passer dans le camp prussien si leurs chefs s'obstinaient à leur faire prendre une coiffure qui leur répugnait. Les généraux autrichiens, réunis en conseil de guerre, optaient pour qu'on capitulât avec cette mutinerie; Laudon se persuade qu'il faut en triompher, et il s'en charge seul; il fait prendre les armes aux mutins, fait apporter des caisses de nouvelles coiffures, s'adresse au caporal qui tient la droite de la ligne et lui ordonne de se coiffer; sur son refus, il lui passe son sabre au travers du corps; il passe à l'homme suivant, et punit de même la même désobéissance. Le troisième homme se décide à la soumission. L'armée se coiffe et l'ordre renaît

Le général Favier, organisateur de l'armée régulière hellénique, donne une leçon toute pareille et
aussi énergique à ses troupes en bataille, lesquelles
se mutinent en demandant leur solde arriérée qu'un
gouvernement né de la veille ne pouvait leur servir
avec exactitude. Mais de tels principes ont cessé
d'être applicables dans nos armées; il n'y a à tirer de
ces exemples que de curieux souvenirs.

Passons à l'examen de la discipline passive; celle-
ci est la fusion de l'intérêt individuel dans l'intérêt
national; vertu militaire, la première de toutes, qui
est l'accomplissement du serment militaire et le dévouement aux lois du véritable honneur; cette obéissance ne devrait pas être moindre d'un général de division à un général de brigade, que d'un caporal à ses
subordonnés. Plus on s'élève en grade et plus les
règles disciplinaires ont besoin d'être observées dans
l'armée par le commandement (1).

En 1814, au blocus de Mayence, le général Morand,
gouverneur de la place, homme d'énergie et d'une
puissante volonté, inflige les arrêts forcés pendant
toute la durée du siége à un officier général qui avait
violé la consigne d'un factionnaire.

Atteignant à la perfection, la discipline passive
supplée à l'insuffisance du nombre et donne une nouvelle solidité à la valeur, puisqu'au sein du danger le
brave est sans inquiétude sur la conduite que tiendront ses compagnons moins dévoués, moins rugueux,
moins nerveux, ou moins expérimentés que lui.

La discipline passive, utile toujours, est indispen-

---

(1) Le commandement n'a pas le caractère de domination mais de service public. Le commandement exige de
rares vertus, de grandes qualités.

sable surtout dans les guerres défensives; elle est la garantie vitale des armées et seule alors elle les sauve.

N'est-ce pas la discipline passive de l'armée qui sauva Rome, dans la seconde guerre punique; ne fut-elle pas un prodige de constance après les désastreuses journées du Tésin, de la Trébia, de Thrasimène, et surtout après celle de Cannes, plus funeste encore? Abandonnée de toutes les nations, Rome ne désespéra pas de son salut; elle glorifia, qui plus est, son général battu à Cannes pour n'avoir pas désespéré du salut de la patrie.

Lorsque l'on voit Alexandre de Macédoine, Annibal, César, Napoléon, s'éloigner de leur pays, franchir les monts, les fleuves, les mers, traverser des contrées ennemies, combattant, soumettant les nations, réalisant des œuvres gigantesques, que les modernes ne sauraient entreprendre, n'est-on pas saisi de surprise et d'une admiration profonde? Cependant, tout le secret de ces prodiges, de ces immenses travaux est dans la discipline, c'est-à-dire dans l'organisation, l'instruction, la tactique et surtout le moral.

Dans les armées de Turenne, la discipline était détestable; l'incendie et le pillage du Palatinat, le maraudage, les exactions sont les aveux les plus complets de ce que nous avançons. Sous Louis XV, il n'existait pas de discipline. Le maréchal de Broglie, cependant, avait été, si on en croit quelques écrivains, le régénérateur de la discipline du soldat dans la guerre de 1756; mais ce qu'ils disent de cette époque se rapporte surtout aux efforts que l'on faisait pour introduire dans l'armée française la discipline prussienne, convenable en Prusse, impraticable ailleurs. Ce fut une tentative sans fruit, parce que chaque colonel, n'ayant que sa volonté pour guide, faisait prévaloir dans son corps la discipline qui lui convenait, tandis que la discipline prussienne était la seule qui reposât sur des règlements connus, précis, observés, et d'une uniformité inaltérable, en harmonie avec les lois et les mœurs du pays.

Sous le ministère Saint-Germain, la discipline militaire fait quelques progrès, elle est moins acerbe, moins dégradante.

Le ministre, animé d'un sentiment d'humanité, comprenant tout ce qu'avait d'élevé le cœur du soldat français, modifie l'ordonnance de Louis XIII qui ordonnait l'introduction dans l'armée de cette justice expéditive, odieuse, abrutissante et sauvage appelée *coups à l'allemande*. Il prescrivit qu'on ne se servirait plus du bâton, mais du plat de sabre. Le chef d'un régiment d'infanterie, du nom de Martinet, plus philanthrope que le ministre, trouvant la correction trop rude, inventa un petit instrument moins dur que le fer; ce fut une réunion de lanières de cuir assemblées au bout d'un manche. Le colonel de ce régiment s'immortalisa plus que s'il avait gagné dix batailles, mais son invention ne fit que donner au châtiment un cachet plus ignominieux. Ce bon colonel eut avant de mourir la douleur de voir le martinet aux mains de tous les valets de chambre du royaume.

Jusqu'à la Révolution, la discipline militaire éprouva des difficultés à s'implanter dans nos armées, bien que les noms de Charles-Quint, de Gustave Adolphe, de Charles XII, de Frédéric II dussent réveiller dans l'esprit de tout militaire des pensées de discipline. En 1790, l'institution des conseils de guerre constitua définitivement la discipline; elle est devenue depuis le mode de répression légale, elle agit dans un cercle déterminé, circonscrito sur l'armée ou sur une de ses portions quelconques par la volonté personnelle, isolée et locale de ses chefs, elle est un ensemble de mesures qui sont auxiliaires de la justice. Ses effets en sont comme le supplément. Les droits que la discipline militaire exerce sur les coupables commencent à partir du point où cessent les attributions du juge.

Peu d'hommes ont, au même degré que Napoléon, été doués des facultés disciplinaires. Il possédait, comme l'a spirituellement dit le dominicain Lacordaire, le fluide impératif et le communiquait à ses lieutenants avec une admirable rapidité. C'était bien là le maître guidant ses disciples, exaltant leur imagination, parlant à leur âme et les subjuguant par un geste, une parole, un regard. Jamais sous son commandement il n'y eut ni révoltes ni murmures. La répression aurait été suivie d'un prompt châtiment. C'est ainsi que dans la guerre de Russie, en 1812, un régiment, le 33ᵉ régiment d'infanterie légère, composé en totalité de Hollandais, ayant laissé quelques hommes en arrière, défile, par ordre du maréchal Davoust, la crosse en l'air et les officiers l'épée dans le fourreau, devant le corps d'armée et les habitants de la ville conquise de Minsk, et ce malheureux régiment est en outre privé de prendre part aux travaux glorieux de la campagne.

Peut-être l'illustre et austère maréchal songea-t-il à Mahomet qui, mécontent de son armée battue en Perse, la fit défiler costumée en femmes. Mais Mahomet était dans les battus et nous étions dans les victorieux.

« La discipline dans une armée, nous dit Folard, « peut être comparée au cœur dans le corps humain.

20.

« Si le cœur est affecté, gâté, le reste de la machine
« tend à la désorganisation et à la mort. Soyez con-
« vaincus, une fois pour toutes, que les armées qui
« gagnent les batailles sont celles où la discipline est
« en même temps la plus sage et la plus inflexible.»

La discipline militaire, grâce à la sagesse de nos
institutions, à la perfectibilité de nos lois sociales, est
de nos jours empreinte d'un tempéramment de justice et de soins paternels qui n'enlèvent rien de cette
inflexibilité qui réprime les écarts. Cette discipline se
fortifie d'autant mieux que l'équité y est plus vénérée,
les droits acquis plus respectés, les services plus
honorés; elle fait vibrer les cordes de l'âme, si sonores
chez le soldat français; chefs et inférieurs s'y identi-
fient, c'est une école de haute moralité et de pur
patriotisme, qui ne peut exister si on ne l'appuie sur
l'égalité devant la loi et sur l'économie, en évitant les
abus de la somptuosité.

Enfin, disons-nous en terminant, la discipline
est l'âme des armées. Les armées anciennes et nouvelles de toutes les nations se tiennent par un lien
moral; elles ont eu et elles ont toutes la même
mission, de servir un intérêt collectif, celui de la
patrie et celui de l'honneur.

ÉTATS DES SERVICES MILITAIRES DE NAPOLÉON Ier.

Tout ce qui touche à Napoléon Ier excite et excitera
toujours un vif intérêt; cet homme, dont la haute renommée retentit d'un si grand éclat jusqu'au sein des
forêts vierges de l'Amérique du sud, et dont la prodi-
gieuse gloire touche aux cieux, ce puissant génie qui

dépasse de cent coudées Alexandre, César, Annibal et toutes les grandes figures des temps antiques dignes de l'épopée, partit du premier échelon de l'épaulette pour bientôt s'élancer entre tous comme un soleil radieux et vivifiant éclairant l'univers et préparant la fédération des peuples.

Napoléon est entré à l'Ecole militaire de Brienne
en **1779**
Passé à celle de Paris, en..................... **1783**
Lieutenant en second d'artillerie, en...... **1785**
Lieutenant en premier, en...................... **1791**
Capitaine, en.................................... **1792**
Chef de bataillon, en......................... **1793**
Chef de brigade, en........................... **1794**
Général de division, en....................... **1795**
Général en chef de l'armée d'Italie, en.... **1796**
Premier Consul, en............................ **1799**
Consul à vie, en............................... **1802**
Empereur, en.................................... **1804**

Napoléon, pendant ses campagnes, a été touché quatre fois : à Toulon, d'un coup de baïonnette et d'un coup de lance ; à Ratisbonne, d'un coup de feu, puis à Wagram.

Il a eu douze chevaux tués sous lui : trois à Toulon, quatre à Saint-Jean-d'Acre, trois en Italie, un dans la campagne de 1813, et un à Arcis-sur-Aube.

Napoléon faisait toujours un grand mystère de ses dangers sur lesquels il recommandait même le silence le plus absolu; c'est ce qui a produit cette illusion d'infaillibilité qui a survécu longtemps après sa chute.

— N'a-t-on pas entendu un vieux grenadier, à qui l'on annonçait la mort de Napoléon, répondre d'un air ironique : « Mort! lui! on voit bien que vous ne le connaissez pas. »

COURAGE.

Sentiment de nos propres forces qui nous fait surmonter un danger avec sang-froid lorsqu'il est inévitable, mais non à le provoquer à plaisir et en pure perte. Là cesse le courage et commence la témérité.

Les variétés de genre de courage sont infinies; le courage est plus difficile dans l'état d'immobilité qu'en mouvement; ce qui a fait dire que le moral de l'infanterie devait être supérieur à celui de la cavalerie.

La jeunesse a son courage actif, enfanté par la richesse du sang, entretenu par une chaleur intérieure, surexcité par une rapide circulation; l'âge mûr a son courage fils de la force, de la raison et du devoir; la vieillesse a le sien, froid, calme, passif, éclairé par l'expérience.

Il y a aussi le courage de jour et le courage de nuit, le courage solitaire et le courage public, le courage individuel et le courage collectif (1), le courage conventionnel qu'on pourrait nommer courage professionnel. Il y a encore le courage des races. Le courage de l'Arabe diffère de celui du Français. On peut

---

(1) Le général Foi a dit : « Le courage individuel est plus rare qu'on ne pense; quant au courage collectif, qui est le courage des coudes, il se communique avec une admirable rapidité. »

ajouter encore le courage de la peur (1), celui de la lâcheté (2); le courage d'esprit, résolution ferme, inébranlable dans les divers accidents de la vie. Le courage de position, par ce courage le capitaine d'un bâtiment doit rester le dernier à son bord lorsque tout va disparaître sous les flots; de par ce même courage, les présidents des assemblées politiques devraient mourir sur leur siége quand l'émeute, la révolte a brisé le sanctuaire des lois.

Mais le courage le plus sublime, c'est celui que Dieu a donné à la plus faible, à la plus timide des créatures, à la mère pour le salut de son enfant, qui est le salut de sa race; loin de l'enfant, cette mère redevient timide et craintive.

Le père de famille, dont la vie est indispensable à l'existence de ses enfants, montrera du courage en refusant un duel; mais ce courage ne sera pas facile, il le faudra montrer en plein soleil, loyalement et franchement.

Les moralistes disent que la bravoure est dans le sang et le courage dans l'âme.

« Le courage, dit Fénelon, est souvent la force des faibles. Tel qui se laisse intimider par un petit péril, retrouve tout son courage dans un péril plus grand. »

_____

(1) Celui de courir au danger mu par le sentiment de la peur; celui de se sauver; il y a des individus que le sentiment de la peur frappe d'immobilité.

(2) Le duelliste.

POURQUOI LES SOUS-OFFICIERS PORTENT L'ARME DANS LE BRAS DROIT.

Ce fut sous le ministère du cardinal de Richelieu, en 1630, que le fusil à batterie et à silex fut inventé, et ce n'est que sous Vauban qui, avec beaucoup de peine, obtint que ce fusil serait mis en usage dans un corps qui prit le nom de fusiliers du roi. En 1703, bien des années après, il fut donné à toute l'infanterie (1). Villars, le 24 juillet 1712, gagna la bataille de Denain avec des troupes où l'on ne comptait pas plus de neuf à douze fusils par compagnie; à cette époque, la majeure partie des soldats était encore armée de la hallebarde empruntée aux Suisses et introduite par Louis XI en 1481, lorsque ce monarque abolit dans la troupe l'usage de l'arc et de la flèche.

Le dernier qui garda la hallebarde dans chaque compagnie fut le sergent, et voici en quelle circonstance il fut enfin décidé qu'il serait armé comme ses hommes :

Un jour, dans les premiers temps du règne de Louis XVI, le lieutenant de police, M. de Sartines, aux mémoires duquel nous empruntons cette anecdote, reçut d'un vieil officier, depuis longtemps enfermé à la Bastille, la lettre que voici :

« Si le roi veut bien me rendre ma liberté, il en

(1) Vauban créa la douille qui donna au fusil la valeur de la pique combinée avec la puissance de l'arme à feu. Avant l'invention de la douille, on ne se servait qu'alternativement de la baïonnette et du coup de feu; la baïonnette s'engageait par une tige dans le canon, lorsqu'on voulait se servir du fusil comme offensive.

« sera récompensé sur l'heure, je lui donnerai le
« moyen d'augmenter, en moins d'un jour, son armée
« de dix mille excellents soldats. »

— C'est un fou, dit M. de Sartines, et il ne parla
de cette affaire au roi que pour l'amuser.

— Qui sait? dit Louis XVI, essayons.

Le lendemain le vieil officier était libre, et on le
faisait venir dans les bureaux de la guerre.

— Vous voyez quelle est la bonté du roi, lui dit le
ministre, il commence par le bienfait.

— Je finirai moi par le service, dit le vieux soldat.

— Vous êtes donc bien sûr de tenir ce que vous
avez promis?

— Très-sûr.

— Eh bien, alors, mettez-vous à l'œuvre, faites un
rapport.

— C'est inutile. Il ne faudra pas une ligne pour
expliquer tout au long mon projet.

En effet, il prit une plume et écrivit :

« Donnez des fusils aux sergents. » Puis il remit ce
peu de mots au ministre.

— C'est très-juste, répondit celui-ci après avoir lu.

— Et très-simple, voilà pourquoi, sans doute, Votre
Excellence n'y avait jamais songé.

Quelques temps après, tous les sergents de l'armée
recevaient un fusil et se trouvaient ainsi en état de
faire au besoin très-vaillamment le coup de feu.

*Aujourd'hui, en souvenir de l'arme qu'ils ont si
longtemps maniée, ils tiennent encore, lorsqu'ils sont
au port d'armes, leur fusil comme si c'était une hallebarde.*

LA PARTICULE DE N'EST POINT UNE MARQUE DE NOBLESSE.

Un gentilhomme, c'est un homme noble d'extraction, noble de race, qui ne doit sa noblesse ni à sa charge, ni aux lettres du prince.

Telle est la définition que l'on trouve dans les plus vieux dictionnaires de la langue française, entre autres celui de Furetière.

Les gentilshommes ne composent pas seuls tout le corps de la noblesse, mais ils en sont les aînés. Il n'y aurait plus de gentilshommes en France, s'il n'y avait plus de représentants des familles chevaleresques dont la noblesse est antérieure aux anoblissements; c'est par un abus de langage que les anoblis sont parfois nommés gentilshommes, et les ducs, marquis, comtes, vicomtes et barons, ne sont pas tous, à beaucoup près, les nobles d'extraction, de vieille roche, des gentilshommes en un mot. — Parmi la noblesse militaire et la noblesse campagnarde, parmi les familles dont le nom est relativement obscur, il y a même beaucoup plus de vrais gentilshommes que dans les rangs de la noblesse titrée, de la noblesse de Cour.

Quant au nom précédé d'une particule, il n'est pas du tout, il ne fut jamais un signe de noblesse.

Les chroniques témoignent qu'anciennement les plus notables familles de France n'avaient pas les articles particules.

C'est à tort, disent-elles, que le mot *de* est souvent appelé *particule nobiliaire;* il n'a jamais été un signe distinctif de l'extraction noble. Bien des roturiers le possédaient, bien des gentilshommes d'ancienne chevalerie ne l'avaient pas. *De* est une préposition qui, placée avant un nom, marque un rapport entre ce nom et celui qui le précède. Ainsi, Jean de Tavannes ou M. de Tavannes, signifie que Jean est seigneur ou originaire du lieu de Tavannes. — C'est donc une faute de français que de dire : *de Tavannes, de Mont-morency*, lorsque ces noms ne sont point précédés immédiatement d'un prénom ou d'un titre avec lequel la préposition *de* sert à marquer leur union.

C'est encore une faute que de mettre la préposition avant un nom qui n'est pas celui d'une terre, d'une localité, et de dire : de Chabot, de Gérard, de Friant, etc., car il n'y a jamais eu de pays appelé Chabot, Gérard, ou Friant.

Considérer la particule *de* comme un criterium de noblesse, c'est une erreur toute contemporaine, un préjugé tout bourgeois. — Il y a eu en France une multitude de familles très-nobles qui n'ont jamais porté la particule dite nobiliaire.

Lorsque les noms commencèrent à devenir héréditaires dans les familles, on ajoutait communément à la dénomination que l'on avait reçue au baptême le nom de son père mis au génitif, en sous-entendant *filius*. Rostang Bérengarii veut dire : Rostang, fils de Bérenger. Cet usage se pratique encore en Russie : on dira Ivan-Nicolaïch, Jean, fils de Nicolas; Nicolas-Nicolaïch ; Nicolas, fils de Nicolas.

Ainsi se trouve justifiée l'apparente anomalie de certains noms, qui ne sont point noms de terre, et que l'on fait cependant précéder de la particule.

La noblesse militaire était celle qui appartenait de droit aux roturiers parvenus à certains grades supérieurs dans une armée. — Louis XV, par un édit de 1750 et Catherine II, par un ukase, ont créé une noblesse militaire. La noblesse fut le berceau des grades militaires, car le grade a d'abord été noblesse, puis charge, enfin office dont on a fait officier (p. 338).

Aussi, quoiqu'en disent les niveleurs radicaux qui veulent de l'égalité par en haut, mais qui ne la supportent pas par en bas, il faut une aristocratie dans toute société. Une société sans aristocratie ne serait qu'un ballon perdu dans les airs. — On dirige un vaisseau parce qu'il a deux forces qui se balancent, le gouvernail trouve un point d'appui; il n'en est pas de même du ballon, il est le jouet d'une seule force, le point d'appui lui manque, le vent l'emporte et la direction est impossible.

ORIGINE DES GUIDES.

Napoléon, après le passage du Mincio, s'arrêta dans un château; comme il souffrait de la tête, il prit un bain de pieds; pendant ce temps, un gros détachement ennemi, égaré, perdu, arrive en remontant le fleuve jusqu'au château. Napoléon y était presque seul; la sentinelle en faction à la porte n'eut que le temps de la pousser, en criant : Aux armes! et le héros de l'Italie en est réduit à se sauver par les derrières du jardin avec une seule botte, l'autre jambe nue.

Cette circonstance fut l'origine des guides. Ils ont été imités depuis par les autres monarques.

PENSÉE DE NAPOLÉON Iᵉʳ SUR LE SUICIDE.

Un homme, et surtout un soldat, doit savoir vaincre la douleur et la mélancolie des passions. Il y a autant de vrai courage à souffrir avec constance les peines de l'âme qu'à rester fixe sur la muraille d'une batterie. S'abandonner au chagrin sans résister, se tuer pour s'y soustraire, c'est abandonner le champ de bataille avant d'avoir vaincu.

* * *

UN VIEUX CAPITAINE QUI NE SE CONNAISSAIT PAS.

Un vieux capitaine, d'une intelligence très-médiocre, s'était retiré du service, quoique jeune encore, vers l'époque du siége de Toulon, parce que, disait-il, il avait été victime d'une grande injustice, on lui avait préféré, pour le grade de capitaine, le lieutenant Napoléon Bonaparte, moins ancien que lui.

La gloire que plus tard acquit Napoléon n'a jamais pu convaincre ce brave capitaine que Napoléon était plus que lui fait pour le commandement.

* * *

PORT DE LA MOUSTACHE ET DE LA MOUCHE MILITAIRES FRANÇAISES A DIVERSES ÉPOQUES.

Le terme moustache, absolument militaire, s'est répandu depuis les premières expéditions en Italie, et il s'est conservé dans l'armée. — Son nom, celui de la *Barbe à Escopette*, la forme de celle de vieux soudards, comme le dit Ronsard, témoignent que les Français imitaient les Italiens, les Hongrois, etc. Il y avait des moustaches à la turque, d'autres en poignard. On appelait crocs les grosses moustaches à l'espagnole.

Tacite affirme que, chez les Germains, le port de la moustache n'était permis qu'aux guerriers qui s'étaient distingués par quelques faits d'armes. — Les Francs, conquérants des Gaules, ont les moustaches longues et la barbe rasée.

Sydonius témoigne que de son temps il en était encore ainsi; *leur visage*, dit cet historien, *est entièrement rasé, si vous en exceptez la lèvre supérieure où ils laissent croître deux petites moustaches.*

Chez les Français, la mode de la moustache militaire a été tour-à-tour admise par caprice ou rejetée par esprit de changement. — A la barbe que portent les troupes de Henri IV, succède, sous Louis XIII, la royale; ce roi, d'un tempérament froid, mélancolique et ennuyé, cherchait toutes sortes de moyens de se distraire; aussi entreprenait-il tous les métiers. Un jour il lui prit la manie de raser; il rassemble tous ses officiers, leur coupe la barbe et ne leur laisse qu'un petit toupet au menton, qu'on appela depuis une royale.

Sous Louis XIV, la royale ou la mouche se modifie, la seule moustache se conserve et n'est bientôt plus qu'un trait presque invisible. — En 1680, le roi renonce à la moustache, et les officiers imitent son exemple : c'est toujours et dans tous les temps la queue du chien d'Alcibiade; ce sont toujours les courtisans d'Alexandre inclinant, comme ce souverain, la tête vers la gauche. Mais les sergents continuent à porter la mouche. — La moustache était oubliée sous Louis XV; quand à l'imitation des régiments étrangers, et surtout des hussards hongrois, elle fut prise par quelques corps français, sans que, pendant longtemps, les règlements s'en occupassent.

Le règlement du 24 juin 1792 déclarait que les

seuls grenadiers devaient avoir les moustaches. — La Révolution française rasa les moustaches civiles et remit cette mode en honneur parmi les officiers de tout grade et de toute arme.

Sous l'Empire, les grenadiers, voltigeurs et cavaliers de réserve portaient la moustache : ces derniers la coupaient en brosse, ainsi le voulait l'ordonnance.

Depuis la Restauration, tous les corps à cheval ont pris la moustache, à l'exception des officiers d'état-major auxquels la circulaire du 6 juillet 1826 la défendait.

La moustache a été donnée ensuite à toutes les armes, par décision du 20 mars 1832, mais qui en dispensait par la note modificative du 4 juin 1832, la gendarmerie, l'état-major général, l'état-major du génie et de l'artillerie.

Autre temps, autre mœurs, le Premier Consul infligeait comme une flétrissure les moustaches aux condamnés aux travaux; le ministre Maison les octroyait à l'état-major général comme une distinction.

Aujourd'hui, dans l'armée et dans la gendarmerie, les moustaches, la mouche et même la barbe, dans certains corps, croissent en pleine liberté, sans contrariété, au gré de dame nature, ce qui ne laisse pas de donner à certaines physionomies un aspect varié et pittoresque, aux uns celui du chat angora, à d'autres un air quelque peu sauvage, et au plus grand nombre quelque chose de plus martial.

Toutefois, la moustache n'a pas toujours été un simple annexe poilu destiné à l'ornement du visage et à lui donner quelque chose de plus mâle; elle saurait peut-être encore, sous l'habit glorieux du soldat, inspirer la même confiance qui fut donnée à celle de Jean de Castro. Voici comment : Jean de Castro, général portugais dans les Indes, se trouvant avoir besoin d'argent, se coupa une de ses moustaches et envoya demander aux habitants de Goa vingt mille pistoles (200 mille francs) sur ce gage; elles lui furent prêtées d'abord, et, dans la suite, il retira sa moustache, ainsi engagée, avec honneur.

SUBORDINATION.

Le dictionnaire de l'armée de terre, par le général Bardin, s'exprime ainsi au mot subordination. Ce mot était inconnu au temps des sergents de bataille (1515); c'étaient eux qui, au jour d'action, subordonnaient et rangeaient, comme ils l'entendaient et le pouvaient, les hommes et les grades. — Le terme subordination a appartenu d'abord au langage de la constitution militaire. Il se trouve, sous cette acception, dans l'ordonnance du 1er mars 1768. Il signifiait obéissance envers les chefs militaires et gradation de pouvoir et de *fonctions*; il a perdu ce dernier sens, depuis que le substantif *hiérarchie* lui a été substitué. — La subordination différait de la discipline, en ce que celle-ci tend à prévenir ou à réprimer les fautes, tandis que la subordination était une position qui se modifiait suivant le rang hiérarchique. — L'inférieur violait la subordination, s'il résistait aux ordres donnés; le supérieur abusait de la subordination, s'il sortait du cercle de la loi. — L'action de la subordination devrait peser d'autant plus sur les grades, que ceux-ci s'élèvent davantage; car, plus on a de pouvoir, plus on se rend coupable par la désobéissance.

L'habileté et la réputation des chefs sont, à la

guerre, le garant de la subordination ; jamais, sous
Napoléon, et dans des circonstances désespérées, l'armée ne s'est révoltée ; on peut même dire que jamais
armée n'a murmuré sous ses ordres. L'ordonnance du
2 novembre 1833 traite de la subordination ; elle fait,
dit cette ordonnance, la force principale des armées.
La réclamation n'est permise à l'inférieur que lorsqu'il a obéi. — Mais, si l'intérêt du service demande
que la discipline soit ferme, il veut en même temps
qu'elle soit paternelle ; toute rigueur qui n'est pas de
nécessité, toute punition qui n'est pas déterminée par
le règlement, ou que ferait prononcer un sentiment
autre que celui du devoir, tout acte, tout geste, tout
propos outrageant d'un supérieur envers son subordonné, sont sévèrement interdits. — Les membres de
la hiérarchie militaire, à quelques degrés qu'ils y
soient placés, doivent traiter leurs inférieurs avec
bonté, être pour eux des guides bienveillants, leur
porter tout l'intérêt, et avoir envers eux tous les
égards dus à des hommes dont la valeur et le dévouement procurent leur succès et préparent leur gloire.

On peut dire que l'ordre est un dérivé de la discipline, et que la subordination en est la principale
base.

COCARDE.

Le mot *cocarde* est dérivé de coquardeau, ou analogue à ce substantif ; il s'est d'abord écrit *coquarde*,
comme le témoigne Ganau, et comme le faisait encore l'encyclopédie de 1751 ; il a la même étymologie
que *coquart* ou, suivant Borel, *quoquart*, qui signifie

un *merveilleux*, un *mirliflore*, un homme faisant le coq, portant une plume de coq au chapeau.

L'emploi que fait la langue anglaise du mot *cokde*, dans lequel est entièrement le mot *cock*, ce mot d'origine celtique (suivant M. Leber), est aussi un témoignage en faveur de cette étymologie; une preuve que le terme est d'invention française, c'est que la langue italienne de laquelle une grande partie des étymologies militaires sont sorties, n'offre rien qui ressemble à *cocarde*, et emploie dans une signification pareille des mots très-différents, tels que *nappa*, *fiocco*, qui répondent à notre ancien mot *floquet*. Gebelin prétend qu'on a donné le nom de cocarde à une aigrette ou à un flocon de ruban imitant la crête du coq; mais cette supposition n'est pas exacte. Du XIIe au XIIIe siècle, les ailettes étaient un genre de cocarde. Louis XI, prisonnier de Charles-le-Téméraire et marchant à sa suite contre les Liégeois, avait attaché à son chapeau et au chapeau de ses gens la croix rouge de Bourgogne, et cachait cette croix blanche alors signe national de France et longtemps figurée sur les chapeaux de l'infanterie française. Le monarque cauteleux changeait, pour l'instant, de cocarde et reniait la France : mais ce nom de cocarde n'était pas encore connu, et la mode d'un signe de ce genre ne se maintint pas. La *coquarde* était une des enjolivures dont s'attifait un coquardeau; c'était le nœud de ruban qui pendait du chapeau d'un Colin; c'était la jarretière de la mariée que, dans les noces de campagne, on plaçait en houpette à la boutonnière, ou aux aiguillettes du pourpoint. Au temps de Charles IX, quand la Cour organisa, en 1572, les égorgeurs de la Saint-Barthélemy, elle leur enjoignit de se reconnaître au moyen d'une croix de papier blanc attachée au chapeau; cette espèce d'ordre du jour mentionnant les mots : *croix de papier*, témoigne, qu'à cette époque, on n'avait encore aucune idée de la cocarde actuelle. — La manière dont s'écrit maintenant ce substantif résulte du changement d'orthographe qui s'opéra sous Louis XIII, et dont nous trouvons un exemple dans Dulaure qui cite les deux vers que voici, et qu'on doit au poète gentilhomme Villon :

« Le diable me tentait d'arracher des manteaux
« Et de tirer la laine à quelques cocardeaux.

Au temps de la Fronde, vers 1650, on ne se sert pas encore de cocardes; les mémoires de Chavagnac le prouvent; on y lit : « Ils s'avisèrent de porter sur leurs chapeaux de la paille par signal de faction. » — M. Dulaure ajoute qu'un abbé Fouquet, au Palais-Royal, fit un discours sur les avantages du retour du roi, et les engagea (les parisiens) à placer un morceau de papier à leur chapeau, en opposition à la paille : chaque fois que la paille se rencontrait avec le papier, ceux qui avaient ces signes se battaient avec fureur. Cet usage de se distinguer par quelque production des champs, par quelque branchage, est fort ancien. M. Roquefort cite certaines troupes ou bandes qu'on a nommés *Feuillards* ou *Foillards*, parce qu'ils portaient un rameau à leur coiffure : plusieurs auteurs tels que Beneton (1742) et Despagnac (1751), prétendent que la cocarde est en usage depuis Louis XIII; ils se trompent : le mot est si peu ancien, que Furetière, mort en 1688, n'en fait pas mention. Cependant, Walter Scott (*Dame du Lac*) donne à entendre que dans la première moitié du xvi⁰ siècle, la cocarde ornait la toque des clans écossais; mais l'expression est plus pittoresque que technique, et eût dû se traduire par floc ou floquet, qui étaient les expressions du temps. C'est seulement dans les dernières guerres du XVIIe siècle que, à défaut d'habits d'uniforme, ou faute de vêtements reconnaissables, on se sert de cocarde pour se distinguer dans le combat. Ainsi, dans la guerre de 1688, les chapeaux de l'armée française sont reconnaissables un jour d'action par des cocardes de papier. L'usage de la cocarde devint plus général dans la guerre de 1701, parmi les troupes françaises, combattant au nord ; dans l'armée opposée, Eugène et Malbourough donnent aux Allemands, aux Anglais, aux Hollandais, une poignée de paille ou de verdure pour cocarde ; ce dernier usage se retrouvait encore, de nos jours, dans les armées autrichiennes, sous le nom de : *signe de campagne* ou *feldzeichen*. — On ne doit donc regarder la cocarde que comme un effet de coiffure usité depuis la suppression de l'aiguillette et des nœuds d'épaule, de 1700 à 1710. L'emploi de la cocarde se régularise dans la guerre de la succession, parmi les troupes combattant au midi ; là, les armes combinées de France et d'Espagne portent, l'une et l'autre, des cocardes blanches et rouges, comme mélange de couleurs des deux armées, et comme témoignage de la communauté des intérêts qui les unissent. L'électeur de Bavière s'alliant à nous, dans cette guerre, fait prendre à ses troupes des cocardes blanches et bleues ; et le duc de Mantoue se liant d'intérêt avec la France et l'Espagne, donne à son contingent la cocarde blanche, rouge et jaune. Quels que soient les noms qui aient été donnés à ces signes distinctifs, on peut affirmer que le mot cocarde ne se francise, dans son acception maintenant connue, que vers la régence et depuis l'adoption des chapeaux à trois cornes. Les soldats aux gardes, comme le témoigne de Canceau (au mot coq), furent les premiers qui en firent usage, parce qu'une cocarde en chamarrait le bout de gauche ; mais la couleur en était bien indéterminée, puisque dans la guerre de 1756, où nous combattions comme alliés de l'Impératrice Reine, la cocarde française était blanche et verte. Les généraux avaient affecté aux commis au pain une cocarde blanche; aux commis à la viande, une rouge; aux maîtres d'hôtel ou valets de chambre exempts de porter livrée, une cocarde jaune. Jabro (1777), (au mot *uniforme*) et Potier (1770) (au mot *ordonnance*), s'étendent sur ces détails. La cocarde a été sagement adoptée comme marque des alliances publiques; mais un signe propre à caractériser ces alliances eut été plus convenablement attaché aux enseignes des régiments qu'à la coiffure des troupes. Quand la cocarde a cessé d'être un attribut fédératif, ou un témoignage de fonction et de profession, elle est devenue un signe inutile. Voilà pourquoi l'encyclopédie (de 1785) propose d'oublier et de supprimer ce chiffon, cette vaine parure, cette dépense superflue. Cependant, la mode et le caprice, mais non la loi ni la nécessité, en maintinrent l'usage dans nos troupes: il devint, vers le milieu du siècle, une institution légale. Les gravures de l'ouvrage de Puységur (1748), et celles du règlement de 1755 (17 août), nous montrent sur le bord galonné de nos chapeaux de soldat, une petite rosace de ruban, du diamètre d'un pouce à peine; c'était la cocarde que soutenait une ganse. Le règlement de 1761 (15 avril), intervint en cette matière abandonnée jusqu'à ce jour à l'arbitraire et disposa que chaque soldat se fournirait une cocarde de basin blanc, que la masse de linge et chaussure en supporterait les frais, et que l'usage du plumet serait interdit. Le règlement de 1779 (21 février), voulait que la cocarde fût surmontée d'une houppe. Il est curieux que ce fut la cocarde des commis au pain qui devint celle des troupes; mais dans l'armée française de terre jusqu'en 1778, et même plus tard, toute la législation de détail et toutes les innovations en fait de nomenclature, ont été le produit du hasard. La cocarde de la gendarmerie de la nation a été toujours noire, parce que telle était la couleur du velours de harnachement. A mesure que l'uniforme se perfectionne, la cocarde de basin blanc devient la seule qu'il soit permis aux officiers français de porter sous les drapeaux; car c'est ainsi que l'ordonne le règlement d'habillement de 1779; cette disposition est fortifiée par l'ordonnance de 1788 (31 octobre), qui prononce peine de prison contre tout individu non militaire portant cocarde. Hors du régiment, la couleur de la cocarde française était si peu fixée que jusqu'en 1789, les jeunes officiers français qui se piquaient d'élégance et de bon ton, ne portaient au chapeau, quand ils étaient en semestre, en habit de ville ou à la Cour, que de grosses touffes ou rosaces de ruban noir. La cocarde arborée à Paris, le 14 juillet 1789, par Camille Desmoulins haranguant la multitude dans le jardin du Palais-Royal, fut d'abord verte (1), puis le 26 juillet, devint *tricolore*. Le journal de Prudhomme en fournit la preuve, et M. Droze en a trouvé le témoignage dans les procès-verbaux des séances de la Commune. En 1791, lors du fameux repas donné par les gardes du corps à Versailles, des cocardes, les unes blanches, les autres noires, avaient été distribuées aux convives. Les légions d'émigrés français, en partie au service de l'Angleterre, avaient au commencement de la guerre de la révolution la cocarde noire. Telle était celle de *Loyal-Emigrant*, qui fut si cruellement mis

---

(1) Camille Desmoulins, entraîné par son exaltation patriotique, arracha une feuille d'un arbre qui était à sa portée et la plaça à son chapeau.

à mal par le général Vandamme, à Furnes, après la levée du siége de Dunkerque. Les régiments d'émigrés, créés en Angleterre pour l'expédition de Quiberon, avaient au contraire la cocarde blanche. De là, la distinction des corps à cocarde blanche et de ceux à cocarde noire, dont il est fait mention plusieurs fois par M. Thiers (tome VII, 1834, p. 474). Les capricieuses modes de la cocarde étaient tout à fait inconnues dans l'armée qui donnait le ton à celles de l'Europe. Ainsi la milice prussienne au temps de Frédéric II, ne portait pas ces cocardes. Avant 1789, jamais cocarde n'avait été attachée au shako d'un hussard, à un casque de dragon, à un bonnet à poil; c'eût été une hérésie en fait de tenue, une impardonnable faute contre la mode. Par une raison analogue, la milice autrichienne qui ne connaissait pas les chapeaux, ne connaissait pas la cocarde. Jusqu'à la guerre de la Révolution, la cocarde n'était qu'un signe purement militaire; aussi disait-on dans les milices anglaise et française : *to wearn*, *porter cocarde*, comme synonime de l'expression *être au service*. Cette distinction uniquement militaire de la cocarde se modifie; le ruban tricolore pris en 1789, le 26 juillet, comme insigne politique, et longtemps avant que le drapeau fût tricolore, fut donné ensuite à l'armée comme insigne militaire. Ce signe ressemblait, soit par hasard, soit par combinaison, aux couleurs qui de tout temps avaient été celles de nos rois, de l'armée, de la nation, de la ville de Paris. Il associait deux couleurs que Henri IV avait portées. Il rappelait les trois couleurs que ce grand roi avait données au pavillon hollandais, et celles qui avaient mené à la victoire l'armée de Charles VII ; mais la cocarde de 1789 (1)

_____

(1) Les couleurs de la cocarde étaient ainsi disposées :

est tombée devant la coalition étrangère. La circulaire de 1830 (11 septembre), rétablissait la cocarde française ; nous disons française, parce que, linguistiquement, historiquement, sans arrière pensée politique, il n'y a eu de cocarde française, en vertu de loi, que la cocarde tricolore ; ceux qui diraient que la cocarde blanche a été la cocarde française, avanceraient une assertion que l'histoire réprouve ; seulement elle a été en vertu d'ordonnances la cocarde des soldats de 1767 à 1789 ; elle a été en vertu d'ordonnances la cocarde militaire de 1815 à 1830.

En 1830, la cocarde blanche disparut encore une fois, pour faire place à la cocarde tricolore qui devient à jamais l'image nationale du peuple.

Les trois couleurs rayonnant à la coiffure de nos soldats comme une étoile civilisatrice, vient de recevoir une nouvelle consécration. Le monde reconnaîtra désormais à ce signe le symbole de toutes les gloires.

La cocarde n'est point employée comme marque distinctive dans les uniformes, et par ce motif elle pourrait être la même pour tous les grades, c'est-à-dire que la cocarde des sommités de l'armée fût de la même matière que celles des soldats.

ORIGINE DE LA MALMAISON.

L'origine de la Malmaison est fort ancienne. Lors de l'irruption des Normands au XIᵉ siècle, un des chefs

---

le bleu au bâton, puis le rouge et le blanc à l'extérieur. Au retour de Napoléon de l'île d'Elbe, ce monarque opéra dans la cocarde une permutation dans le classement des couleurs : Il plaça le bleu au bâton, le blanc au milieu, et le rouge à l'extérieur, ainsi qu'elles se portent aujourd'hui.

de ces barbares nommé Odon s'établit avec quelques-
uns de ses soldats sur la crête d'une des collines qui
dominent la Seine et avoisinent Nanterre. Posté là
comme l'aigle dans son aire, le hardi brigand s'élan-
çait sur les voyageurs, les marchands, etc., qui passaient sur la route, les rançonnait et les entraînait dans
son repaire où il les égorgeait. Epouvantés de tant de
crimes, les habitants abandonnèrent la contrée et ap-
pelèrent l'espèce de grange fortifiée qu'on avait élevée
sur ce lieu la *Mauvaise Maison.* Mais telles sont les
choses de ce bas monde que cet antre du crime, célèbre par tant de meurtres, est devenu, après neuf
siècles, un séjour de plaisance, une habitation déli-
cieuse où le plus puissant génie, Napoléon, consul,
empereur, aimait à se retirer pour y élaborer, mûrir
ses grandes pensées. C'est de la Malmaison que Napoléon partit pour se livrer à la foi punique des Anglais. On conserve encore dans l'une des allées du
jardin de ce palais une *empreinte d'un des pieds* de ce
grand et hardi civilisateur qui a préparé la fédération
des peuples.

LE CHEVAL EST ORIGINAIRE DE L'ORIENT.

La première patrie du cheval, pense-t-on, s'étend
depuis le Volga jusqu'à la mer de Tartarie, au nord
de la Chine; il est donc d'origine orientale. — On
rencontre ces animaux en bandes innombrables dans
ces contrées où ils sont connus sous le nom de Tar-
pans. — Le Scythe, qui campe sur les mêmes pla-
teaux, les a domptés de temps immémorial, et c'est
lui le premier cavalier qu'on ait vu sur un champ de

bataille. — Lorsque les hordes scythiques envahirent la Thrace et la Grèce, l'imagination en fit d'abord des légions de centaures, c'est-à-dire des animaux moitié homme et moitié cheval; mais à l'étonnement et à la frayeur succédèrent bientôt la confiance, et l'on vit l'usage des chars disparaître dans les batailles comme par enchantement.

L'Arabie est une des premières contrées où le cheval se soit acclimaté; il est devenu l'enfant des steppes, l'ami, l'hôte inséparable de l'Arabe. Ecoutez ce que raconte le prophète :

« Dieu appela le vent du sud et lui dit :

« Je veux tirer de toi un nouvel être; condense-toi,
« dépose ta fluidité et revêts une forme visible. » Et le vent du sud obéit à sa voix. Alors il souffla sur l'élément devenu palpable et le cheval fut produit. « Va,
« cours dans la plaine, ajouta le Créateur, tu devien-
« dras pour l'homme une source de bonheur et de ri-
« chesse; la gloire de te dompter ajoutera à l'éclat des
« travaux qui lui sont réservés. »

Azara, qui vivait en 1790 et qui a transmis les notions les plus exactes au sujet des chevaux sauvages, raconte qu'au sud de Rio de la Plata, il a vu ces animaux voyager en troupes de huit à dix mille individus, et que ces troupes, précédées d'éclaireurs, comme une armée l'est de son avant-garde, marchent en colonne serrée que rien ne peut rompre. — Lorsqu'ils sont attaqués par les bêtes féroces, ils forment le cercle aussitôt, la tête au centre et se défendent vaillamment par des ruades que l'ennemi n'affronte pas impunément. — C'est cette manière de combattre contre des ennemis redoutables qui a donné aux Juifs, chez lesquels on trouve la première trace du carré militaire, l'idée de la formation de cette manœuvre défensive devenue indispensable dans nos guerres modernes pour repousser l'impétuosité agressive et tactique de la cavalerie.

Buffon a dit que le cheval est *la plus noble conquête de l'homme sur la nature animée*. Ce grand naturaliste avait raison. Le cheval, en effet, est non-seulement le plus beau, le plus brillant des grands mammifères *domestiques*, dans tous les pays, mais chez les nations civilisées, il est celui dont l'usage est le plus varié, le plus répandu. Auxiliaire utile de l'agriculture, de l'industrie, du commerce et de toutes les relations établies entre les peuples, par son emploi dans les armées, le cheval est, de plus, l'un des agents matériels les plus puissants de la force de ces peuples, car le cheval est essentiellement propre à la guerre plutôt par instinct que par éducation; qu'on le suive, lorsqu'il est habitué au son de la trompette et au bruit du canon, on le verra se mettre au combat aussi bien que le cavalier qu'il porte. Il prend part à la lutte en mordant les chevaux; il obéit à la discipline en ne quittant jamais son rang. N'est-il donc pas vrai de dire qu'il partage les dangers et la gloire de l'homme.

Cependant qui jugerait sur cette donnée le noble animal décrit par Buffon, s'exposerait à de grossières erreurs.

— Le cheval est toujours ce qu'il a été depuis qu'il est sorti des mains de la nature, c'est-à-dire un type du beau dans la création. Son caractère essentiellement domestique et docile a permis à l'homme de l'assujettir aux travaux les plus vulgaires, et, comme dans la race humaine, il y a dans celle des chevaux des monstruosités si éloignées du type originel, qu'on peut douter à certains jours qu'ils aient rien du sang et du souffle de la race primitive.

La race orientale, ainsi qu'il l'a été dit, est le véritable type équestre, et la race arabe est la plus belle du type oriental ; elle est en même temps la plus ancienne forme de cheval qui ait été connue ; c'est la race mère ; c'est le prototype de l'espèce. Le cheval arabe est bâti pour la durée et la résistance ; l'harmonie chez le pur sang est parfaite ; en lui il y a parfait équilibre, pondération vraie entre toutes les forces ; c'est la première comme la plus complète de toutes les races ; c'est enfin la plus haute expression de ce qu'on entend par beau et bon cheval.

SALUT MILITAIRE.

Le salut, selon la définition qu'en donne le général Bardin, est un acte de déférence et de discipline, un honneur rendu, une sorte d'hommage hiérarchique, un gage de subordination ou une simple politesse, un pur échange d'égards. — Selon M. le général Ambert, le salut militaire est un symbole remontant à la plus haute antiquité. — La manière de saluer, si l'on est sous les armes ou non, est différente. La sentinelle, qui présente ou porte les armes à un officier, exprime sa pensée par ce symbole : Voici mon arme prête à vous obéir. Lorsque le militaire n'est pas sous les armes et qu'il a à saluer un chef, il ouvre la main droite et la place à hauteur du front, la partie palmaire en avant, signe d'obéissance entière, obéissance du bras qui exécute, obéissance de la tête qui pense.

Une loi de l'an III étendait aux militaires mutilés et aux blessés par le fait de l'*ennemi* le droit aux honneurs de nature à être rendus par les postes et les sentinelles. Si ce système, alors mal dirigé, se fût maintenu en s'amendant, dit le savant général Bardin, si le militaire estropié par le fait de l'ennemi eût porté sur lui une marque apparente de l'origine de cette anoblissante mutilation, il y aurait eu entre les temps passés et les usages nouveaux cette différence, que les honneurs, au lieu d'être uniquement ou principalement un tribut dû envers le rang ou l'emploi, eussent été en même temps le prix de la capacité personnelle, de la valeur et des services cimentés par le sang; l'esprit militaire y eût gagné.

L'ordonnance du 1er juillet 1788 prescrivait aux bas-officiers (il n'y avait pas encore de sous-officiers), rencontrant un officier général, un officier supérieur ou leur capitaine, de se lever s'ils étaient assis, de s'arrêter s'ils marchaient; d'ôter le chapeau en le tenant abattu du côté droit, sans inclinaison de tête ni de corps. — Cette même ordonnance voulait que, dans les mêmes circonstances, les autres hommes de troupe s'arrêtassent devant ces mêmes personnages, leur fissent face, sans porter la main au chapeau. — Les hommes de troupe, rencontrant tous autres grades, devaient saluer, sans s'arrêter, mais en portant une main à plat sur le côté du chapeau opposé à la personne saluée. — Cette même ordonnance voulait que le personnage salué rendît le salut, au bas-officier, en ôtant le chapeau, aux autres hommes de troupe, en portant la main au chapeau.

Si les mêmes militaires en grade entraient dans la chambrée, les hommes de troupe devaient se lever; s'ils étaient debout, se placer au pied de leur lit, et mettre la main droite au chapeau, ou près de la tête, jusqu'à ce que le chef d'escouade leur fît le commandement : *Repos.* Pour tous autres officiers que les personnages indiqués plus haut, les hommes de la chambrée devaient se tenir debout, sans quitter la place où ils se trouvaient. — Si un officier général, supérieur, ou autres, appelaient un bas-officier (sous-officier), ou un soldat, le militaire appelé devait s'avancer avec empressement jusqu'à deux ou trois pas de son chef, lui prêter attention, en mettant chapeau bas, s'il était bas-officier (sous-officier), ou sinon, y portant la main ; il demeurait dans cette attitude jusqu'à ce que l'officier eût fini de parler.

L'ordonnance du 2 novembre 1833, sur le service des troupes, donne la forme de salut que tout inférieur doit à son supérieur ; la forme de ce salut diffère peu de celle qui a été prescrite par le règlement du 1er juillet 1788, sur lequel il a été calqué, avec cette différence qu'il a été admis que le militaire ne se découvre pas lorsqu'il est coiffé du casque ou schako.

LANCE.

La lance, proprement dite (1), a joué un grand rôle dans la cavalerie du moyen-âge. Elle a trois époques distinctes. La première est l'époque chevaleresque, alors que nos gens d'armes, formés en haie, la lance en arrêt, faisaient l'admiration de l'Europe ;

(1) On a souvent confondu autrefois la *lance* avec la *pique*. La lance était une arme chevalière et la pique une arme roturière. On appelait aussi indistinctement dans les premiers temps de notre monarchie lance, les javelots, dards, etc.

la seconde est la naissance de la lance entre les mains des Polonais. D'abord elle arma une grosse et lourde cavalerie, puis une cavalerie légère : enfin, après 1830, ce ne sont ni nos cuirassiers ni nos hussards que nous armons de la lance, mais notre cavalerie de ligne.

La lance fut abandonnée sous Henri IV. Plusieurs raisons concoururent au rejet de cette arme ; mais de toutes ces raisons, celle qui semble la plus déterminante, c'est qu'il fallait une trop grande habitude de son exercice.

Napoléon Ier avait eu l'intention de donner la lance aux cuirassiers, mais le temps de paix lui a manqué pour effectuer ce changement. La lance aux poings des cuirassiers les eût rendus invincibles, aucune infanterie, quelle que fût d'ailleurs sa qualité, n'eût pu résister à cette cavalerie.

Les militaires éclairés pensent que la question de l'armement de la cavalerie sera décidée en faveur de la lance.

CONSIDÉRATIONS SUR LES MŒURS PUBLIQUES DES CAMPAGNES.

Puisque nos codes ont trouvé les moyens pour parvenir sûrement à la punition des crimes, délits, etc., pourquoi ne serait-il pas permis de parler des mesures propres à les prévenir ?

Pour arriver à ce but, il s'agit d'améliorer les mœurs publiques.

Dans les campagnes surtout, on voit des enfants se livrer à des petits vols de fruits ; ils commettent des déprédations sur les arbres, en arrachant leur écorce et leurs branches, malgré la surveillance des gardes, ce qui enlève l'espoir de productions précieuses, et détermine parfois la perte d'arbres fruitiers qui ont coûté plusieurs années de culture et d'attente.

Ces enfants font des percées dans les haies d'entourages pour les franchir; ils vont dans les forêts de l'État et dans les bois particuliers voler à toutes mains; ils se livrent à la mendicité, excités souvent par leurs pères et mères.

D'un autre côté, on voit des pères et mères maltraiter publiquement leurs enfants d'une manière révoltante; on voit des enfants outrager leurs pères et mères, on les voit insulter des vieillards, se livrant ainsi à de mauvaises inclinations, s'accoutumer insensiblement à de plus grands délits, et devenir enfin, dans un âge mûr, l'objet de répulsion pour la société et de punitions méritées infligées par les lois.

Serait-il donc impossible de créer aujourd'hui, en faveur des mœurs publiques des campagnes, une institution qui pourrait prévenir de grands désordres auxquels notre génération est trop encline.

Qui empêcherait d'établir dans chaque commune rurale un tribunal patriarchal, *sans registres et sans écritures*. Ce tribunal, composé de vieillards qui auraient le droit de l'épurer, s'assemblerait quatre fois par an. C'est dans le temple même de la religion, et en présence de ses ministres, que se tiendraient des séances honorées par un respect religieux. Là, ils auraient la faculté d'appeler *en public* les enfants sur lesquels on aurait à reprocher des actions attentatoires à la morale publique.

L'assemblée pourrait de même appeler *en secret* les pères et mères qui maltraitent *publiquement* leurs enfants; qui les soutiennent dans leurs mauvaises inclinations, en les excitant eux-mêmes à faire le mal, qui dénigrent publiquement les lois et parlent contre leur exécution.

Des leçons paternelles seraient données, et la loi, autorisant ces leçons, elles prendraient insensiblement un caractère de force et de puissance qui, imprimant le respect, ne manquerait pas d'influer avantageusement sur les mœurs.

Combien d'hommes conduits à l'échafaud, qui l'auraient évité s'ils eussent reçu cette première éducation ! Combien de jeunes gens eussent évité de terribles épreuves qui flétrissent leur existence et leur rendent la vie à charge, si on leur eût montré le précipice.

DÉCORATION D'ABDUL-MEDJIÉ (le croissant).

Voici quelle serait l'origine du croissant qui décore les emblèmes turcs. A l'époque où Philippe de Macédoine s'était approché, avec ses troupes, pour faire le siége de Byzance, ayant reconnu à la résistance des assiégés qu'il ne pourrait s'emparer de vive force de cette ville, il résolut de la surprendre en profitant d'une nuit obscure, afin que l'ennemi ne pût distinguer les mouvements de son armée. Le moment étant venu, Philippe dispose ses colonnes pour l'assaut, mais à l'instant où elles arrivent sur les glacis, les nuages disparurent, et la lune, éclairant tout à coup le paysage, découvrit aux assiégés l'armée assiégeante qu'ils repoussèrent avec furie. Dès ce moment, le croissant fut adopté comme l'emblème favori de la ville. Lorsqu'en 1453, Mahomet II prit Byzance, après quarante jours de siége, il trouva le croissant partout, et, pensant qu'il possédait sans doute la puissance magique, il l'adopta et le fit figurer depuis lors dans tous les insignes.

C'est donc cette raison qui fait que la décoration de l'ordre du Medjié, créé à l'occasion de la campagne de Crimée par le sultan Abdul, porte un croissant dans sa composition.

CRÉATION DES COMPAGNIES DE VOLTIGEURS.

Le nom de voltigeur, écrit le général Bardin, auquel nous empruntons ce qui va être dit, a été donné à des soldats d'infanterie destinés à faire en campagne le service de tirailleurs. Les grenadiers (1) et les carabiniers furent longtemps les seules troupes d'élite de l'infanterie de ligne et de l'infanterie légère. Lorsqu'en 1776 on réforma une partie des régiments, et que l'on ne conserva qu'une seule compagnie de grenadiers par régiment, on créa, pour remplacer les autres, une compagnie de chasseurs. Les grenadiers occupaient la droite du premier bataillon, les chasseurs la gauche du second. Ces compagnies disparurent lors de l'organisation de 1791, et les soldats du centre des régiments d'infanterie légère furent les seuls qui conservèrent le nom de *chasseurs*. Depuis cette époque jusqu'en 1804, les hommes de petite taille furent souvent dans l'armée en butte aux railleries et aux plaisanteries de leurs camarades. Napoléon mit

---

(1) Les grenadiers ont été créés en 1670. Cette création est toute française.

un terme à cette disposition malveillante; il modifia l'ancien usage qui n'admettait au service que *des hommes de cinq pieds un pouce au moins*, et en reçut de *quatre pieds neuf pouces;* enfin, pour stimuler l'amour-propre de ces soldats de petite taille, il voulut créer des compagnies d'élite qui fussent pour eux ce que celles des grenadiers étaient pour les hommes de haute taille. Cette mesure augmenta l'effectif des troupes de 40,000 hommes, et récompensa en outre un grand nombre de valeureux soldats qui, par défaut de taille, ne pouvaient entrer dans les compagnies de grenadiers. Ce fut un puissant moyen d'émulation que cette rivalité qui s'établit entre les grenadiers et les voltigeurs, entre les hommes de grande et de petite taille. La première fois que ceux-ci combattirent en ligne, ce fut en *Italie*, au passage de l'Adige. Le son de leurs cornets fit prendre le change aux Autrichiens, qui crurent que c'était la cavalerie qui les attaquait. Le décret du 13 mars 1804 avait institué d'abord des compagnies de voltigeurs dans chaque bataillon d'infanterie légère, et celui du 24 septembre suivant en avait placé également une dans chaque bataillon d'infanterie de ligne.

Dans l'origine, les voltigeurs furent spécialement destinés à être rapidement transportés, par les troupes à cheval, sur les points où leur présence pouvait être nécessaire, à peu près comme les vélites romains. En conséquence ils furent exercés à monter lestement et d'un saut sur la croupe des chevaux, à en descendre avec légèreté, à se former rapidement et à suivre, à pied, un cavalier marchant au trot, *quasi volitantes*. De là sans doute l'origine de leur nom. . . . .

DRAPEAU RÉGIMENTAIRE (1).

Les enseignes, que nous appelons drapeaux, a dit
M. de Cessac, n'ont pu être instituées que pour distinguer les différentes troupes, et pour faciliter aux
membres de chacune d'elles le moyen de se rallier à
leurs compagnies. Ainsi, quand l'art de la guerre eut
fait quelques progrès vers la perfection, on cessa de
porter une petite botte de foin au haut d'une pique,
et l'on choisit pour enseignes des objets d'une forme
assez variée pour être facilement distingués; ce fut
d'abord de grands quadrupèdes ou des oiseaux de la
plus grande dimension que l'on avait empaillés; à ces
animaux empaillés on substitua leurs images grossiè-
rement peintes sur une étoffe de laine ou de fil; de là
le nom de *drapeau*. Des hiéroglyphes, plus ingénieux
que sensibles, succédèrent aux images des animaux;

---

(1) Les peuples les plus anciens ont eu des drapeaux.
L'histoire sainte nous a conservé le souvenir des enseignes
affectées aux douze tribus d'Israël; elles avaient chacune
une couleur et un signe symbolique qui leur étaient propre.
— Les drapeaux des Égyptiens portaient l'image de leurs
dieux ou des symboles de leurs princes. — Ceux des Grecs
portaient différentes lettres de l'alphabet ou différents animaux. — Ceux des Romains étaient décorés de l'aigle, du
loup ou du minotaure, etc., etc., jusqu'à Marius qui
ne conserva que l'aigle aux ailes déployées, tenant une
foudre dans les serres. Les drapeaux des premiers Francs,
faits à l'imitation des drapeaux romains, eurent, entre
autres symboles, une épée la pointe en haut, une tête de
bœuf, etc., etc. L'histoire du drapeau français est mal
connue et serait à faire. Les drapeaux, quelque nom qui leur
doive être donné, furent une imitation des coutumes asia-
tiques.

ils furent effacés à leur tour et remplacés par un saint révéré dans la contrée, ou par l'image d'un guerrier que ses faits d'armes avaient rendu célèbre.

En 498, la chape ou bannière de saint Martin devint l'enseigne ou le symbole de la nation française. Cette chape consistait en un voile de taffetas bleu, sur lequel était peinte l'image de saint Martin.

Dans le commencement du xi° siècle, la bannière devint une marque de juridiction seigneuriale, un symbole de justice, car la bannière n'était qu'une croix.

A Crécy, les gens des communes combattaient sous leurs bannières; pendant le xii° siècle, le curé marchait devant la bannière, même en guerre, quand la commune ou paroisse prenait les armes.

Louis XI remplaça les bannières par des drapeaux, et, dès lors, le fanon s'attacha à la branche verticale, qui resta seule; la croix devenait lance, l'idée se transformait.

Le rouge, blanc et bleu devinrent, dès le règne de Charles VII, les couleurs propres aux Français.

Henri IV donna aux Hollandais, qui lui demandèrent de leur faire choix d'un pavillon qu'ils arboreraient, les couleurs de la France, les couleurs nationales.

Louis XIV accorda à sa marine le drapeau tricolore, comme faisceau, comme synthèse des nuances.

Mais il n'y eut de drapeau régimentaire que depuis Henri III; jusque là les corps se ralliaient à l'enseigne qui était celle du chef de la troupe; encore le mot drapeau parut-il pour la première fois dans les règlements militaires, sous le règne de Louis XIV; chaque compagnie eut alors son drapeau. La multiplicité nuisit à son importance, si bien qu'à Rocroy, 70 drapeaux furent pris sans compter les cornettes et guidons.

Jusqu'à la révolution française les drapeaux étaient de toutes les couleurs et portaient des devises diverses, selon la province. — Ils se divisaient dans l'armée en drapeau d'ordonnance, drapeau colonelle (distinction attachée au grade de colonel). Il y avait aussi des étendards, des guidons, des fanions, des bannières, des pennons, etc.

Le drapeau blanc, donné à l'armée en 1814, n'était donc pas l'ancien drapeau de la vieille monarchie, car l'antique monarchie n'avait pas de drapeau unique pour ses régiments (1).

Le drapeau tricolore, arboré par les gardes nationales de Paris, en 1789, n'était pas non plus le drapeau de la révolution, mais bien celui de Henri IV (2).

---

(1) Au moyen-âge, le drapeau blanc était le signe de la défaite, l'appel à la miséricorde et l'exorde télégraphique du discours d'un parlementaire suppliant; les défenseurs d'une place aux abois arboraient le drapeau blanc, c'est-à-dire la première chose qui leur tombât sous la main, pourvu que cette chose fût blanche. Plus tard, ce drapeau idéal est devenu une enseigne personnelle et la distinction du grade de colonel général d'infanterie. Ce drapeau était analogue à la cornette du colonel général de la cavalerie, et le blanc se maintint comme une distinction que les colonels généraux s'étaient décernée de leur propre autorité, et que petit à petit les colonels particuliers aspirèrent tous à s'attribuer, lorsque Louis XIV, jaloux de l'influence des colonels généraux d'infanterie, les dépouilla du blanc et leur donna, comme par un traité de compensation, les drapeaux tricolores qui étaient ceux du roi.

(2) Le drapeau, jusqu'en 1814, avait ses trois couleurs ainsi disposées : le bleu à la hampe, le rouge au milieu et le blanc à l'extérieur. Au retour de l'île, Napoléon opéra une permutation, en plaçant la couleur blanche au milieu et la couleur rouge en dehors.

Un instant, cette garde nationale arbora le drapeau blanc qu'elle abandonna pour celui des gardes françaises, modifié. Ce drapeau était bleu d'azur, semé de fleurs de lys d'or et traversé d'une large croix blanche ; au centre de sa croix était représentée, d'un côté, la Bastille embrassée, surmontée de la devise : *Ex servitute libertas ;* de l'autre côté, étaient une couronne civique et l'inscription : *Pro patria et lege ;* les quatre extrémités de la croix étaient ornées d'une broderie figurant le bonnet de la liberté.

En 1762, on accorda à de vieux militaires l'honneur de porter les drapeaux, et ceux qui reçurent cet emploi se nommèrent porte-drapeaux.

On les prit d'abord parmi les sergents et fourriers ; ensuite parmi les plus anciens sergents-majors.

Les uns et les autres eurent rang de sous-lieutenant.

Le décret du 18 février 1808 changea la dénomination de porte-drapeau en celle de *porte-aigle ;* le titulaire avait le grade de lieutenant ou de sous-lieutenant, et la solde de lieutenant de 1re classe. Pour être admis à cet emploi, il fallait compter au moins *dix* ans de service et avoir fait les quatre campagnes d'Ulm, d'Austerlitz, d'Iéna et de Friedland.

Deux soldats non lettrés, et choisis parmi les plus braves du régiment, furent chargés d'aider le porte-aigle et prirent en cette qualité les titres de *deuxième* et *troisième* porte-aigle. Ces militaires eurent la solde de sergent-major et le rang de sergent dont ils avaient les insignes. Dans le rang, ils étaient placés à droite et à gauche du porte-aigle ; ils étaient armés à la ceinture d'une paire de pistolets et armés d'un sabre briquet.

Dans les marches, l'aigle était renfermée dans un

22.

portefeuille en cuir fauve que portait en sautoir le second porte-aigle; la hampe était portée par le troisième porte-aigle. Par ce moyen, l'officier se trouvait
parfaitement libre dans sa marche. Comme le premier
porte-aigle, ils durent avoir dix ans de service.

Enfin l'ordonnance du 12 mai 1814 supprima les
sous-porte-aigle et substitua la dénomination de porte-
drapeau à celle de porte-aigle reprise aujourd'hui.
Les porte-drapeaux continuèrent à faire partie de l'état-
major et furent chargés du détail du casernement. Ils
peuvent être attachés à une compagnie pour le service
de semaine, lorsqu'il y manque un lieutenant ou un
sous-lieutenant.

Le drapeau n'a plus de nos jours, comme on pourrait le croire, une véritable destination tactique; il
n'est pas un centre ou pivot de manœuvres, il est plus
qu'un ralliement militaire, plus qu'un insigne politique, plus qu'une distinction nationale. — Qu'est-ce
donc que le drapeau ?

M. le général Ambert se charge de répondre : le
drapeau, dit-il, « si vous n'avez aucune des croyances,
si votre âme est muette, si votre esprit rejette la foi,
vous ne le comprendrez jamais. »

Le drapeau est le clocher du village; il abrite le régiment, il en est la religion; on vit sous son ombre, et
sous son ombre on meurt. Dans ses plis glorieux il
renferme l'honneur du corps, l'honneur de la France.
Il est le point lumineux où se rencontrent tous les regards, la famille et la patrie.

Abandonner le drapeau, le trahir, serait plus que
honte et lâcheté, ce serait sacrilège.

Des générations de soldats sont passées sous le drapeau du régiment et se sont légué comme un pieux
héritage cette part de l'honneur national.

Rien dans le monde matériel ne saurait donner une idée du drapeau, continue le savant général ; rien dans la cité ne saurait lui être comparé.

« Le drapeau reçoit des honneurs que ne reçoivent ni généraux, ni princes, ni potentats. — Ainsi la cavalerie, l'infanterie lui présentent les armes ; quand il paraît, la musique guerrière salue sa bienvenue ; au nom de tous, un soldat veille sans cesse près de lui. »

« L'unité du drapeau est une des plus grandes institutions de l'empereur Napoléon Ier. Il l'a nationalisé, il a voulu que le symbole militaire de la patrie fût l'objet d'un culte sacré, car il était béni par le prêtre de Dieu ; il a voulu que ce symbole fût non seulement un signe de ralliement, mais un être moral, source de valeur et gage de victoire ; qu'il fût honoré comme sont honorées les royautés.

« Tous les soldats savent que dans les plis de ce drapeau sont les pages de l'histoire de France. Si toutes n'y sont pas écrites en lettres d'or, c'est que l'espace a manqué, mais toutes sont symbolisées, toutes même y sont écrites pour qui sait lire, et le soldat lit avec le cœur, avec l'âme, et voit sur la flamme du drapeau des mots que les yeux des plus habiles ne sauraient découvrir. »

Aussi le régiment qui, dans une bataille, a le malheur de perdre son drapeau, reçoit-il par là une sorte de flétrissure, et on ne lui en donne un nouveau que quand il a prouvé, par quelque fait d'armes éclatant ou bien en prenant quelque étendard à l'ennemi, que la perte de son propre drapeau fut un malheur et non une lâcheté.

Encore quelques grands généraux ne se contentent-ils pas d'une seule réparation. Dans les champs d'Austerlitz, et après qu'une brillante victoire venait de couronner la valeur de nos troupes, Napoléon passait la revue de l'armée. Un régiment seul était sans drapeau. « Soldats du 4ᵉ, s'écrie alors l'Empereur, d'une voix terrible, soldats du 4ᵉ régiment, qu'avez-vous fait de l'aigle que je vous ai donnée ? » Le colonel s'approche, et sans répondre un mot, il présente six drapeaux enlevés aux Russes et aux Autrichiens. — « Cela prouve que vous n'avez pas été des lâches, reprend le vainqueur d'Austerlitz, mais vous avez pu être imprudents. Ces six drapeaux ne me rendent pas mon aigle. » (1) — A la bataille suivante, le brave régiment se fit décimer pour conquérir un nouveau drapeau.

ÉTENDARD RÉGIMENTAIRE.

L'origine de l'étendard dans les armées est très-ancienne; la milice chinoise est celle où a régné la gradation la plus méthodique des étendards. — En France, le mot étendard a pris un caractère technique quand l'étendard a été donné à la gens-d'armerie et aux compagnies d'ordonnance ; en devenant leur enseigne, il a fait disparaître les bannières de chevalier et toutes les autres; il était alors à l'égard du guidon ce qu'auparavant la bannière était à l'égard du pennon. Il est devenu ensuite le principal effet du grand équipement des gens-d'armes, puis de notre grosse cavalerie. De Louis XIV à Napoléon, chaque corps de

(1) Au bivouac de Cologne se trouvaient des prisonniers de toutes les nations ; ils avaient allumé leurs feux à part. A la visite de Napoléon, un officier de la garde russe dit : « Sire, faites-moi fusiller; je viens de perdre ma pièce! »
« Jeune homme, répondit l'Empereur, j'apprécie vos re-
« grets ; mais on peut être battu par mon armée, et avoir
« encore des titres de gloire. »

grosse cavalerie avait son étendard ; ce souverain en donna un à chacun des régiments de sa cavalerie.

Les étendards français ont été portés par des officiers nommés cornettes, avant de l'être par des porte-étendards. Cela tient à ce que l'expression cornette a été technique avant le mot étendard.

Prétendre dépeindre les étendards serait une entreprise peu curieuse et difficilement véridique, car la volonté d'un capitaine d'hommes d'armes décidait des ornements ou des armoiries de la draperie de sa compagnie; la couleur de l'étendard était la même que celle des robes de livrée ou des hoquetons que portaient les gens-d'armes et les archers à cheval des compagnies de chevau-légers.

L'expression étendard, dit l'encyclopédie, donne maintenant l'idée d'un drapeau propre à la cavalerie française; or, comme autrefois la cavalerie était tout et l'infanterie rien, ou peu de chose, l'étendard a conservé dans le langage historique et pittoresque un sens large, il exprime en ce cas toute espèce de signes de ralliement ou d'enseignes d'une armée, abstraction faite des différences d'armes. Voilà pourquoi c'est surtout à l'étendard que s'appliquent les verbes *arborer*, *déployer*, *planter*, *suivre* l'étendard, *marcher*, *combattre*, *se ranger* sous les étendards. C'est aussi pour cela que quelquefois on a appelé étendard l'enseigne qui était confiée à l'officier nommé porte-enseigne.

Les étendards français ont été de toutes les couleurs; ils ont fréquemment varié dans leurs emblèmes et dans leurs formes. Dans la croisade de 1188, ils étaient bariolés d'une croix rouge; plus tard ils ont porté la croix blanche, aujourd'hui ils portent les couleurs nationales.

Sous Louis VI, l'étendard de Saint-Denis, connu

sous le nom d'oriflamme, marchait toujours dans une guerre à la tête de l'armée où le roi commandait en personne. C'est de 1128 que date cet antique usage, qui se perdit vers la fin du xve siècle.

Sous Philippe-Auguste, l'étendard royal était parsemé de fleurs de lys ; sous Charles VI il était partagé, par le milieu, d'une croix blanche.

La cornette a été longtemps l'étendard de la seule cavalerie légère ; il y en eut aussi dans les autres corps de cavalerie.

Le guidon était l'étendard de la gens-d'armerie ; il était plus large que les autres, fendu par les deux bouts, avec les pointes arrondies.

L'étendard est à la cavalerie ce que le drapeau est à l'infanterie ; comme le drapeau, il a le même prestige ; comme le drapeau, il est le symbole de l'honneur, de l'amour et de la gloire de la patrie ; comme le drapeau, il reçoit la consécration divine ; comme le drapeau enfin, l'étendard a dans ses plis les pages de l'histoire de France.

CANON.

L'expression canon s'applique génériquement, dit le général Bardin, à toutes les *espèces d'engins* et de *bouches à feu à tir direct ou courbe* ; elle caractérise actuellement les *grandes armes* en général. La forme et la force des canons ont varié, comme la matière qui les a produits ; il s'en est fait de bois, cerclés en fer ; il s'en est fait de bronze, de fer forgé ou fondu, de glace (eau congelée), ces derniers ont servi, en Russie, dans des réjouissances en 1740 ; il s'en est fait de cuir, ou du moins d'un métal ou d'une matière enveloppée de cuir; tels étaient ceux employés à la bataille de Leipzig, en 1626, par Gustave-Adolphe; il s'en est fait en pierre, enfin il en a existé, en 1761, à Mayence, de papier mâché.

L'époque précise de l'invention du canon n'est pas connue, cependant les chroniqueurs rapportent qu'il se voyait à la Chine des canons fabriqués quatre-vingts ans avant l'ère chrétienne.

En 1232, les Tartares employèrent des *tubes à feu* contre les Chinois, qui ripostaient par des projectiles fulminants.

D'après des recherches suivies, il y aurait lieu de supposer que les Maures avaient reçu de l'Asie ou de l'Inde les machines à feu des Chinois, et qu'ils les avaient apportées avec eux.

En 1305, les Maures faisaient usage du canon au siége de Ronda.

L'opinion générale est que l'usage des canons proprement dits s'introduisit en France sous Philippe-de-Valois, et que ce genre d'arme succéda, de 1330 à 1340, aux acquéraux (bombardes). — Dès 1338, les maîtres d'artillerie se servaient, contre les places assiégées, de longs tuyaux de fer lançant du feu grégeois et des mollioles, qui s'enflammaient au moyen de soufre et de bitume.

Les premiers canons que l'on vit à Paris garnirent, en 1350, les créneaux des remparts de la nouvelle enceinte; ils n'étaient probablement que des canons à main.

On employait communément les canons à la guerre de siége, sous Charles V; mais il paraît que c'est postérieurement à 1365, que dans l'armée française ils ont été nommés bombardes, ou canons à boulets de pierre. Ce sont les Allemands qui, les premiers,

ont tiré les canons à balles de plomb. Schwartz introduisit l'usage de la grosse artillerie chez les Vénitiens.
Daru reporte l'usage de ce tir à la campagne de 1376
et de 1377, et dit *qu'on n'avait point vu de canons
en Italie avant ceux que les Vénitiens fabriquèrent
avec un art merveilleux;* ils s'en servirent avantageusement en 1380 contre les Génois, et l'Italie s'en
indigna, parce que ce procédé ne lui semblait pas
chrétien et de bonne guerre. A cette époque, le canon
avait fait entièrement oublier l'usage du bélier.

L'intention de l'auteur n'étant pas de suivre les
historiens dans les progrès qu'ils signalent dans la
confection de ces engins de destruction, et d'entrer
dans un examen dogmatique, il terminera cette courte
notice en ajoutant que, quelle que soit l'origine de la
découverte des canons, ils ne se sont répandus dans les
pays que nous habitons que fort tard et sous diverses
dénominations, exprimant cependant toujours une
arme à feu. En principe on disait : *deslacher* le canon,
pour signifier le *faire partir;* de même que l'expression *tirer le canon* vient de ce qu'on tirait une corde,
une clavette, etc., pour le faire jouer.

Gribeauval, mort en 1789, est considéré comme le
père de l'artillerie française.

DISTRIBUTION DE SABRES D'HONNEUR A L'ARMÉE D'ITALIE (1796-1797).

Voltaire a appelé les soldats des *Alexandre à cinq
sous par jour.* Il avait raison, dit Napoléon, ce n'est
pas autre chose; on ne fait pas battre des hommes
par l'analyse, elle n'est bonne que pour le savant dans
son cabinet. Il faut au soldat de la gloire, des distinc-

tions, des récompenses. Le goût des distinctions tient à l'organisation de l'homme.

C'est donc, inspiré de cette vérité philosophique, que le jeune général de l'armée d'Italie conçut au milieu de cette série de victoires préparées par la profondeur de ses combinaisons, accomplies par le bouillant et patriotique courage de ces immortelles demi-brigades, de donner un aliment à la bravoure de ses soldats qui, à la voix de leur illustre chef, renouvelaient les prodiges des armées d'Annibal sur le front sourcilleux du Saint-Bernard.

Il conçut, disons-nous, la pensée de décerner aux plus intrépides de ces héros qui s'étaient distingués par des actions d'éclat dans cette mémorable campagne pendant laquelle vingt-sept batailles rangées et soixante-quatre combats furent livrés, un témoignage de la reconnaissance de la patrie; jamais, peut-être, témoignage ne fut mieux mérité. Il fut donc arrêté, par le général en chef que des sabres d'honneur seraient distribués à ces braves, récompense donnant droit à la rémunération de la double paie (1).

Art. 1ᵉʳ. Le général, chef de l'état-major général, fera faire *quatre-vingt-dix* sabres de cavalerie, avec lames de Damas et la monture dorée et travaillée par les meilleurs ouvriers d'Italie.

Art. 2. Sur un côté de la lame sera écrit en lettres d'or : *Armée d'Italie. — Division de... Demi-brigade... — Donné de la part du Directoire exécutif de la République française, par le général Bonaparte au...*

Sur l'autre côté de la lame sera écrit en lettres d'or : *Liberté. — République française. — Egal"'*

---

(1) C'était préluder à la création de la Légion d'honneur.

Et ensuite l'action d'éclat pour laquelle a été donné le sabre.

Division du général Massèna.

Trente-deuxième demi-brigade de ligne.

Taberty (Antoine), 1er bat., 5e comp., pour avoir pris, à la bataille de Saint-Georges, deux pièces de canon et quinze Autrichiens.

Daudé (Pierre), grenadier, 1er bat., 5e comp., pour avoir pris, à l'affaire de Dégo, deux pièces de canon, huit canonniers, un major et un capitaine ennemi.

Guillaumot (Pierre), grenadier, 1er bat., 5e comp., pour avoir chargé, à la bataille de Saint-Georges, sur le cheval d'un hussard ennemi, qu'il avait tué, et pris deux pièces de canon.

Chabrot, grenadier, 1er bat., 5e comp., pour avoir escaladé le rempart de Lodi et ouvert la porte de cette ville sous le feu de l'ennemi.

Riche, caporal, 1er bat., 5e comp., pour avoir pris trois pièces de canon à l'ennemi, à la bataille de St-Georges, et une à Arcole.

Bellot, caporal, 1er bat., 5e comp., pour avoir pris un drapeau à l'ennemi, à la bataille d'Arcole.

Casse, sergent, 1er bat., 7e comp., pour avoir passé l'Adige à la nage pour poursuivre l'ennemi à l'affaire de Séga.

Cambefer, grenadier, 1er bat., 7e comp., pour avoir pris deux pièces de canon à l'affaire de Peschiera et reçu trois coups de sabre.

Carière, grenadier, 1er bat., 7e comp., pour avoir pris un drapeau à l'ennemi, à l'affaire de Dégo.

Conjard, sergent, 1er bat., 7e comp., pour avoir passé l'un des premiers le pont d'Arcole.

Léon, caporal, 1er bat., 2e comp., pour avoir délivré le citoyen Rampon, son chef, des mains de l'ennemi, à l'affaire de Dégo.

Gabrier, grenadier, 1er bat., 2e comp., pour avoir escaladé le rempart de Lodi et ouvert cette porte en présence de l'ennemi.

Gigano, grenadier, 1er bat., 2e comp., pour avoir fait prisonniers plusieurs officiers autrichiens aux affaires de Dégo et de Salo.

Vérilhac, 1er bat., 1re comp., pour avoir pris un drapeau à l'affaire de Dégo.

Blano, caporal, 1er bat., 4e comp., pour avoir reçu cinq coups de sabre à la bataille de Lonato et un coup de feu à celle d'Arcole.

Soixante-quinzième demi-brigade de ligne.

Ragois, capitaine de grenadiers, pour être entré le premier dans le château de Valleggio, à l'affaire de Borghetto.

Tourtel (Saint-Ange), 4e compagnie, pour être entré l'un des premiers dans le château en avant de Saint-Michel, où s'étaient retirés plusieurs Autrichiens.

Combe, sergent, pour avoir pris un canon à l'ennemi à l'affaire de Tarwis.

Fransurol, sergent, pour avoir pris un général à Tarwis, après avoir reçu un coup d'épée et un coup de feu.

Granger, sergent, pour être arrivé, le premier jour de la bataille de Rivoli, sur un peloton autrichien et lui avoir fait mettre bas les armes.

Vernet, caporal, pour avoir fait plusieurs prisonniers à Saint-Michel et avoir reçu un coup de feu.

Manet, caporal, pour avoir fait cinq prisonniers à la bataille de Caldiero.

Armand, caporal, pour être entré un des premiers dans la redoute anglaise, au siége de Toulon.

Bulier, grenadier, pour avoir passé un des premiers le pont de Lodi.

Latreille, pour avoir passé un des premier le pont de Lodi.

Ponlot, pour avoir refusé de quitter le champ de bataille à la Brenta, après avoir reçu deux coups de feu.

Dix-huitième demi-brigade de ligne.

Jean, tambour, pour avoir fait prisonniers un officier et un soldat aux affaires de Salo.

Roget, sergent, pour être entré le premier dans les retranchements de l'ennemi, à Peschiera.

René, capitaine, pour avoir, à la tête de quarante-cinq hommes, fait mettre bas les armes à deux mille Autrichiens.

Baptiste, sergent, pour avoir sauvé la vie à son capitaine à la bataille de Rivoli.

Malfroy, tambour-major, pour avoir fait des prodiges de valeur aux affaires de Rivoli et de Cerea.

Plapont, grenadier, pour avoir fait prisonniers quatre grenadiers hongrois à l'affaire de Freisack.

Fourni, sergent, pour avoir fait trois prisonniers de guerre, avoir reçu trois blessures, le 11 thermidor an IV.

Vingt-cinquième demi-brigade.

Julien, sergent, pour avoir passé le premier le pont de Carpenetto, à l'affaire de Brenta.

Charlot, sergent, pour avoir pris un drapeau à l'affaire de Lawis, et un autre à l'affaire de Tarwis.

Berthier, grenadier, pour avoir passé le premier le pont de Lawis.

Labolli, grenadier, pour avoir passé le premier le pont de Carpenetto.

Deuxième demi-brigade légère.

Perrin, grenadier, pour avoir pris une pièce de canon à l'affaire de Tarwis.

Division du général Brune.

Quatrième demi-brigade de ligne.

Lajoux, grenadier, 1er bat., pour être entré le premier dans les retranchements de Primolano, et pris un drapeau à l'ennemi.

Laiglou, sergent de grenadiers, 1er bat., pour avoir fait prisonnier un officier supérieur autrichien, au milieu de sa troupe, à l'affaire de Primolano.

Mariol, sergent, 3e bat., 5e comp., pour avoir fait vingt-six prisonniers à l'affaire de Caldiero.

Fourcade, sergent, 3e bat., 8e comp., pour avoir

fait prisonnier un colonel autrichien à la bataille de Bassano.

Carles, sergent, 3e bat., 3e comp., pour être entré le premier dans les retranchements de Cava, et passé un des premiers le pont de Lodi.

Vingt-septième demi-brigade légère.

Dupas, chef de bataillon, pour avoir passé un des premiers le pont de Lodi.

Chimier, carabinier, caporal, 2e bat., pour avoir escaladé le rempart de la Rocca d'Anfou en présence de l'ennemi.

Quarante-troisième demi-brigade de ligne.

Jacob, lieutenant, pour être entré un des premiers dans les retranchements de la Chiusa.

Premier régiment d'artillerie légère.

Maiton, maréchal des logis, pour avoir pris, lui seul, à l'affaire d'Anghiari, deux pièces de canon et trente fantassins.

Quarantième demi-brigade de ligne.

Duval, sous-lieutenant, pour avoir passé le premier le canal à la nage le deuxième jour de la bataille d'Arcole.

Cinquante-unième demi-brigade de ligne.

Barbon, tambour, pour avoir sauvé plusieurs de ses camarades qui étaient entraînés par le courant au passage de la Piava.

Quatrième demi-brigade légère.

Humbert, caporal, pour avoir pris un colonel autrichien à la tête de sa troupe, le jour de la bataille de Castiglione.

Taulinet, pour avoir pris un drapeau à l'ennemi à l'affaire de Dégo.

Bérard, pour avoir pris un drapeau à l'ennemi à l'affaire de Dégo et un autre à la bataille d'Arcole.

Maileron, pour avoir pris un drapeau à l'ennemi à l'affaire de Dégo.

Sop, pour avoir pris un drapeau à l'ennemi à l'affaire de Dégo.

André (Etienne), âgé de quinze ans, tambour, pour avoir passé le canal à la nage à la bataille d'Arcole et avoir battu la charge.

Fingle, grenadier, pour avoir, avec six de ses camarades, pris six pièces de canon au village de Roverchieretto.

Schewertz, sergent, pour avoir pris une pièce de canon au passage du Tagliamento après avoir été blessé.

Petit, sapeur, pour avoir percé quatre fois le corps des Autrichiens dans une charge aux bords de la Piava et en avoir tué plusieurs.

Division Bernadotte.

Quinzième demi-brigade légère.

Beaumeles, caporal, pour avoir refusé de se rendre après avoir reçu sept coups de sabre à l'affaire de Gradisca

Quatre-vingt-huitième demi-brigade de ligne.

Delaunay, sergent, pour avoir sauvé un obusier dont les chevaux avaient été tués sous le feu de Gradisca.

Guémard, sergent, pour avoir été jusque sous les remparts de Gradisca, après avoir brisé une barrière à coups de hache sous le feu de l'ennemi.

Division Serrurier.

Soixante-neuvième demi-brigade de ligne.

Vandeling, grenadier, 1er bat., pour avoir porté une lettre au général Joubert en traversant l'armée ennemie.

Darobs, sergent, 2e bat., pour avoir crié *aux armes!* en avant de Saint-Georges, quoiqu'il fût entouré par l'ennemi.

Levreau, sergent, 3e bat., pour être monté à cheval et avoir chargé l'ennemi après avoir été blessé à la cuisse.

Richard, caporal, 2e bat., 1re comp., pour avoir, à la tête de deux de ses camarades, pris une pièce de canon aux ennemis à la bataille de la Favorite.

Sabattier, grenadier, pour avoir tué plusieurs Autrichiens à coups de baïonnette, en traversant leur corps pour entrer dans Saint-Georges.

Simon, caporal, 3e bat., 2e comp., pour avoir soutenu, avec seize grenadiers, l'effort de l'ennemi à la retraite de Lientz.

Quinzième régiment de dragons.

Brunet, brigadier, pour avoir pris un drapeau à l'ennemi à la bataille d'Arcole.

Division Joubert.

Vingt-deuxième demi-brigade légère.

Semion, sergent-major, 1er bat., 3e comp., pour être arrivé le premier sur le plateau de Mondovi.

Rose, carabinier, 3e bat., pour avoir pris un drapeau à l'ennemi à la bataille de Rivoli.

Cariale, carabinier, 3e bat., pour avoir pris un drapeau à l'ennemi à la bataille de Rivoli.

Onzième demi-brigade de ligne.

Tessier, sergent-major, pour avoir pris une pièce de canon à Lonato.

Armand, grenadier, 1er bataillon, pour être entré un des premiers dans Saint-Georges.

Poiret, sergent, 3e bat., 8e comp., pour avoir délivré deux de ses camarades emmenés par des hussards ennemis.

Quatre-vingt-cinquième demi-brigade de ligne.

Chaudier, grenadier, pour avoir passé le Mincio à la nage sous le feu de l'ennemi.

Joubert, lieutenant, 2e bat., pour avoir fait mettre bas les armes, avec trente hommes, à quinze cents Autrichiens, à la deuxième affaire de Rivoli.

Terriode, grenadier, pour avoir, au combat de Sembra, fait mettre bas les armes à trente Autrichiens.

Denis, sergent-major, pour être entré le premier dans la redoute des ennemis à Newmark.

Duplène, sergent de grenadiers, 2ᵉ bat., pour avoir pris une pièce de canon à l'affaire de Sembra.

Bataille, caporal de grenadiers, 2ᵉ bat., pour avoir fait, avec trois de ses camarades, cent seize prisonniers à la bataille de Rivoli.

Gosserot, 2ᵉ bat., pour avoir pris, avec deux de ses camarades, deux pièces de canon à la bataille de Rivoli.

Guignard, carabinier, pour avoir franchi le premier, en présence de l'ennemi, la coupure du pont de Borghetto.

Devillers, caporal, pour avoir pris un drapeau à l'ennemi à la bataille de Rivoli.

Cinquième régiment de dragons.

Grousset, pour avoir pris à l'ennemi un étendard à l'affaire de Primolano.

Carpentier, pour être entré le premier dans le fort de Cavello après avoir mis pied à terre.

Bernard, adjudant, pour avoir seul, au combat de Clausenne, tué trois et pris deux dragons de Toscane.

Division Delmas.

Quatre-vingt-treizième demi-brigade de ligne.

Fréponet, sergent, 2ᵉ bat., 5ᵉ comp., pour être entré le premier dans la redoute de Sembra.

Vingt-sixième demi-brigade légère.

Drouillet, sergent, 3e bat., 4e comp., pour avoir pris une pièce de canon à l'affaire de Bolsano.

Trente-neuvième demi-brigade de ligne.

Siccaud, tambour-major, 3e bat., pour avoir fait quatre prisonniers à lui seul à l'affaire de Cagliano.

Durand, caporal, 3e bat., 1re comp., pour avoir pris une pièce de canon à l'affaire de Cagliano.

Ouvert, capitaine, 3e bat., 1re comp., pour avoir fait dix-neuf prisonniers à lui seul à l'affaire de Levico.

Division Victor.

Cinquante-septième demi-brigade de ligne.

Royer, grenadier, pour avoir résisté à six hussards, reçu deux coups de pistolets, un coup de lance et neuf coups de sabre.

Palzi, sergent-major, pour avoir pris à la bataille de Saint-Georges deux pièces de canon.

Boutray, caporal, pour avoir passé l'Adige à la nage pour ramener une barque sous le feu de l'ennemi.

Félix, grenadier, pour avoir pris, avec un de ses camarades, une pièce de canon à l'affaire de la Favorite.

Cinquantième demi-brigade légère.

Picard, carabinier, pour être entré le premier dans les retranchements de Primolano.

Langre, carabinier, pour avoir escaladé, en présence de l'ennemi, la porte de Careze, devant Mantoue.

Franson, capitaine, pour être entré dans l'embrasure du fort Cusvive, près de Primolano.

Première division de cavalerie.

Premier régiment d'artillerie à cheval.

Grenaud, maréchal des logis chef, pour avoir résisté avec un obusier à un corps de troupes nombreux, quoique enveloppé de toutes parts.

Ces militaires furent les premiers qui, en échange de leurs armes d'honneur, furent décorés de l'étoile de la Légion d'honneur, la plus belle, la plus sublime création des temps modernes ; qui réunit dans un même faisceau toutes les illustrations de la France, de quelque côtés qu'elles se produisent. La pensée de Napoléon, dont le génie était essentiellement égalitaire, était d'anoblir le peuple, de l'élever, car la Légion d'honneur était propre à appeler le respect de la multitude, tout en commandant le respect de soi-même (1).

SCHAKO. — BONNET A POIL.

Le schako, inventé par les hussards hongrois, a été pris en France parce qu'on se piquait d'être à la hussarde. On était tellement engoué de ce costume, précisément à cause de sa bizarrerie, que les généraux prenaient le costume de hussard.

------

(1) Le dominicain Lacordère définit ainsi le sentiment de l'honneur : l'honneur est la ligne équinoxiale de l'humanité ; l'humanité se réchauffe, se purifie à mesure qu'elle en approche ; elle se glace et se ternit à mesure qu'on s'en éloigne.

L'infanterie française a été la dernière à prendre cette coiffure. Dans la campagne d'Autriche, en 1809, tous les régiments n'étaient point entièrement coiffés du schako.

Que ce genre de coiffure, depuis son adoption, a coûté d'encre perdue! Que de signatures mécaniques elle a nécessité; il eût été plus économique de créer en permanence une académie ou un ministère de schakos.

Le bonnet à poil est d'invention autrichienne; le Français, avide de nouveautés, ne tarda pas à l'adopter.

———

SOLDAT.

La France est, dit-on, le pays, la patrie, la terre classique des pélerinages armés. Il ne sera donc pas sans intérêt de faire connaître du moins, selon les probabilités, l'origine du mot *soldat*.

Nous ne suivrons pas les étymologistes dans leurs dissentiments [touchant la racine du mot soldat qui, dans les temps anciens, eut une variété de synonymes et d'orthographes chez les divers écrivains, nous suivrons la définition qu'en donne l'Encyclopédie, comme étant la plus probable, la plus rationnelle (1751). Ce répertoire universel des sciences humaines fait venir *soldat*, de l'italien *soldato*, et il paraît indubitable que la langue française l'a emprunté à l'Italie, pendant l'expédition de Charles VIII. Peut-être les Italiens le devaient-ils aux Condottieri, et, dans ce cas, il eût pu venir de l'allemand *sold*. Peut-être aussi l'avaient-ils reçu des Espagnols. Dans tous les cas, c'est à ces deux langues à se donner le soin de rechercher quels sont les précédents du *mot*, et non à la langue française qui l'a reçu de l'une ou de l'autre.

Dans le siècle de Louis XIV, un cavalier, un dragon, ne se regardaient pas comme soldats, et les ordonnances militaires en faisaient, sans savoir pourquoi, la distinction peu judicieuse ; c'était une trace de cette primauté vaniteuse que les hommes de cheval de l'armée française s'étaient de tout temps attribuée vis-à-vis des hommes de pied.

On a appelé honorablement, depuis la création de la garde consulaire, *vieux soldat*, les hommes éprouvés et propres encore à faire la guerre, ce qui donne un sens tout autre que *mortes-payes*, *vétérans*, *invalides*. Cette désignation, *vieux soldat*, a remplacé l'expression *soldat aguerri*, *chevron*, *médaillon*.

Le *Spectateur militaire* prétend que l'Empereur préférait les soldats jeunes, comme plus susceptibles d'élan et d'une plus joyeuse résolution. — On sait cependant avec quels soins il composait de vieux soldats sa garde. — Une rudesse habituelle, un orgueil légitime et qui sent la poudre, ont fait donner amicalement aux vieux soldats de Napoléon, et par Napoléon lui-même, le titre de grognards.

Dans le dernier siècle, le mot soldat avait perdu beaucoup de cette glorieuse signification que lui reconnaissait Brantôme (1600) ; aussi le nom de famille du soldat se cachait-il sous un nom de guerre. Dire d'un fils de bonne maison qu'il avait été soldat, ce n'était pas faire son éloge ; cela tenait à la composition déplorable des régiments recrutés, *per fas et nefas*, dans les sentines des grandes villes. Quoique le style des poètes et de l'histoire eût cherché à réhabiliter le mot, il était loin de s'être ennobli, à cause de la mauvaise réputation des gardes françaises, sous

Louis XIV; aussi, les bataillons de volontaires (1793) étaient-ils techniquement appelés *défenseurs de la patrie*.

Il en fut ainsi jusqu'en l'an IV de la République. Les victoires du général de l'armée d'Italie, ses proclamations si célèbres, rendirent aux hommes de troupe leur nom du seizième siècle, et le firent, pour ainsi dire, reverdir. Le style à l'antique des harangues, le prestige des ordres du jour et les bulletins, le langage enthousiaste et coloré des chansons et du théâtre lui ont restitué et conservé tout son éclat natif, et il a pris deux significations qu'il ne faut pas confondre : celle du MILITAIRE, quel que soit son grade, à qui l'Etat confie des armes ; celle du MILITAIRE sans grade. Dans ce dernier sens, c'est l'acception positive que l'art de la guerre lui attribue, abstraction faite du genre de l'arme. — Des usages peu anciens ont caractérisé plus précisément le militaire, en le dénommant simple soldat.

Le soldat sur un champ de bataille sert un grand intérêt collectif, celui de la patrie et celui de l'honneur. Il n'y a de bons soldats que les soldats qui restent étrangers aux factions, tous mus par le patriotisme, n'aspirent qu'au maintien de l'ordre, ne songent qu'à la défense du territoire, protége sans distinction et dans les formes que consacre la loi, les citoyens de toutes les classes et de tous les partis, et s'étudient même à sauver les partis de leurs propres fureurs. — Diriger, pour la gloire et le bonheur du pays, la capricieuse vaillance du soldat, le préserver des inquiétudes d'esprit en gagnant sa confiance, l'enflammer par l'exemple, consoler ses peines par l'équité, en ne le soumettant à l'action de la justice, que comme y doit être soumis l'officier, quelque

haut grade qu'il exerce, telle est la science la plus
profonde, la moins commune, la plus utile en civilisation après l'agriculture. L'exercice du commandement exige donc de grandes vertus, de rares qualités.

HOMME DE TROUPE (1).

Les hommes de troupe appartiennent à un ordre
d'idées aussi ancien que la discipline ; point de troupe
sans chefs, par conséquent sans subordonnés ; mais
dans la phalange de la milice grecque, dans les ma-
nipules romaines, etc., etc., ce genre de classification
était moins tranché que dans les régiments modernes.
Par hommes de troupe, aujourd'hui on entend les
sous-officiers, caporaux et soldats, et les hommes qui
composent le petit état-major.

Toutefois, l'expression homme de troupe est de
date récente dans nos règlements. — Les ordonnances de composition ont, depuis la guerre de la Révolution, fait la distinction des officiers et de la troupe.
— Le mot *troupe* ne valait rien, à raison de la quantité d'homonymes qui occasionne ambiguïté ou confusion ; plusieurs écrivains modernes ont commencé à
obvier à ce défaut en imaginant l'emploi de l'expression *homme de troupe*, que l'ordonnance du 19 mars
1823 a sagement adopté. Depuis la fin du dernier
siècle, ajoute le même auteur, on se sert dans les
dénombrements du mot pluriel *baïonnettes*, pris comme
synonyme de troupe d'infanterie ; on se sert de même
du terme *lances* pour hommes des corps de lanciers,

(1) Les plus anciennes troupes connues du temps des
Gaulois sont les Gésates, espèce de soldats renommés par
leur courage et leur bravoure. Ils s'engageaient au service
des étrangers ou s'armaient contre les agresseurs.

ou de *sabres*, comme synonyme de troupe de cavalerie; mais, dans ce dernier cas, l'allocution manque de justesse, ou du moins il n'y a pas analogie avec l'expression que l'infanterie emploie, puisque dans la cavalerie les officiers sont armés de sabres comme la troupe, et que les officiers de lanciers n'ont pas de lances.

HONNEURS MILITAIRES (1).

Avant le siècle de Louis XIV il n'existait, en fait de civilité militaire, que des habitudes et des traditions. — Louis XIV fonda la haute jurisprudence des honneurs, en évoquant à sa seule personne les hommages jusque-là partagés par le connétable et le colonel général de l'infanterie; il rendit plusieurs ordonnances : elles furent le fruit d'une pensée principale, la centralisation du suprême commandement des troupes, droit dont les sujets ne purent plus jouir que par une délégation du souverain. Mais dans la personne du monarque, jaloux de tout éclat, on retrouve l'homme accessible à quelques faiblesses; la création de son code des honneurs à rendre se ressent de l'influence de ses favorites.

Cet état de choses dura, à quelques variantes près, jusqu'à la promulgation de l'ordonnance du 1er mars 1768, encore en vigueur, quoique en grande partie abolie ou renouvelée, dans laquelle se fondirent toutes les ordonnances antérieurement rendues sur le service des troupes. Ainsi en a disparu le titre sur les hon-

(1) Dans cette analyse rapide l'on ne s'est point occupé des honneurs funèbres.

neurs, qui reparut par le décret spécial du 24 messidor an XII.

Avant de promulguer ce décret, le chef de l'Etat,
dit le général Ambert, souvent cité par nous, à cause
de son grand savoir et de sa puissante logique, le
chef de l'Etat, entouré des hommes les plus considérables par leur expérience, leurs travaux, leur caractère, se livra à de longues et savantes discussions; il
fallait honorer certaines fonctions civiles, tout en sau-
vegardant la dignité des corps militaires. C'est ainsi
que, seuls, l'évêque et le préfet eurent l'honneur de
la visite, mais en tenue ordinaire, la grande tenue
étant réservée pour qui porte l'épée du commandement. L'évêque eut cet honneur comme représentant
de la religion, de la religion qui bénit les drapeaux,
qui cimente le serment, qui préside à certains actes
de la vie des armées, tels que le *Te Deum*.

Le préfet eut cet honneur parce que, souvent dans
ses fonctions, il était, alors surtout, en contact avec
l'armée. Ainsi, les préfets avaient sous leurs ordres
les compagnies départementales et de réserve, et
recevaient à ce titre le *mot*. Ils présidaient à l'examen
de la gestion des économes d'hôpitaux; réglaient l'emploi de l'indemnité accordée aux militaires détenus;
exerçaient juridiction dans les discussions élevées à
l'égard des fournitures militaires faites au gouvernement ou aux corps; fixaient annuellement le prix des
voitures et des chevaux des transports militaires;
dressaient les actes constatant le remplacement autorisé par les conseils de révision du recrutement; présidaient ce conseil. L'ordonnance du 28 avril 1832 et
celle du 25 juin 1834, ont encore élargi les attributions du préfet dans leur contact avec l'armée.

Par ce décret, on le voit, les honneurs sont une

des branches du cérémonial militaire; ils sont un acte obligé de déférence et de respect envers des insignes. — L'expression honneur s'applique aussi au témoignage qu'un vainqueur rend à un vaincu dont la défense et la chute n'ont pas été sans gloire.

Le décret du 24 messidor an XII règle donc les honneurs militaires et les honneurs civils.

Mais cette législation n'a nullement pour but de manifester le respect qu'inspire un citoyen, mais d'honorer hiérarchiquement les autorités, suivant leur importance relative. — Ces démonstrations extérieures ne sont donc pas un signe de l'estime ou de la vénération que mérite un personnage, mais bien l'accomplissement d'un devoir, l'exécution de la loi, de la part de celui qui rend l'honneur, aussi bien que de la part de celui qui le reçoit.

Lorsqu'après s'être bien pénétré de la pensée qui a inspiré à Napoléon la création de la Légion d'honneur, on remonte à l'idée qui lui a inspiré le décret du 24 messidor, on est saisi d'une profonde admiration, car l'esprit en est tout français.

Louis XIV avait pris pour emblème le soleil aux mille rayons. Le front du grand roi était inondé de gloire; mais à peine la lumière éclairait-elle les têtes les plus élevées.

L'Empereur Napoléon a mis au front des plus humbles, des plus modestes, s'ils étaient grands à leur place, quelques rayons de cette gloire. Il n'a pas demandé, avant d'accorder ses honneurs militaires, si celui qui les recevait était riche d'argent, noble de race ou puissant sur la terre.

Le soldat en faction a porté les armes au tambour décoré, qui ne savait ni lire ni écrire, mais savait mourir pour la patrie; le grenadier a salué du fusil le savant qui ne savait pas manier l'épée, mais savait, par l'étude, illustrer son pays.

Avec le sentiment d'une haute raison, Napoléon a donné aux militaires plus d'honneurs qu'aux hommes de la cité, parce que l'honneur est une monnaie morale qui payait ceux qui, par état, renonçaient aux richesses et au bien-être.

Il comprenait, lui, législateur d'une grande nation, chef d'un peuple illustre, capitaine d'une glorieuse armée, fondateur d'une société nouvelle, que la classe qui obéissait à des lois exceptionnelles et se jugeait par des tribunaux exceptionnels, devait avoir, non des droits, mais des honneurs exceptionnels.

La décoration est un honneur personnel et permanent; le port d'arme de la sentinelle à tel ou tel fonctionnaire, la visite de corps, les prises d'armes, les salves d'artillerie, les aubades, le choix du côté où se place le guide, les escortes, etc., tous les honneurs enfin sont une sorte de décoration non permanente, non personnelle, mais que le souverain seul accorde, que nul autre ne saurait donner une seule fois, que nul autre ne saurait accepter sans la volonté de la loi.

Malheureusement les rapports si lumineux rédigés à cette époque, les profondes et graves considérations présentées par les conseillers de l'Empereur Napoléon Ier ont été trop ignorés.

Il en est résulté de regrettables confusions, de coupables usurpations, des concessions plus coupables encore. Nous en étions venus à voir les honneurs militaires réservés aux princes ou à nos généraux, donnés par quelques natures faibles aux fonctionnaires civils, administratifs, ou judiciaires; nous en étions même venus à voir, dans l'obscurité des garnisons, loin du regard de l'autorité, les maîtres et maîtresses de maison qui ouvraient leurs salons, recevoir l'honneur militaire de la visite de corps. L'honneur militaire était devenu une sorte de monnaie courante avec laquelle se soldaient les politesses. L'honneur militaire était tombé dans le domaine de la galanterie.

Dans les honneurs à rendre à l'autorité civile, ce n'est pas l'armée qui rend les honneurs, encore moins tel ou tel corps d'officiers; c'est le *pays qui se fait représenter par son armée*. Là comme à la frontière on peut dire : l'armée, c'est la France.

Ainsi, ce canon qui tonne, ces tambours qui font vibrer l'air, ces troupes qui vont s'échelonnant sur le chemin que parcourra l'autorité, ce soldat factionnaire qui porte les armes au légionnaire qui passe, ces officiers qui sillonnent les places publiques, *pour donner l'honneur de la visite à l'autorité qui y a droit, tout ce bruit, ces mouvements, sont un hommage légal, rendu par le pays aux dépositaires de l'autorité.*

Il faudrait que ces vérités pénétrassent jusqu'aux derniers rangs de la société, afin de grandir l'autorité aux yeux des peuples, d'en relever les insignes, d'en glorifier les mandataires.

PRÉSÉANCES.

Les *honneurs* sont parfaitement distincts des *préséances* réglées aussi par le décret du 24 messidor an XII. L'ordre de la société exige que chaque fonctionnaire ait son rang, sa place marquée dans les réunions. Le décret sur les préséances a indiqué ces rangs divers, qui ont donné naissance à de savants commentaires.

Dans cette législation particulière, le classement des personnes comme des corps a pour base l'étendue du territoire sur lequel s'exerce leur juridiction. Ainsi, le sous-préfet, qui ne saurait prétendre à aucun honneur militaire, mais seulement à des honneurs civils, marche avant le commandant d'armes, qui a droit à des honneurs militaires. L'évêque, à qui est dû plus d'honneurs qu'au préfet, marche après ce fonctionnaire civil.

Et, chose digne de remarque, trois grades militaires seuls ont une place individuelle dans les préséances : le maréchal de France, comme grand dignitaire; le général de division commandant une division territoriale; le général de brigade commandant une subdivision territoriale. Ces préséances prennent leur source, non dans leur grade militaire, non dans leur commandement de troupes, mais bien dans leur action territoriale.

Ni colonels, ni officiers supérieurs ou d'un grade quelconque, commandant des troupes ou portions de troupes, n'ont de place marquée dans le décret sur les préséances.

Les colonels, entourés d'honneurs militaires, n'ont pas le moindre honneur civil. Le législateur a été d'une grande intelligence et d'une haute prudence en laissant l'officier de troupe à la tête de sa troupe. Il a fallu persuader à tous citoyens et soldats que là était une place assez belle, pour n'en pas envier d'autres. Il a fallu priver ces chefs de corps, ces commandants puissants de troupes armées, il a fallu les priver de tous les honneurs civils, afin de leur ôter jusqu'au germe d'une pensée d'usurpation; afin de laisser au magistrat désarmé, à l'administration désarmée, ces nobles dépendances que le contact de l'épée eût pu mettre en danger.

Mais il a fallu aussi préserver l'armée des usurpations que de vagues souvenirs parlementaires ou municipaux auraient encouragées. *Le législateur a donc refusé les honneurs militaires personnels à toutes les autorités civiles, excepté au préfet*, et en même temps le législateur a refusé les honneurs civils à tous les hommes d'épée, excepté aux officiers généraux exerçant des commandements territoriaux.

Toutefois le principe définitif à poser manque de clarté. C'est une question ardue, mal débrouillée, que celle des préséances, sur laquelle les ministres ont maintes fois changé d'avis, et touchant laquelle il y a eu toujours dissentiment. On en trouve la preuve dans les dispositions vagues, nombreuses, changeantes, que renferme notre mobile législation; il n'a pas été rendu moins de vingt-et-une lois et ordonnances sur cette matière. L'ordonnance du 3 mai 1832 est la plus récente. (*Général Ambert*.)

ZOUAVES.

Les zouaves formaient un peuple belliqueux qui habitait des contrées montagneuses situées entre Algers et Tunis, et qui n'avaient jamais été soumis à aucune puissance. Ils étaient dans l'usage de vendre leurs services aux régences barbaresques, et les soldats qu'ils fournissaient étaient renommés pour leur fidélité; leurs habitudes les rendaient surtout propres au métier d'éclaireurs. Les deys d'Alger et les beys de Tunis en entretinrent constamment à leur solde un certain nombre qu'ils employèrent utilement à contenir ou à réduire les tribus insoumises et à faire rentrer les impôts. — Ces considérations ont déterminé, après la conquête de l'Algérie par la France, la formation du premier bataillon des zouaves, qui, recruté à Alger, n'a jamais renfermé qu'un petit nombre de soldats du pays dont il porte le nom. Formé, dans le courant de septembre 1830, de compagnies isolées et lancées successivement hors d'Alger, il n'a eu de Français à sa tête que le 3 octobre suivant, et ne reçut une véritable organisation que le 16 du même mois, en vertu d'un arrêté du général Clauzel. Une ordonnance du roi du 21 mars 1831, en confirmant cet arrêté dans son ensemble, y apporta quelques modifications. Le bataillon semblait alors destiné à faire uniquement le service de troupes légères, et on dut s'occuper de donner aux soldats les seuls éléments d'instruction militaire compatibles avec leurs habitudes antérieures et avec la vie active qu'ils menaient. — Quelques avantages offerts aux officiers, sous-officiers et soldats de l'armée permirent d'apporter tout le choix désirable dans la formation du cadre du bataillon, dont une faible partie fut composée d'officiers et sous-officiers indigènes. — Un second bataillon avait été créé le 22 décembre 1830 ; la même ordonnance du 21 mars en régla l'organisation. Enfin l'ordonnance du 20 mars 1837 prescrivit l'organisation d'un troisième bataillon de zouaves.

La même année, 11 novembre, fut décidée la réunion en un seul corps, sous le commandement d'un colonel, des trois bataillons successivement organisés ; ceux-ci furent réduits à deux bataillons par décision du 21 décembre 1838, portant que le corps pourrait être reconstitué en trois bataillons, lorsque son recrutement en soldats indigènes nécessiterait cette augmentation de cadre. — En 1851, le régiment des zouaves fut de nouveau porté à trois bataillons, chaque bataillon à neuf compagnies, dont une au dépôt. — L'ordonnance du 8 septembre 1841 l'autorise à recevoir des indigènes, qui, au lieu de former, comme dans l'origine, trois compagnies isolées et distinctes, sont réparties dans toutes les compagnies. L'effectif de ce corps, qui peut, au besoin, être augmenté de deux compagnies par bataillon, se compose de deux mille à deux mille quatre cents hommes, officiers compris.

Aujourd'hui on compte dans l'armée quatre régiments de zouaves, dont un de la garde. Ces régiments sont composés de Français.

L'uniforme des zouaves est celui de la milice turque, à quelques légères modifications près. Les marques distinctives des officiers dans la petite tenue sont les mêmes que dans l'arme des hussards. Dans leur grande tenue ils ont l'épaulette et l'aiguillette sur la tunique bleue.

Il est reconnu aujourd'hui que certains peuples d'une haute antiquité étaient vêtus d'un costume à peu près semblable, témoins les habitants de la Vieille-Armorique qui le portent encore. De nos jours, en effet, les paysans Bas-Bretons ont encore le pantalon large coulissé sur la jambière; la ceinture, la veste soutachée; ils n'avaient besoin que de se couper leurs cheveux et de se coiffer d'un turban pour ressembler aux zouaves.

CANONS RAYÉS.

L'idée d'augmenter, au moyen de rayures, la justesse et la portée des armes à feu, est pre que aussi vieille que l'usage de la poudre dans nos armées. C'est même à l'Autriche, première victime de l'artillerie nouvelle, qu'appartient, hasard singulier, la gloire d'avoir produit le premier inventeur connu des armes rayées ; mais ces armes ont cela de désavantageux, c'est qu'elles n'impriment pas aux projectiles une aussi grande vitesse que les armes lisses.

Le père Daniel, dans son *Histoire de la milice française*, mentionne un canon qui se chargeait par la culasse.

Lorsque Charles VIII conduisit en Italie cette armée dont la belle ordonnance frappait d'admiration l'esprit observateur de Machiavel, il traînait à sa suite un véritable parc d'artillerie. Ce qui n'était arrivé encore à aucun général.

L'AIGLE

Blason de l'Empire.

L'aigle, comme blason national, fut adoptée en 1804, lors de la proclamation de l'Empire. Napoléon Iᵉʳ, songeant à remplacer l'emblème de nos drapeaux, réunit en aréopage des savants et des hommes politiques, dont les doctes dissertations devaient fixer son incertitude. Quelques archéologues, appelés des premiers à prendre la parole, furent d'avis de maintenir le coq, trouvant dans l'étymologie latine un rapprochement flatteur pour l'amour-propre national, *gallus* signifiant, en effet, *coq* et *Gaulois*.

— Ne me parlez pas du coq! interrompit vivement Napoléon; ce ne sera jamais qu'un oiseau de basse-cour. Il a beaucoup trop d'orgueil pour ses ressources physiques, et, quant à moi, je lui refuserai mon estime, tant qu'il aura peur du renard.

— Il a pourtant quelques titres de gloire, Sire, fit observer un membre du Sénat : n'était-il pas à Lodi, à Arcole, à Marengo?

— Sans doute, reprit l'Empereur; mais cela n'empêche pas qu'il ait passé une fois sous les fourches Caudines, et les Gaulois eux-mêmes avaient si bien senti l'affront, que Vercingétorix, qui se connaissait en honneur non moins qu'en courage, l'arracha de ses guidons, pour mettre à sa place un dragon ailé.

— Sire, objecta un troisième, chez qui il restait un vieux levain de républicanisme, le coq était à Jemmapes, à Valmy, et ces deux noms sont chers au peuple.

— Monsieur, répliqua l'Empereur, il y a pour le peuple quelque chose de plus précieux que le coq : il y a la poule au pot de Henri IV, que j'espère bien lui donner un jour, si Dieu me permet de réaliser mes desseins.

Comme on le voit, les hautes vues du génie n'excluaient pas, chez l'Empereur, les caprices de l'esprit. La remarque, aussi juste que spirituelle, fut unanimement goûtée, et le coq fut jeté à l'écart; tant il est vrai que la roche Tarpéienne est près du Capitole.

Alors les uns proposèrent une salamandre, les autres un léopard, un lion, un dragon ailé, etc.

— Messieurs, reprit Napoléon, il faut renoncer à tous ces emblèmes. La salamandre surmontait l'étendard de François Ier, le plus imprudent, le plus dépensier des rois de notre histoire; ne réveillons pas de pareils souvenirs qui rappellent des guerres iniques et malheureuses. Le lion et le léopard figurent aux écussons de Danemark et d'Angleterre; le dragon ailé s'est, il est vrai, ennobli dans les Gaules; mais il s'est déshonoré depuis sous le Bas-Empire. Tout bien considére, je choisis l'aigle, comme depuis Cyrus, César et nos empereurs carlovingiens.

Quelqu'un ayant fait observer que plusieurs monarchies de l'Europe avaient déjà une aigle à deux têtes, Napoléon dit, en souriant : — Je les ai vues assez souvent, Monsieur, pour ne point l'ignorer; aussi, pour ne ressembler à aucun de nos voisins, nous aurons une aigle avec une tête de moins et des foudres de plus.

Chacun applaudit à la décision de l'Empereur, et l'aigle fut inaugurée comme symbole du blason et des armes de l'Empire, avec acclamation de l'armée et du peuple.

Dans tous les temps, l'aigle a joui de la plus haute fortune. De quels honneurs, en effet, de quelle considération n'a-t-il pas été entouré presque par toute la terre! A quoi de glorieux n'a-t-il pas été associé !

La nature lui a prodigué la force et le courage. La mythologie s'est plu à l'embellir par tous les prestiges de l'imagination. Il est la figure symbolique la plus noble; il brille dans les armes des plus puissantes nations; il est le surnom de plusieurs grands hommes; il fut, chez les anciens, le présage de la victoire et des plus hautes destinées. Enfin, après avoir été le guide des immortelles légions romaines, il est devenu celui des légions françaises, comme aussi la plus honorable décoration de la valeur, du mérite et des vertus.

C'est à juste titre qu'Homère, Pline, Diodore, Athénée, Buffon, donnent à l'aigle le nom d'oiseau royal, ou de roi des oiseaux. Ses qualités physiques et son caractère, si l'on peut employer ce mot, lui assignent ce rang d'une manière incontestable. Mais, en cela, comme en toutes choses, les panégyristes ont été trop loin. Ces mêmes qualités ont été fort exagérées, chez les anciens et les modernes; et beaucoup de croyances populaires, mal fondées, subsistent encore sur l'excellence de sa vue et la supériorité de ses forces. Ces exagérations sont basées, pour la plupart, sur des autorités respectables, mais nullement exemptes d'erreurs, surtout en physique et en histoire natu-

relle. Si l'on en croit Silius Italicus, Elien, et même
Aristote, l'aigle verrait du plus haut des nues au plus
profond de la mer, et ferait la guerre, non-seulement
aux chevreuils, mais encore aux cerfs et aux taureaux.

Cet oiseau redoutable a pourtant été dompté. Léon
l'Africain assure que ses compatriotes l'ont dressé à
la chasse. Marco Paolo, dans sa relation de la Chine,
atteste que l'empereur en avait plusieurs, dressés au
même usage; et, selon Aristote et Pline, les Thraces
et les Romains étaient également parvenus à l'appri-
voiser. On connaît, en outre, le trait vrai ou faux
d'Esope, qui fit enlever des enfants par des aigles,
pour tenir parole à Necténabo, et faire bâtir dans les
airs.

Ces faits, tout étonnants qu'ils paraissent, ne doivent pas nous surprendre, si nous admettons le témoignage de Suétone, de Pline, de Sénèque, de Lampri-
dius, lorsqu'ils affirment que les Romains firent traîner
des chars par des lions et marcher des éléphants sur
la corde.

AIGUILLETTES.

L'aiguillette était le cordon à ferrets qui, au moyen-
âge, soutenait et garnissait la cuirasse. Elle n'était en
usage que dans la cavalerie. L'aiguillette est devenue
de nos jours un ornement à la tenue militaire; elle est
admise dans certains corps d'élite et notamment dans
l'infanterie de la garde impériale.

CAPITAINE.

Du latin *caput*, tête, celui qui marche en tête. Ce
grade fut créé en 1355; il correspondait à celui de colonel qui parut sous Louis XII.

COLONEL.

Du latin *columna* et de l'italien *colonello*, qui signifie chef de colonne. C'est sous le règne de Louis XII que l'on voit pour la première fois le titre de colonel; il s'associait à celui de capitaine. — François Ier, en 1834, le donna au 1er capitaine de chaque corps. La 1re compagnie prit alors la dénomination de la *colonelle*.

HIÉRARCHIE.

Letellier est le ministre de la guerre qui le premier a introduit la hiérarchie dans l'armée. Les divers échelons de la hiérarchie militaire sont exprimés par le mot *grade*. Ce mot est tellement nouveau dans le langage militaire que les écrivains du XVIIe siècle n'en font même pas usage : ils emploient le mot *office* (*officium*) qui a donné naissance à *officier*.

ORIGINE DE LA PLUPART DES MOTS DE TACTIQUE MILITAIRE, ETC.

La langue de la cavalerie et celle de l'escrime sont d'origine espagnole. — La tactique de toutes les milices de l'Europe a emprunté ses expressions à l'Italie. — Les Vénitiens, hommes d'art et de science, ont créé la plupart des mots d'architecture militaire, d'artillerie et de marine. — De Florence nous viennent les expressions qu'emploie l'organisation des armées et la science de l'infanterie. — Les termes de siége et de camp sont d'origine hollandaise. — La jurisprudence des armées a puisé dans la langue allemande.

Quoique le mot *loustic*, tout à fait francisé chez nos soldats, n'ait pas encore l'honneur de figurer au dictionnaire de l'Académie, nul n'ignore chez nous ce qu'est le loustic du régiment. Ce mot nous est arrivé de l'infanterie suisse. Il existait dans les régiments suisses au service de France, avant la révolution de 89, un bouffon par compagnie. Ses fonctions consistaient à distraire les soldats, à les égayer, à les préserver de la nostalgie. Son nom était tiré de l'allemand *lustig*. Le *lustig* se trouvait presque toujours enfant de Paris; quelques-uns venaient de la Gascogne.

Autrefois, le mot *spéculateur* était tout militaire; on désignait par cette expression la sentinelle. En latin *speculator* répondait au substantif *specula*, qui voulait dire *guérite*. Les Byzantins entouraient leurs camps de *specula*, où veillaient des *spéculateurs*.

Dans l'ordonnance du 20 novembre 1651, le mot *factionnaire* est employé pour signifier soldat enrôlé qui est présent sous les armes; factionnaire est le contraire de *passe-volant*.

PREMIER EMPIRE.

—

LA GARDE IMPÉRIALE (1).

C'est dans les sillons de Waterloo que la vieille garde s'est ensevelie avec ses aigles; c'est sur ce champ de bataille, témoin de sa dernière lutte, que les peuples iront chercher les traditions de gloire et de dévouement laissés en exemple aux générations futures par cette phalange de héros.

Pour écrire d'une manière complète l'histoire de la garde impériale, il faudrait retracer toutes les glorieuses campagnes auxquelles elle a pris part. Le cadre alors serait immense, et dépasserait de beaucoup les limites de notre publication. Nous ne nous sommes donc proposé, dans notre travail, que de faire connaître le caractère distinct et l'organisation de la

---

(1) Cette notice a été empruntée à la plume de M. Limagne.

vieille garde, en rappelant ses principaux faits d'armes.

Ce qui distinguait éminemment la garde impériale, c'était une discipline d'autant plus exemplaire, qu'elle était basée, non sur la crainte de la répression, mais sur le sentiment du devoir. En parlant de sa garde, Napoléon avait dit : « Si un corps privilégié ne se comporte pas avec sagesse et mesure, il faut le dissoudre. Je veux avoir des soldats aguerris, mais je ne veux pas des soldats indisciplinés ; quel que fût leur uniforme, ces hommes ne seraient à mes yeux que des janissaires ou de prétoriens. »

Aussi la garde impériale fit-elle constamment l'admiration de tous les autres corps de l'armée, par son austère discipline. La terreur qu'elle inspirait aux ennemis de la France ne pouvait se comparer qu'à l'attachement dont elle était l'objet de la part de la nation. Ses rapports avec la bourgeoisie avaient quelque chose d'intime et de bienveillant.

Lorsque la garde revenait d'une campagne, il fallait la voir traverser nos villes et nos campagnes, partout accueillie par des manifestations d'enthousiasme et d'allégresse ; mais c'était à Paris, surtout, dans la capitale de l'empire, que ce retour était signalé par les plus vives démonstrations. La garde ne rentrait dans ses casernes de l'École-Militaire, de Babylone, de Rueil et de Courbevoie, qu'après avoir passé sous des arcs de triomphe improvisés, et s'être assis à de magnifiques banquets.

Le 25 novembre 1807, à son retour des campagnes de Prusse et de Pologne, le conseil municipal de la ville de Paris lui vota des couronnes d'or, et la distribution de ces récompenses fut l'objet d'une fête dont les soldats de la garde étaient les héros. A une allocution de M. Frochot, préfet du département de la Seine, le maréchal Bessières, qui commandait la garde impériale, fit la réponse suivante que nous transcrivons, parce qu'elle vient à l'appui de ce que nous venons de dire de ce corps d'élite.

« Monsieur le préfet, et vous, messieurs les membres du conseil municipal de la Seine, ces couronnes dont vous décorez nos aigles, cet arc de triomphe, toute cette pompe brillante pour célébrer le retour de la garde impériale, sont une nouvelle preuve de votre affection pour l'Empereur, un hommage éclatant rendu à son armée.

« Les amis de cette grande famille militaire vont se retrouver avec ravissement dans le sein d'une cité dont les habitants ont constamment rivalisé avec eux d'amour, de dévouement et de fidélité pour notre glorieux Empereur. Animés des mêmes sentiments, la plus parfaite harmonie existera toujours entre les habitants de la bonne ville de Paris et les soldats de la garde impériale.

« Tels sont, messieurs, les sentiments qui animent la garde impériale; je m'estime heureux de vous les exprimer en son nom. »

L'Empereur, dont la sollicitude pour sa garde était extrême, ne pardonnait jamais les rares infractions à la discipline qui purent avoir leur cause dans l'enivrement de la conquête. Le pillage, à ses yeux, était sans excuse. Toute l'armée le savait, et la garde donna constamment l'exemple, sous ce rapport, de la plus haute moralité.

Ainsi, à Smolensk, le payeur de la garde confia à de simples grenadiers les valeurs en or qui composaient le trésor particulier de l'Empereur, et qui s'élevaient à deux millions. De l'autre côté de la Bérézina, la somme fut remise intacte, moins 1,400 fr. Le soldat qui était porteur de cette somme avait perdu la vie dans le dernier engagement.

Ainsi, à Wilna, les uns défendirent jusqu'à la mort les caissons du trésor; les autres s'emparèrent de tout l'or qu'ils purent emporter, pour le remettre plus tard entre les mains du premier payeur.

Mais ce n'était pas seulement dans les camps et à l'armée que la discipline de la garde impériale était admirable. Elle se manifestait aussi dans l'existence paisible de la garnison.

Le duel était extrêmement rare parmi les soldats de la garde; et s'ils intervenaient parfois dans ces com-

24.

bals singuliers, c'était presque toujours comme témoins, et pour réconcilier les adversaires.

Les cas d'ivresse étaient également très-rares. Dans
leurs rapports journaliers et réciproques, les soldats
de la garde conservaient toujours une certaine dignité.
Le tutoiement n'était pas reçu, excepté entre ceux
qui partageaient le même lit. Napoléon seul s'était
réservé le privilége de tutoyer les soldats de la garde,
ceux-là surtout qui avaient fait les campagnes d'Italie
et d'Egypte avec lui; mais il tutoyait rarement un
officier. Il fallait, pour qu'il lui donnât cette marque
de bienveillance, qu'il le connût de longue date. Aussi
disait-il, en plaisantant, que *ses Egyptiens étaient un
peu collets-montés entre eux.* En effet, dans les can-
tines de la garde, ces propos grossiers, ces épithètes
mal sonnantes qu'on est convenu d'appeler des propos
de corps de garde, étaient formellement interdits. On
causait à voix basse, on discutait sans passion, et si
quelques chansons se faisaient entendre, c'étaient des
chansons franchement populaires ou guerrières.

Les dépenses des officiers de la garde étaient fort
élevées; mais, grâce à la munificence de l'Empereur,
ils se trouvaient en mesure de tenir un train en rapport avec le grade qu'ils occupaient dans la hiérarchie
militaire. Le grand et le petit état-major étaient à eux
seuls un étincelant spécimen du luxe qui régnait dans
ce corps tout exceptionnel. Les jours de grandes parade, l'état-major général de la garde apparaissait
en tête des régiments comme une nappe d'or toute
ruisselante de broderies, de plumes et d'acier. Les
colonels-généraux, avec leur habit de velours brodé
d'or sur toutes les coutures, et leurs insignes éblouis-
sants, marchaient en avant de ce magnifique état-
major.

L'uniforme des musiciens de la garde était aussi
très-riche; mais c'était surtout le tambour-major des
grenadiers à pied qui était le type de la splendeur
guerrière. L'habit de ce sous-officier, dont la taille
atteignait six pieds, ne coûtait pas moins de 30,000 fr.
Ce costume n'était que broderie des pieds à la tête,

ce qui fit dire aux dames de Vienne, en 1809, lors de l'entrée triomphale de la garde impériale dans la capitale de l'Autriche, que « le tambour-major eût été un meilleur prisonnier à faire que l'Empereur lui-même. » En effet, Napoléon, si exigeant quant à la richesse de l'uniforme des officiers-généraux de sa garde, avait fait cette campagne avec un uniforme complet des chasseurs à cheval de sa garde, usé, rapiécé, et une redingote grise qui ne valait pas 30 fr.

La tenue sévère des soldats de la garde contrastait admirablement avec le luxe de son état-major. « C'étaient, comme l'a dit avec un rare bonheur d'expression un écrivain populaire, M. Marco de Saint-Hilaire, les soldats d'Alexandre avec l'éclat des troupes de Xercès. »

« Napoléon était jaloux de sa garde comme un avare de son trésor, a écrit le même auteur. — Mes grognards sont-ils contents?... de mandait l'Empereur lorsqu'il était en campagne. Et la réponse des chefs de corps était presque toujours affirmative. A Paris, les jours de gala, de cérémonie ou de solennité nationale, la garde occupait le premier rang. Dans les bals qui avaient lieu l'hiver aux Tuileries, la musique du premier régiment des grenadiers à pied avait son orchestre dressé dans les salons de Mars. Napoléon, qui aimait à voir danser, n'aurait pas eu, comme on dit vulgairement, du cœur à la danse s'il n'eût reconnu dans les exécutants ces visages basanés qui jouaient les airs patriotiques sur nos champs de bataille avec autant de sang-froid et d'ensemble qu'ils exécutaient à la cour les gavottes, les contredanses et les valses. A ces bals, tous les officiers de la garde étaient habituellement invités, à partir du grade de commandant. Aussi, n'était-il pas rare de voir figurer au même quadrille un officier d'artillerie légère en face d'un sénateur ou d'un conseiller d'Etat, et un officier de grenadiers en face d'un ambassadeur ou d'un membre de l'Institut. » La sollicitude de Napoléon pour les officiers de sa garde se révélait en toutes choses. Non content de pourvoir à leur bien-être matériel comme militaires, il cherchait aussi, par les dispositions les plus délicates, à assurer leur avenir comme citoyens. C'est ainsi qu'au milieu des plus graves occupations, des plus terribles chances de la guerre, il ne dédaignait pas de s'occuper du mariage des généraux ou officiers. Il se faisait donner, par les préfets, la liste des jeunes personnes riches et appartenant à l'ancienne aristocratie, et souvent il concluait ainsi une union à l'insu même de celui qu'il voulait marier. Par une grande et féconde idée politique, Napoléon voulait enter ainsi la nouvelle noblesse sur l'ancienne, et de ses rameaux divers ne former qu'un seul et même tronc. Là ne s'arrêtait point sa prévoyance; si l'officier n'était pas assez riche pour la femme qu'il voulait lui faire épouser, il le dotait. Tout cela se faisait en huit jours, avec calme et discrétion. Souvent aussi il tenait sur les fonts baptismaux les enfants de ses officiers. Un jour il nomma jusqu'à vingt-quatre enfants qui appartenaient aux généraux et aux colonels de sa garde. Le cardinal Fesch, son oncle, lui dit un jour, à cette occasion, qu'il était le prince le plus pieux de la chrétienté, puisqu'il ne cessait ainsi de faire des chrétiens.

« Vous avez raison, monsieur le cardinal, lui répondit l'Empereur en souriant; je fais d'une pierre deux coups, car j'en fais aussi des soldats. Eh! ajouta-t-il en relevant la tête, qui oserait un jour porter le nom de Napoléon s'il n'avait été soldat? « Puis, quand ces enfants atteignaient l'âge de huit à dix ans, il les plaçait dans des lycées et pourvoyait aux frais de leur trousseau. Napoléon ne mettait dans ces grâces, si abondamment répandues, ni vanité ni ostentation.

« Ces hommes-là, disait-il encore en montrant sa garde, représentent tous les régiments de l'armée : ils sont mes enfants; je veux, je dois agir avec eux comme un père de famille. »

Les enfants de troupe, dans la garde, participaient également aux bontés de l'Empereur. Ces adolescents, qui appartenaient tous à des soldats ou à des sous-officiers, recevaient, sous la surveillance d'officiers pleins de zèle, dans les écoles régimentaires créées pour eux, des leçons de lecture, d'écriture et d'arithmétique. Devenus plus âgés, Napoléon les envoyait au bataillon d'instruction de la garde, établi à Fontainebleau, d'où ils sortaient sous-officiers et quelquefois même officiers. Quelques-uns de nos meilleurs généraux d'aujourd'hui sont sortis de cette école de Fontainebleau, que Napoléon appelait à juste titre *sa poule aux œufs d'or.*

Si Napoléon n'oubliait pas les soldats de sa garde lorsqu'ils étaient près de lui dans sa capitale, entourés de tout le bien-être que leur donnait le repos de la caserne, il les oubliait encore moins lorsqu'ils étaient blessés ou malades. L'hôpital qu'il fonda au Gros-Caillou, d'abord pour la garde consulaire, puis pour la garde impériale, est un monument impérissable de sa sollicitude envers ceux qui lui faisaient chaque jour le sacrifice de leur vie. Napoléon allait quelquefois visiter cet hôpital, où il arrivait inopinément.

Il se faisait rendre compte du régime de la maison, interrogeait les malades et les blessés, leur adressait des paroles d'affectueux intérêt ou de consolante espérance. A sa vue, tous les blessés, tous les malades faisaient retentir les salles du cri de *Vive l'Empereur!* et la croix d'honneur, qui venait décorer quelques-uns d'entre eux, était le baume le plus efficace pour leurs souffrances.

A ce sujet, nous emprunterons à M. Marco de Saint-Hilaire un récit touchant, et dont nous avons été à même de constater la parfaite authenticité.

« Un matin, c'était en 1810, l'Empereur se rend à l'hôpital de la garde; il va et vient dans les salles, et s'arrête devant le lit d'un sapeur du 1er régiment de ses grenadiers à pied.

— Pourquoi es-tu ici? lui demande-t-il. Qu'as-tu? Est-ce qu'un sapeur de ma garde devrait jamais être malade?

— C'est vrai, mon Empereur, repartit celui-ci; aussi j'ai le cœur bon, l'œil excellent et l'appétit solide ; mais c'est la blessure que j'ai au pied gauche qui me fait souffrir comme un damné. Le gros-major, ajouta-t-il en désignant le chirurgien en chef Larrey, veut me couper la jambe et moi je ne le veux pas.

— Et pourquoi cela? fit Napoléon; aurais-tu peur d'une douleur, qui ne dure que deux minutes tout au plus, toi qui dans ta vie as vu la mort plus de dix fois face à face?

— Moi ! peur ! allons donc, mon Empereur, vous voulez rire; nous ne connaissons pas cette maladie-là; mais si je troque ma jambe de chair contre une jambe de bois, je ne pourrai plus vous servir; alors, j'aime autant descendre la garde tout d'une pièce que de risquer de me faire enterrer en détail.

— Et où as-tu reçu cette blessure? demanda Napoléon.

— A Eylau, sire; mais, à Wagram, il m'est arrivé à la même jambe un éclat d'obus, et c'est là ce qui a tout gâté; vous concevez que cette seconde blessure a fait tort à la première.

— As-tu la croix?

A ces mots, le sapeur ramena la couverture de son lit sur sa barbe grisonnante et dit avec un indéfinissable accent de regret :

— Non, mon Empereur.

— Et pourquoi?

— Ah! pourquoi? par le motif que, lorsque vous faisiez les distributions, j'étais à l'ambulance, et que n'étant pas présent sous les armes.....

— Voilà justement le tort que tu as eu, interrompit Napoléon.

— Parbleu! j'en ai bien d'autres, répliqua gaiement le sapeur; j'ai eu celui d'être porté deux fois sur la liste des morts.

— C'est peut-être parce qu'on t'a tué deux fois, répliqua l'Empereur sur le même ton, que tu te portes si bien aujourd'hui.

— Je ne le crois pas, repartit naïvement le sapeur, car il est sûr que ça va mal.

— Et moi, je te dis que ça va bien : je m'y connais mieux que toi, je suppose.

— Si c'est votre volonté, mon Empereur, je ne vais pas à l'encontre.

— Et si je te donnais la croix pour te le prouver?

Ici le vieux soldat joignit les mains en disant d'un ton ému :

— Oh! mon Empereur, bien sûr que la décoration me guérirait totalement.

— Eh bien! je te la donne. Es-tu content?

Le sapeur fit un bond dans son lit et découvrit sa longue barbe sur laquelle tombèrent deux grosses larmes.

— Oh! mon Empereur, si je le suis!

— Mais c'est à la condition, poursuivit Napoléon, que tu te laisseras couper la jambe.

— Tout ce que vous voudrez, mon Empereur, la tête si vous voulez..... Cependant avec une jambe de bois je ne pourrai plus rentrer au corps.

— Ne t'inquiète de rien; tu sais bien que je ne me sépare pas volontiers de vous autres. Je te donnerai un emploi dans lequel tu ne cesseras pas de m'être utile.

Le sapeur se laissa couper la jambe et, une fois en état de marcher, il fut placé par Napoléon au château de Compiègne en qualité de surveillant-forestier. »

Notre auguste Souverain suit les belles traditions de son oncle. Sa sollicitude constante pour la garde et pour l'armée le fait chérir de cette grande famille, l'honneur de la patrie.

ALMANACH CRIMINEL DU GENDARME.

Chaque année on dresse en France le bilan de chaque nature de crimes. Ce thermomètre moral en constate les progressions; il établit qu'à certaines époques on voit se multiplier certains actes coupables qui disparaissent à d'autres phases pour faire place à d'autres actes d'un autre genre. En lisant ce bilan, on arrive à cette conclusion, que l'homme agit sous l'influence de circonstances extérieures, bien plus que sous l'influence d'une conscience pervertie. Sous les brûlants rayons de soleil, certains tempéramments ressentent des ardeurs qui égarent la raison! De là des attentats contre les personnes. Arrive l'hiver : c'est la misère qui devient une mauvaise conseillère. De là, les crimes contre la propriété.

De même que l'on fait des almanachs dans lesquels on annonce à l'agriculteur les mouvements atmosphériques, de même on pourrait établir une sorte de calendrier dans lequel on indiquerait sous quel fâcheuse influence criminelle on se trouve à tel moment de l'année. Ce serait une sorte d'avertissement donné à la gendarmerie : ce serait pour ces militaires un cri de surveillance, un cri de garde à vous.

Ce calendrier pourrait être ainsi formé : janvier, vols sur les chemins publics; février, fausse monnaie et détournement dans les églises; avril, enlèvement de mineurs; mai, vagabondage et mendicité: juin et juillet, attentat aux mœurs; août, incendie; septembre, moment de la reddition des fermages, tromperie, abus de confiance; octobre, falsification, fraude; novembre, assassinat; décembre, vol la nuit dans les maisons habitées.

Ce calendrier nous paraît au moins aussi utile que l'almanach où l'on voit les effets de lune et de marée. On se garderait, en y jetant les yeux, contre cet ennemi commun qui s'appelle le génie du mal.

LES BAÏONNETTES.

Les baïonnettes, cette arme du pas de charge, ce rempart de la frontière, ce gage de toutes les gloires ont couvert l'empire de trophées. C'est en croisant la baïonnette que nos hommes de guerre ont enlevé les positions les plus inexpugnables, ont patronisé le cou-

rage et implanté le drapeau sur tous les sols conquis.
L'étranger devant nos rangs a défilé en colonne de
prisonniers, et nos soldats ont pris pose dans toutes
les capitales; aussi Napoléon disait : « L'histoire des
« baïonnettes, c'est l'histoire de la bravoure. »

L'année 1814 allait se clore lorsque des pelotons de
recrues s'arrêtèrent sur des mamelons des Basses-
Pyrénées, en regard de Bayonne. Là, les officiers
d'escorte firent aligner les apprentis du bivouac devant un champ que les Anglais venaient d'acheter
pour enterrer leurs morts, après l'un de nos combats
à la baïonnette : à cette halte ils abaissèrent leur épée
en disant : « Respect à la cendre des vaincus; » puis
les récits de prouesse ne tarirent point et complé-
tèrent quelques heures de repos.

« Dans l'origine, » disait le sergent instructeur,
« on mettait la baïonnette dans le canon du fusil;
« aujourd'hui on l'adopte à la douille, ce qui n'empê-
« che ni de charger ni de tirer; » et les érudits de
la troupe citaient les plus brillantes charges et prou-
vaient que le savoir patriotique de la France est l'histoire de ses conquêtes.

La ville de Bayonne inaugura en 1670 la défense
d'une place forte par l'usage des baïonnetes; cette
création se maria aux victoires de Louis XIV. En
1671 les fusiliers furent les premiers à s'en servir, et
le régiment *royal artillerie* ne marcha plus sans ce
bastion d'honneur. Les baïonnettes apparurent pour la
première fois en lice de guerre en 1692, dans la campagne de Lombardie; à cette époque c'est à la baïonnette que Turin fut contraint de se soumettre, et depuis, que de fois l'ennemi a déposé les armes devant
nos carrés de baïonnettes!

Tous nos grands capitaines ont manœuvré comme
soldats, et l'ennemi est venu amortir ses coups quand
nous avons serré nos rangs et rendu la gloire com-
pacte. Il n'y a pas une bataille où l'action des baïonnettes n'ait déterminé la victoire; c'est l'arme du
champ d'honneur; c'est l'arme du prodige; avec elle

on combat; on triomphe, et on est en repos devant le péril.

Latour d'Auvergne ne voulut, au passage des Alpes, que la grenade et la baïonnette pour insigne de succès; il prisa au-dessus des épaulettes le titre de *premier grenadier de France*. Masséna soutenait en croisant la baïonnette le premier feu de l'ennemi; puis en criant : « En avant! » il frayait route aux cohortes de France.

Le siège de Manheim avait retardé la marche de l'armée de Sambre-et-Meuse, Pichegru fit une sommation en tête des baïonnettes, et Manheim capitula et se déclara pour nos armes. Alcmaer, cette presqu'île du Helder, était occupée par le duc d'York et par l'armée anglo-russe; Brune s'avance, et le prince capitule; il nous renvoie pour rançon 8000 prisonniers de guerre, et la Hollande est perdue pour l'Angleterre.

Oudinot, à Reggio, culbuta les Autrichiens et agrandit son nom par les baïonnettes; et Soult, après avoir fait à Memmingen comme à Zurich sa faction de soldat pour observer l'ennemi, reprit, quelques heures après, le commandement de l'armée, et ramena pour butin, les prisonniers, l'artillerie et les bagages conquis à la baïonnette.

Montebello et le prince de la Moscowa avaient pour oreiller, sur leur lit de camp, un faisceau de baïonnettes enlevées à chaque engagement à l'ennemi; et chaque jour les capitulations imposées par Napoléon étaient signées à la pointe des baïonnettes. Mack commandait à Ulm 80,000 Autrichiens, et en moins de quinze jours ces 80,000 hommes capitulent et se rendent prisonniers devant les baïonnettes de l'empire.

Toutes les journées de défaite furent le tribut des baïonnettes : le général Gillinger tenait Vérone avec une garnison de cinq mille hommes; il capitule, rend son épée, et l'archiduc Charles fait battre la retraite.

Murat frappe aux portes de Vienne, et les habitants, laissés à eux-mêmes, sans prévisions de guerre, font un appel à tous les courages; mais tous les courages capitulent devant nos bataillons croisant la baïonnette.

Augereau bat Jellachich dans les défilés de la Forêt-Noire; il force les Autrichiens à Lindau, à Bregentz, et la capitulation de Doernberg est faite sous le pas de charge; elle nous laisse en possession de tout le Voralberg, de Feldkirch et de Rudenz.

Chaque coup de baïonnette enlevait une redoute, abattait une muraille. Erfurth, Ratkau, Magdebourg, furent amenés à capitulation : à Erfurth, quatorze mille Prussiens furent faits prisonniers, le prince d'Orange et le maréchal Moellendorf furent conduits au camp français, avec cent pièces d'artillerie qui servaient d'escorte à leur défaite. A Ratkau, Blücher et le duc de Brunswick, dix généraux, treize mille hommes, se rendent à discrétion, et l'Allemagne s'enveloppe dans un grand linceul. Magdebourg, la place la plus forte de la Prusse, laisse entamer ses bastions : vingt généraux, vingt mille hommes et sept cents pièces de canon tombent au pouvoir de dix mille baïonnettes.

Les redditions se succèdent. Gameln, sur le Weser, en deux heures est soumis aux Français; puis à Nienburg une capitulation est faite; et Glogau, capitale de la Basse-Silésie, se rend comme un seul homme, avec armes et bagages.

L'ennemi n'a pas le temps de relever ses ponts-levis : Schweidnitz, Dantzick et Kœnigsberg, sont pris en un mois, comme des places ouvertes.

Les Français marchent et abattent : Glatz et Kosel subissent la loi du vainqueur.

Ce n'est pas assez pour le drapeau de l'aigle : Stralsund et Rugen sont réduits et capitulent; puis les clefs de Laybach, Flessingue et Dresde sont appendues à nos baïonnettes.

La victoire est rapide comme le pas redoublé : Stettin, Modlin et Torgau demandent des traités, et les scellent par la remise de leurs garnisons, et ces garnisons accumulent dans nos cantonnements des milliers de prisonniers, qui arrivent sur la traînée de la grande épée de Napoléon.

Les baïonnettes résumèrent l'action de toutes les batailles, elles formèrent la garantie de tous les traités; elles sont restées les armoiries de la grande armée.

De nos jours cette arme terrible n'a rien perdu de sa vigueur dans les mains de nos soldats.

Les escarpements de l'Alma ont été enlevés par la division Bosquet à Inkermann. — Le 6e de ligne, par une charge à la baïonnette, a dégagé son drapeau enveloppé par les Russes.

L'enlèvement des cimetières par la légion étrangère et les voltigeurs de la garde a été le résultat d'une charge à la baïonnette.

La prise du Mamelon-Vert et des Batteries-Blanches ont succombé sous des charges à la baïonnette.

La défense de la gorge de Malakoff par les zouaves de la garde, a été faite par la baïonnette.

L'enlèvement du pont du chemin de fer et de Ponte-Nuovo dit Magenta, par des charges à la baïonnette des zouaves de la garde et du 3e grenadiers.

La position de Palestro enlevée par le 3e zouaves, toujours à la baïonnette.

La ville de Mélégnano a été enlevée par le corps du maréchal Baraguay d'Hilliers, et c'est encore et toujours par une vigoureuse charge à la baïonnette.

ADDITION AU SALUT MILITAIRE.

Le salut s'adresse à des villes, à un pavillon, à des signes vénérés, etc., etc.

Il a été d'une politesse recherchée de ne remettre une missive, un message qu'à la pointe d'une épée, d'une pique, d'une baïonnette; c'est pourquoi des lettres se fermaient avec des rubans ou des lacets de soie, et l'usage de présenter les armes pour saluer n'a pas d'autre origine que l'ancienne manière de cacheter les enveloppes. On a salué en s'inclinant et en ôtant le chapeau depuis qu'il est devenu tricorne, car le chapeau rabattu, ou à la Henri IV, ne se quittait pas même à table; s'en débarrasser eût été une impolitesse de la part d'un militaire envers un chef: moins l'on était élevé en grade, et plus le chapeau devait rester cloué. On le tenait bas, si on parlait au roi, ou à un supérieur; on y portait la main, si on prêtait l'oreille aux ordres ou aux discours d'un chef. Si on a salué du chapeau, c'est parce qu'il s'est retroussé à cornes. S'il s'est relevé à cornes, c'est pour qu'on pût se débarrasser d'un chapeau dans les temps de grandes chaleurs. (V. p. 378.)

FIN DES MÉLANGES.

VIᵉ PARTIE.

PROCÈS-VERBAUX FICTIFS.

NOTIFICATION D'UN MANDAT D'AMENER (1).

Ce jourd'hui, vingt octobre mil huit cent, etc.

Nous Goujon (Pierre) et Hervaux (Philippe), gendarmes à la résidence de..., revêtus de notre uniforme; en vertu de l'ordre de notre maréchal des logis, agissant pour l'exécution d'un mandat d'amener décerné le dix-sept du courant par M. le juge d'instruction au tribunal de première instance du département de la Seine, nous nous sommes transportés au domicile du nommé, etc., auquel parlant à sa personne, nous avons notifié le mandat d'amener dont nous étions porteurs, que nous lui avons, à cet effet, exhibé en original et dont lui avons laissé copie, le requérant de nous déclarer s'il entend obéir audit mandat. Ledit sieur Nicolo a répondu qu'il était prêt à nous suivre. En conséquence, nous l'avons conduit devant ledit juge d'instruction (2), et nous avons dressé procès-verbal en double expédition, dont l'une a suivi le prévenu, et l'autre a été adressée hiérarchiquement à M. le chef d'escadron commandant la compagnie.

Fait à ..., les jour, mois et an que dessus.

(1) Aucun mandat, jugement, etc., ne peut être mis à exécution sans la réquisition du procureur impérial. L'ordonnance du juge d'instruction ne suffit pas, à moins que ce magistrat n'agisse seul en cas de flagrant délit.

(2) Si le mandat devait être décerné par un magistrat de l'arrondissement; dans le cas contraire, il serait conduit au chef-lieu de la lieutenance, devant le procureur impérial qui fera déposer le mandé à la prison d'arrêt.

PROCÈS-VERBAL DE CONTRAVENTION A LA GRANDE VOIRIE.

Cejourd'hui, vingt-cinq octobre mil huit cent, etc.

Nous, Picot (Frédéric) et Hozel (Pierre), gendarmes à la résidence de..., étant en tournée de communes conformément aux ordres de nos chefs, nous trouvant à l'entrée du lieu dit le..., nous avons remarqué sur la route impériale, n° 20, qu'un énorme amas de fumier d'environ cinq mètres cubes y avait été déposé.

Les renseignements que nous avons pris nous ayant fait connaître que cette contravention était du fait du nommé Tétard (Claude), nourrisseur audit..., nous nous sommes rendus à son domicile, et lui ayant donné connaissance de l'objet de notre visite, nous l'avons sommé de faire enlever immédiatement le fumier qu'il avait déposé (ou fait déposer) à l'endroit de la route que nous lui avons désigné, et nous lui avons ensuite déclaré procès-verbal que nous avons redigé en double expédition pour être, une adressée hiérarchiquement à M. le chef d'escadron commandant la compagnie, et l'autre à M. le sous-préfet de...

Fait et clos à..., les jour, mois et an que ci-dessus.

SIGNIFICATION D'UN MANDAT D'ARRÊT OU D'UNE ORDONNANCE DE PRISE DE CORPS.

Cejourd'hui vingt octobre mil huit cent, etc.

Nous, Goujon (Pierre) et Hervaux (Philippe), gendarmes à la résidence de..., revêtus de notre uniforme, en vertu d'un mandat d'arrêt décerné le 15 de ce mois par M...., juge d'instruction près le tribunal de première instance du département de la Seine, contre le nommé Maigrot (Pierre), demeurant à Colombes, inculpé de vol qualifié, nous nous sommes transportés dans ladite commune, au domicile du sieur..., auquel, parlant à sa personne, nous avons signifié le mandat d'arrêt dont nous étions porteurs; et, après lui avoir exhibé l'original et lui en avoir remis copie, nous l'avons saisi et arrêté au nom de la loi, et l'avons conduit de suite à la maison d'arrêt de la ville de..., où nous l'avons écroué sur les registres de la geôle, en y inscrivant le mandat d'arrêt décerné contre lui et l'avons laissé à la charge et garde du concierge; et nous avons rédigé le présent procès-verbal en double expédition, pour être, l'une, adressée hiérarchiquement à M. le chef d'escadron commandant la compagnie, et l'autre déposée au greffe avec ledit mandat.

Fait à..., les jours, mois et an que d'autre part.

(Signalement.)

PROCÈS-VERBAL D'ARRESTATION EN VERTU D'UN JUGEMENT.

Cejourd'hui, vingt janvier mil huit cent, etc.

Nous, Ferou (Emmanuel), brigadier, et Gulo, gendarme, tous deux à la résidence de..., revêtus de notre uniforme et agissant en vertu des ordres de nos supérieurs, et d'une réquisition de M. V..., procureur impérial de l'arrondissement de C... pour l'exécution d'un jugement rendu le cinq du courant par le tribunal de première instance dudit arrondissement, qui condamne à un mois de prison pour vol, le sieur G..., etc.

Assistés de M. l'adjoint de cette commune (1), nous nous sommes présentés au domicile dudit G..., et parlant à sa personne, nous lui avons donné connaissance de l'objet de notre transport, et lui avons signifié et donné lecture du jugement rendu contre lui.

En conséquence, nous avons fait sommation au nom

_____

(1) Le mandat d'arrêt peut, à la rigueur, être exécuté sans la présence d'un officier municipal. Cependant il est plus régulier de requérir cette présence.

de la loi audit G... de nous suivre à la maison d'arrêt, où nous l'avons écroué et laissé à la garde du concierge.

Fait et clos le présent procès-verbal rédigé en double expédition, dont l'une sera annexée à l'extrait de jugement, et l'autre adressée hiérarchiquement à M. le chef d'escadron commandant la compagnie.

A R..., les jour, mois et an que dessus.

PROCÈS-VERBAL CONSTATANT UN DÉLIT FORESTIER.

Cejourd'hui, vingt-cinq mai mil huit cent, etc.

Nous, Eléard (Jean) et Gilaux (Félix), gendarmes à la résidence de..., revêtus de notre uniforme, faisant une tournée dans la forêt de..., étant arrivés près de l'endroit dit la *Pyramide*, nous avons vu le nommé, etc., qui ébranchait, à l'aide d'une serpette de quatre décimètres de longueur, un arbre, essence de chêne, de l'âge de cinq ans environ et de six décimètres de circonférence, mesuré à un mètre du sol. Lui ayant représenté qu'il était défendu d'ébrancher les arbes sans y être autorisé, il nous a répondu qu'il n'ignorait pas cette circonstance, mais qu'il pensait échapper à notre surveillance ; nous avons alors saisi la serpette dont ledit... était porteur, et l'en avons établi séquestre pour la représenter en justice, et nous lui avons ensuite déclaré procès-verbal, que nous avons rédigé en double expédition pour être, l'une adressée à l'administration forestière et l'autre hiérarchiquement au chef d'escadron commandant la compagnie.

Fait à..., les jour, mois et an que d'autre part, etc.

Extrait de la circulaire du ministre de la guerre du 22 février 1860.

Les lois protectrices de l'inviolabilité du domicile sont celles que les agents de la police judiciaire doivent respecter avec le plus de scrupule. En omettant les formalités prescrites pour la régularité des recherches judiciaires, et en mentionnant faussement la présence de l'officier municipal, dans le procès-verbal de visite domiciliaire, les gendarmes de la résidence de... ont manqué gravement à leurs devoirs.

Une punition exemplaire leur sera infligée. — (Voir, page 82, *Visites domiciliaires*.)

DÉLITS DE CHASSE.

(V. la loi du 3 mai 1844.)

Les cas principaux et les plus ordinaires où la gendarmerie est appelée à dresser des procès-verbaux de chasse, sont ceux : 1º de chasse sans permis ; 2º de chasse en temps prohibé, avec ou sans permis ; 3º de chasse sur un terrain chargé de récoltes, lors même qu'il aurait eu lieu par le fait du propriétaire ou de tout autre avec la permission de ce dernier, la chasse étant défendue pour tout le monde dans les lieux chargés de récoltes.

La gendarmerie n'est point astreinte à appeler l'inculpé à la rédaction du procès-verbal, ni à lui en donner copie, ni à le faire signer à l'original (Cass. du 14 août 1829).

Les procès-verbaux sont enregistrés dans les quatre jours, non compris celui de la rédaction, conformément à la loi du 22 frimaire an VII, et dans les cinq jours, si le quatrième tombe un jour de fête légale.

Les sous-officiers et gendarmes n'ont à signaler dans leurs procès-verbaux que les engins qui peuvent être saisis ; les chiens, furets et autres objets animés servant à la chasse n'étant pas rangés dans cette catégorie, il devient inutile de les signaler ; on doit se borner à en constater le nombre et l'espèce.

CHASSE SANS PERMIS.

Terrain non dépouillé de récoltes.

(Art. 11 et 26 de la loi.)

Aujourd'hui, le 12 février mil huit cent..., à onze heures du matin, nous, Boily (Joseph), maréchal des logis, et Loquentin (Frédéric), gendarme, à la résidence de Meulan (Seine-et-Oise), revêtus de notre uniforme, faisant une tournée de communes, avons aperçu dans un champ ensemencé d'avoine et non encore dépouillé de sa récolte et appartenant au sieur Charron, un individu à nous inconnu, armé d'un fusil qu'il tenait abattu à peu près horizontalement dans ses deux mains, marchant avec précaution et paraissant guetter le gibier. Nous nous sommes approchés de cet individu, qui était suivi de deux chiens courants, et nous l'avons sommé de nous exhiber son permis de chasse et de nous expliquer comment il se trouvait en action de chasse sur un terrain dont la récolte est encore sur pied. Il nous a répondu qu'il aurait voulu nous justifier de son permis de chasse, mais qu'il l'avait oublié en sa demeure, sise à Paris, rue Popincourt, 7; ajoutant qu'il se nomme Guérin (Auguste), exerçant la profession de maître couvreur. Quant au fait de se trouver sur un terrain non dépouillé de son fruit, il nous a dit, qu'entraîné par l'ardeur de ses chiens, il ne s'est point aperçu être entré sur un terrain dont la récolte n'est point encore faite et dans lequel il n'a aucune permission ni autorisation de chasser (1). Nous avons alors demandé au

_____

(1) Ici, et seulement lorsque le chasseur chasse dans un terrain clos et attenant à une habitation ou dans un terrain non dépouillé de ses fruits, la gendarmerie doit constater s'il y a ou non permission du propriétaire; dans tout autre cas, c'est au propriétaire à exercer une action civile (art. 26).

Dans ces deux cas, le consentement n'est jamais pré-

contrevenant s'il avait quelques papiers à nous représenter touchant son individualité ; sur sa réponse qu'il n'en avait aucun (ou comme ceux qu'il nous a représentés sont insuffisants pour la justification que nous lui demandions), nous l'avons invité à nous suivre par-devant le maire de la commune de Flin, lequel, après l'avoir entendu, l'a laissé libre, en lui enjoignant, toutefois, de s'abstenir de continuer sa chasse ; mais, attendu que le sieur Guérin est en double contravention à la loi du 3 mai 1844, nous l'avons prévenu que nous dressions procès-verbal, comme aussi nous lui déclarions saisie de son fusil entre ses mains, en l'en constituant dépositaire pour le représenter en justice lorsqu'il en sera requis.

Fait et clos le présent procès-verbal qui sera remis à M. le procureur impérial et une expédition adressée à M. le chef d'escadron commandant la compagnie.

A...., les jour, mois et an que ci-dessus.

Signalement du fusil.

Fusil à percussion, canon double à rubans damassés, couleur jonc (rouille d'eau), damasquiné du nom de Guérin ; la crosse forme anglaise incrustée de dessins et vignettes en argent (ces formes sont plus droites que celles du fusil français), représente une tête de sanglier.

TEMPS DE CHASSE PROHIBÉE.

Aubergistes. — Marchands de comestibles.
Lieux ouverts au public.

(Art. 4 et 12 de la loi.)

Aujourd'hui, deux août mil huit cent...., à deux

sumé ; on aura besoin, pour l'admettre, d'une preuve contraire ; mais s'il s'agit d'une pièce de terre dont les fruits n'ont pas à souffrir du passage d'un chasseur, ou d'une simple clôture telles que celles qui entourent les champs dans une grande partie de la France, le consentement sera présumé.

heures vingt minutes de relevée, nous Aubertin (Eugène) et Verdier (Louis), gendarmes à la résidence de Saint-Germain-en-Laye, revêtus de notre uniforme, revenant d'une conduite de prisonniers, passant dans la commune de Vernouillet, nous avons été informés, par la notoriété publique, de l'habitude dans laquelle était le nommé Michel, aubergiste (ou marchand de comestibles), à l'enseigne du *Grand-Monarque*, de se procurer du gibier par des moyens illicites, et qu'il était journellement en rapport avec des individus, braconniers de profession, étrangers à la commune. Sur cette indication, nous nous sommes rendus chez ledit Michel, et, nous adressant à sa personne, nous lui avons demandé s'il n'avait pas, dans les dépendances de son établissement, aucun objet de consommation de la nature de ceux prohibés par la loi. Il nous a répondu négativement. Nonobstant cette réponse, nous avons parcouru avec lui les différentes localités de son habitation, et, étant entrés dans une pièce au rez-de-chaussée qui tient lieu d'office, nous avons trouvé une poule faisande et deux cailles mortes, mais encore couvertes de leurs plumages.

Interpellé par nous sur l'origine de la possession de ces trois pièces de gibier, dans cette saison où la chasse est prohibée, Michel nous a répondu les avoir achetées ce matin même d'un inconnu, qu'en faisant cet achat il ne croyait pas mal faire, parce que ce n'était point par suite d'une commission de sa part que le vendeur les lui avait apportées et livrées.

Attendu que cette réponse n'est point suffisante, et que d'ailleurs la contravention à l'art. 4 de la loi du 3 mai 1844 est suffisamment démontrée par la détention du gibier sus-mentionné, nous avons déclaré audit Michel procès-verbal, en opérant aussi la saisie de la poule faisande et des deux cailles.

Fait et clos à V..., les jour, mois et an que dessus.

(Signatures des gendarmes.)

Ensuite nous nous sommes retirés devant M. le maire de Vernouillet, lequel, sur notre réquisition et

28.

sur la présentation de notre procès-verbal, nous a délivré une autorisation à fin de remise à l'établissement de bienfaisance de la commune, de la poule faisande et des deux cailles. Dont récépissé.

Fait et clos en double expédition, pour être, l'une remise à M. le procureur impérial, et l'autre adressée hiérarchiquement à M. le chef d'escadron commandant la compagnie.

A V..., les jour, mois et an que dessus.

(Signatures des gendarmes.)

Ce n'est que sur la notoriété publique ou sur des renseignements bien précis que les sous-officiers et gendarmes doivent se livrer à la recherche du gibier dans les maisons où ils sont autorisés à s'introduire. En agir autrement serait mal comprendre l'esprit et la portée de la loi du 3 mai 1844, qui, tout en réclamant une application rigoureuse de la part des agents préposés à surveiller son exécution, repousse tous les moyens qui tendraient, dans leur emploi, à favoriser l'arbitraire. L'invasion d'un lieu ouvert au public n'est pas tellement abandonnée à leur discrétion qu'ils puissent se la permettre sans un but avoué et légal.

CHASSE DE NUIT (1) AVEC PERMIS DE CHASSE.

(Art. 9 et 16 de la loi.)

Aujourd'hui, dix-neuf mars mil huit cent....., à quatre heures du matin, nous, Pivet (Louis) et Germain (Auguste), gendarmes à la résidence de Dammartin (Seine-et-Marne), revêtus de notre uniforme, nous trouvant sur le territoire de la commune de

(1) Le temps de nuit est réglé par l'art. 1037 du Code civil et le décret du 1er mars 1854; cependant c'est une circonstance laissée à l'appréciation des tribunaux dans le cas où il s'élèverait quelques doutes.

Saint-Mard, où nous nous rendions en vertu de l'ordre
de nos chefs, pour y mettre à exécution divers mandats
de justice, nous avons entendu sur notre gauche, à une
distance de cent mètres environ, la détonation d'une
arme à feu. Présumant que ce pourrait être un fait de
chasse, nous nous sommes portés dans cette direction,
et nous avons bientôt aperçu dans la plaine, précédé
de deux chiens courants, un individu occupé à charger
un fusil dont il était armé. Cet individu, dans lequel
nous avons reconnu le sieur Hubert (Félix), domicilié
à Meaux et propriétaire du terrain sur lequel il chas-
sait, était porteur d'une carnassière dans laquelle se
trouvaient un lièvre et une caille fraîchement tués.

Le sieur Hubert, sur notre demande, nous a exhibé
un permis de chasse en règle ; mais, attendu que la
chasse de nuit est formellement interdite par la loi
du 3 mai 1844, nous lui avons déclaré procès-verbal
que nous avons rédigé en deux expéditions pour être
adressées, l'une à M. le procureur Impérial, et l'autre hiérarchiquement à M. le chef d'escadron commandant la compagnie.

Fait et clos à M..., les jour, mois et an que dessus.

CHASSE PROHIBÉE.

Transport de gibier. — *Rébellion* (1).

(Articles 4 et 12 de la loi.)

Aujourd'hui, cinq septembre mil huit cent..., à onze
heures du matin, nous, Pascal (Jean) et Fleuriot (Eu-

---

(1) Dans chaque département, ou dans chaque arrondissement, lorsque la chasse n'aura pas été ouverte à la
fois dans le département. — La loi prévoit ici le cas le
plus ordinaire, et les mots qui semblent comporter le département tout entier dans l'art. 4 n'ont pas été reproduits
à l'art. 12 ; la prohibition de la chasse emporte celle de la
vente du gibier dans toute la localité dont il s'agit.

gêne), gendarmes à la résidence de Louviers (Eure), revêtus de notre uniforme, et revenant de la correspondance de la Chapelle-du-Bois-des-Faux, nous avons rencontré dans un chemin traversant la vallée de Becdalle, territoire de la commune de ce nom, un individu porteur d'un lièvre. Ayant abordé cet individu, nous l'avons questionné sur la possession de cette pièce de gibier. Sur sa réponse qu'il avait acheté ce lièvre au marché d'Evreux et qu'il le portait chez lui, nous lui avons fait observer que, si l'arrêté de M. le préfet en date du premier de ce mois, avait ouvert la chasse dans le département, ce même arrêté en avait excepté l'arrondissement de Louviers; que, de cette exception résultait évidemment l'interdiction de transporter toute espèce de gibier dans l'étendue de cet arrondissement où la chasse reste prohibée, et, qu'en conséquence, se trouvant en délit, nous étions dans la nécessité de nous saisir du lièvre dont il se trouvait détenteur. Après nous avoir fait la remise de cet animal, nous avons demandé au contrevenant de nous décliner ses nom, prénoms, âge, domicile, profession, et de nous exhiber ses papiers. Sur son refus, nous l'avons invité à nous suivre devant M. le maire de la commune de Becdalle, invitation à laquelle il a déféré sans manifester l'intention de faire résistance. Nous le conduisions ainsi, lorsqu'à peine avions-nous marché deux cents mètres, que six individus, de nous inconnus, armés de fusils de chasse, sortant inopinément du vallon, nous barrant la route et nous couchant en joue, presqu'à bout portant nous signifient, du ton le plus impératif, de mettre en liberté le délinquant, menaçant de faire feu si nous n'obéissions pas à leurs injonctions. Attaqués à l'improviste d'une manière si audacieuse, nous avons cherché, mais vainement, à faire comprendre aux auteurs de cet acte de rébellion armée, ce que leur agression avait de criminel; mais les voyant résolus à exécuter leurs menaces, nous avons dû, cédant au nombre et à la force, abandonner notre prisonnier qu'ils ont emmené dans la direction d'Angreville. Libres de nous-mêmes, nous nous sommes rendus en toute hâte à notre résidence, où, après avoir rendu compte à nos chefs (1) des violences dont nous venions d'être l'objet dans l'exercice de nos fonctions, avoir effectué la remise du lièvre au bureau de bienfaisance, nous avons dressé le présent procès-verbal au bas duquel nous donnons le signalement du contrevenant et des six individus.

Fait et clos en double expédition pour être, l'une remise à M. le procureur impérial, et l'autre adressée hiérarchiquement à M. le capitaine commandant la compagnie.

A Louviers, les jour, mois et an que d'autre part.

(Signatures des gendarmes.)

Signalement des individus.

CHASSE SANS PERMIS.

Propriétaire. — Chasse ouverte.

(Art. 11 de la loi.)

Aujourd'hui, mil huit cent..., le vingt-cinq décembre, à quatre heures de relevée, nous Carello (Lucas), brigadier, et Seigneur (Hippolyte), gendarme, à la résidence de Versailles, revêtus de notre uniforme, faisant une tournée pour la répression des délits de chasse, nous trouvant sur le territoire de la commune de Ville-d'Avray, avons remarqué un individu qui, précédé d'un chien couchant, était porteur d'un fusil armé qu'il tenait abattu dans les deux mains, parcourait un champ dans l'attitude d'un chasseur qui guette le gibier. L'ayant rejoint, nous l'avons reconnu pour être le sieur Marlon (Edouard), propriétaire, demeurant à Chaville. Dans sa carnassière à demi-ouverte, nous avons aperçu deux alouettes et une perdrix fraîchement tuées.

(1) C'est à l'officier ou au commandant de brigade à prescrire les mesures d'urgence qui doivent mettre sur les traces de ces individus à placer sous la main de la justice.

: Ayant invité le sieur Marion à nous exhiber son permis de chasse, il nous a déclaré n'en point avoir ; mais qu'au surplus chassant sur son terrain, il croyait pouvoir être dispensé de cette formalité. Nous lui avons fait observer que chassant sur un terrain non clos et non attenant à une maison d'habitation, il lui fallait un permis, bien que la chasse fût ouverte, et que se trouvant dans un champ accessible de toutes parts, il était en contravention avec l'article 11 de la loi du 3 mai 1844, qu'en conséquence nous lui déclarions procès-verbal, comme aussi saisie de son fusil entre ses mains, l'en constituant dépositaire, à la charge de le représenter à toutes réquisitions de justice, et l'avons ensuite invité à s'abstenir de continuer sa chasse.

Fait et clos en double expédition, etc., à Ville-d'Avray, les jour, mois et an que dessus.

(Signatures.)

CHASSE A LA CHANTERELLE.

(Art. 12 et 16 de la loi.)

Aujourd'hui, huit mars mil huit cent....., à trois heures de relevée, nous, Mesme (Alexis), brigadier, et Pourra (François), gendarme à la résidence de Provins, revêtus de notre uniforme, et traversant le territoire de la commune de Mée-de-la-Madeleine pour nous rendre au point habituel de correspondance, nous avons aperçu dans une pièce de terre ensemencée de luzerne, appartenant à M. Picot, propriétaire, une cage ayant environ quarante centimètres de hauteur sur vingt-cinq centimètres de profondeur, renfermant une perdrix, dite chanterelle; nous étant approchés, nous avons découvert, à quelques mètres de distance du lieu où la cage était placée, derrière un petit accident de terrain, un individu porteur d'un fusil double à percussion et armé. Cet individu, répondant à notre interpellation, nous a déclaré se nommer

Gallois (Charles), âgé de quarante ans, marchand de nouveautés, domicilié à Provins, et nous a exhibé un permis de chasse parfaitement régulier. Mais, attendu que le sieur Gallois est inculpé d'un fait de chasse à l'aide d'un moyen prohibé par l'article 12 de la loi du 3 mai 1844, nous avons opéré la saisie de la chanterelle et de la cage, pour le tout être déposé au greffe du tribunal de première instance siégeant à Provins (1).

Fait et clos, etc. (comme ci-dessus).

(Signatures.)

Instruments de chasse prohibés (2).

Les instruments de braconnage prohibés sont : 1° les lacs, lacets ou collets ; 2° les tirasses ; 3° les

_____

(1) Si le chasseur refusait obstinément de livrer sa chanterelle, pour éviter toute scène violente, les gendarmes agiraient prudemment en la lui laissant, mais le refus et les circonstances qui l'accompagneraient seraient consignés au procès-verbal. Les gendarmes peuvent aussi, en raison du trajet qu'ils auraient à faire pour leur service, déclarer la saisie entre les mains du chasseur, ainsi qu'il en est du fusil. La chanterelle sera remise au bureau de bienfaisance dans les formes prescrites au second procès-verbal.

(2) Arrêt de la Cour royale de Rouen, relatif à la constatation par la gendarmerie d'une découverte, dans le domicile d'un citoyen, d'engins prohibés.

10 avril 1845.

Est nul et sans effet le procès-verbal dressé par un garde forestier ou par la gendarmerie, hors le cas de flagrant délit, constatant la découverte, dans le domicile d'un citoyen, d'engins prohibés. Il importerait peu que l'introduction du garde ou des gendarmes dans le domicile eût lieu du consentement du prévenu : hors le cas de flagrant délit, la gendarmerie n'a pas le droit de rechercher, dans le domicile d'un citoyen, des engins prohibés, à moins qu'elle n'y ait été autorisée par ordonnance du

tonnelles; 4° les halliers de fil ou de soie; 5° les nappes; 6° le tramail; 7° la bricole; 8° le traîneau; 9° les pans de rets, etc.

Les lacs, lacets ou collets, sont des petits filets de corde ou de crin, qu'on tend dans les haies, sillons, rigoles ou passages étroits, avec un nœud coulant dans lequel le gibier se prend en passant.

La tirasse est un filet à mailles carrées ou en losanges, dont un côté est bordé d'une corde qui excède chaque bout de la tirasse de deux mètres environ, pour pouvoir la tirer. L'usage de cet engin est défendu, parce qu'il dépeuple trop. L'on y prend des compagnies entières de perdreaux, de cailles, et jusqu'à des lièvres.

La tonnelle ou tombèrelle est une espèce de filet qui a 4 mètres de queue. L'on s'en sert pour prendre les perdrix. On nomme aussi tondelle, une figure de bœuf ou de cheval peinte sur toile, et que le chasseur porte devant lui, autour des perdrix, pour ne pas les effrayer et les faire tomber dans ses filets.

Les halliers sont de longs filets carrés, à mailles carrées ou en losanges. Ils diffèrent de longueur et de hauteur, par leur grandeur, que l'on proportionne à la grosseur du gibier à la prise duquel ils doivent servir. On les tend en ligne droite, le long de piquets espacés d'environ un mètre, dans les lieux et saisons où les différentes espèces de gibier donnent.

Les nappes servent à prendre les alouettes au mi-

juge d'instruction ou réquisitoire du procureur du roi pour autoriser la recherche à domicile.

20 mars 1860.

Le tribunal correctionnel de Lyon vient de décider qu'il y avait violation indirecte du domicile d'un citoyen dans le fait d'un garde champêtre qui, sans être porteur d'un mandat, observait du dehors ce qui se passait dans l'intérieur d'un terrain clos attenant à une habitation, et constatait ainsi un fait de chasse avec des engins prohibés. Un pareil procès-verbal est sans valeur.

roir, les ortolans, les canards sauvages dans l'eau. Ce sont de longs pans de filets carrés et à peu près égaux. On les tend bien raides avec des piquets, en laissant entre les nappes autant d'espace qu'elles en peuvent couvrir en se refermant comme les deux battants d'une porte, ce qui se fait par le moyen de deux cordes attachées au bout des battants, lesquelles viennent se réunir en une, et sont tirées par un homme qui se tient caché dans une loge peu éloignée, d'où il ferme les nappes, quand il voit les oiseaux à portée d'y être enveloppés.

Le tramail est un filet composé de trois rangs de mailles, les unes devant les autres, dont celles de devant et celles de derrière sont forts larges, et le filet du milieu qui s'appelle nappe est de mailles étroites. Il est plus lâche que les deux autres, de façon qu'il s'engage avec le gibier qui donne dans les grandes mailles qui en bouchent l'issue.

La bricole est un filet de petites cordes ou de fil d'archal, qui a forme de bourse.

Le traîneau est un filet qui a les deux ailes fort longues et un bâton à chaque côté, et que deux hommes traînent la nuit à travers les champs dans les endroits où ils ont remarqué qu'il y a du gibier.

Les cages, filets, la taise, la pipée, les trappes, bascules, sont des instruments et des modes de chasse prohibés.

La chasse pratiquée à l'aide d'oiseaux de proie, tels qu'éperviers, faucons, etc., est également défendue.

CHASSE AVEC CHIENS LÉVRIERS (1)

Avec permis de chasse.

(Art. 9 et 12 de la loi.)

Aujourd'hui, huit novembre mil huit cent..., à onze heures du matin, nous Naudet (Félix) et Gerbaud

(1) En terme de chasse, on appelle : chien courant,

(Louis), gendarmes de la résidence du Pont-de-l'Arche, revêtus de notre uniforme, revenant de l'escorte d'un convoi de poudre, étant arrivés à peu de distance de notre résidence, nous avons aperçu deux individus parcourant la plaine et précédés de trois chiens lévriers lancés à toute vitesse sur un lièvre. Ayant rejoint ces deux individus, nous leur avons fait remarquer qu'aucun arrêté préfectoral n'autorisant la chasse à l'aide de chiens lévriers, ils se trouvaient en contravention à l'article 9 de la loi du 3 mai 1844. En conséquence, nous avons invité les délinquants à vouloir bien nous justifier de leur identité; ce qu'ils ont à l'instant fait en nous exhibant successivement leurs permis de chasse; au moyen de cette exhibition, nous avons reconnu que l'un se nomme Muiron (Joseph), âgé de trente ans; le second Blot (Nicolas), âgé de trente-six ans, et le troisième, Fillot

celui qui chasse à la grosse bête et au lièvre; chien d'arrêt, celui qui arrête le gibier; chien couchant, la perdrix; chien allant, gros chien employé à détourner le gibier; chien trouvant, celui qui a un odorat excellent et qui reconnaît le gibier; chien batteur, celui qui parcourt beaucoup de terrain en peu de temps; chien babillard, celui qui crie hors la voie; chien menteur, celui qui cèle la voie pour gagner le devant; chien vicieux, celui qui s'écarte en chassant tout; chien sage, celui qui va juste; chien de tête et d'entreprise, celui qui a un bon flair et qui est vigoureux; chien hardi; chien d'aigail, celui qui chasse bien le matin seulement; chien lévrier, qui chasse de vitesse à l'œil et non à l'odorat; lévrier d'attaque, grand lévrier destiné à courre la grosse bête; chien limier, qui détourne le cerf ou autres grosses bêtes.

Puis encore : chien à belle-gorge, chien bien coiffé, chien bute, chien ourlaux, chien barreur, chien dabaud, chien de change, chien allongé, chien armé, chien époihté, chien ergoté, chien espié, chien étruflé, chien de haut-jour, chien qui a le nez fin, chien de haut nez, chien qui a le nez dur, chien secret.

(Auguste), âgé de vingt-deux ans, tous trois entrepreneurs de maçonnerie, domiciliés à Pîtres. Cette identité établie nous avons à ces trois individus déclaré procès-verbal pour avoir chassé à l'aide d'un mode prohibé.

Fait et clos, etc., Pont-de-l'Arche, les jour, mois et an que dessus.

(Signatures.)

POLICE DU ROULAGE ET DES MESSAGERIES PUBLIQUES.

—

Dispositions applicables à toutes les voitures.

(Articles 4 de la loi du 30 mai 1851 et 1er du décret du 10 août 1852.)

PROCÈS-VERBAL.

Aujourd'hui, trois mars mil huit cent..., à neuf heures du matin, nous, Laurent (Louis), et Hébert (Jean), gendarmes à la résidence de Villejuif, revêtus de notre uniforme, étant en tournée de communes et nous trouvant sur la route départementale n° 7, nous avons rencontré, sur le territoire de la commune de Juvisy, une voiture à deux (ou quatre) roues, attelée de trois chevaux, et ayant un chargement de farine. Nous étant approchés de cette voiture, nous avons cru remarquer que les essieux dépassaient une longueur de plus de deux mètres cinquante centimè-

tres (1), ce dont nous avons pu nous convaincre par
la mesure que nous en avons prise en présence du
conducteur qui a reconnu comme nous, que les essieux
de sa voiture avaient une longueur de deux mètres
cinquante-cinq centimètres.

Attendu que ce fait constitue une contravention à
l'article 1er du décret du 10 août 1852, qui fixe à deux
mètres cinquante centimètres la longueur des essieux
de toutes voitures, nous avons interpellé le conducteur de cette voiture de nous dire s'il en est ou non le
propriétaire, et aussi de nous justifier de son identité,
ce à quoi il a obtempéré en nous exhibant (désigner
les papiers), au moyen desquels nous avons constaté
que le nommé Tiron (Jean) n'est que le charretier du
sieur Melan (Etienne), commissionnaire en marchandises, domicilié à Paris, rue du Chantre, 5, et propriétaire de ladite voiture.

Ceci établi, nous avons prévenu Tiron que nous
dressions tant contre lui que contre son maître, le
sieur Melan, le présent procès-verbal en triple expédition, dont deux seront transmises à M. le sous-préfet

(1) Ou que leurs extrémités dépassaient les moyeux de
plus de six centimètres (ou que la saillie des moyeux, y
compris celle de l'essieu, excédait de plus de douze centimètres le plan passant par le bord extérieur des bandes
(on remarquera qu'il est accordé une tolérance de 0,02,
sur cette saillie, pour les roues qui ont déjà fait un certain service); ou que l'on avait employé pour les bandes
des clous à tête de diamant; ou que les clous employés
pour assujettir les bandes n'étaient pas rivés à plat, ou
qu'ils formaient une saillie de plus de cinq millimètres.

Les contraventions prévues par les articles 3 et 6 de la
loi du 30 mai 1851 ne peuvent, en ce qui concerne les
voitures publiques, ALLANT AU TROT, être constatées qu'au
lieu de départ, d'arrivée, de relais et de station desdites
voitures, ou aux barrières d'octroi, sauf toutefois celles
qui concernent le nombre des voyageurs, le mode de
conduite des voitures, la police des conducteurs, cochers
ou postillons et les modes d'enrayage.

de l'arrondissement, et la troisième hiérarchiquement à M. le chef d'escadron commandant la compagnie.

Fait à Villejuif, etc.

Dispositions applicables à toutes les voitures.

(Art. 8 du décret du 10 août 1852.)

PROCÈS-VERBAL.

Aujourd'hui, trois avril mil huit cent..., à une heure de relevée, je soussigné, Biver (Louis), gendarme à la résidence de Ris, revêtu de mon uniforme, étant en surveillance et me trouvant sur le pont suspendu de cette résidence, j'ai remarqué (1) que le conducteur d'une voiture de roulage, à quatre roues, attelée de cinq chevaux, en avait dételé deux pour le passage du pont.

Ayant abordé le roulier, je lui ai fait observer, qu'aux termes de l'article 8 du décret du 10 août 1852, il était fait défense aux rouliers et autres voituriers de dételer aucun de leurs chevaux lorsqu'il s'agissait de passer sur un pont suspendu, et qu'en vertu de cette prohibition il se trouvait en contravention. Sur mon interpellation, il m'a répondu se nommer Robert (Antoine), propriétaire de la voiture dont il s'agit, domicilié à Villeneuve-Saint-Georges. Après m'être convaincu de la sincérité de sa déclaration par l'examen de la plaque de sa voiture, j'ai, audit Robert, déclaré procès-verbal que j'ai dressé en double expédition, pour être, l'une adressée à M. le sous-préfet

(1) Ou j'ai aperçu une voiture, etc., dont les chevaux passaient au trot ledit pont; ou une voiture attelée de plus de cinq chevaux s'était engagée sur le tablier de la travée, lorsque déjà il y avait sur cette travée une voiture d'un attelage supérieur à ce nombre de chevaux.

26.

de l'arrondissement, et l'autre à M. le chef d'escadron commandant la compagnie.

A Ris, etc.

———

Dispositions applicables aux voitures ne servant pas au transport des personnes.

(Art. 2, paragraphe 2, n° 4 de la loi du 30 mai 1851 et 13 du décret du 10 août 1852.)

PROCÈS-VERBAL.

Aujourd'hui, deux mai mil huit cent..., à trois heures de relevée, nous, Robert (Félix) et Camon (André), gendarmes à la résidence de Corbeil, nous rendant à la correspondance de Ris, par la route impériale n° 14, nous avons rencontré à environ deux kilomètres de cette dernière commune, dix voitures, dites Comtoises, montées sur quatre roues (1) et attelées chacune d'un cheval, marchant à la suite les unes des autres : lesdites voitures n'ayant que deux conducteurs seulement et distribuées en deux convois, dont l'intervalle de l'un à l'autre n'était que de seize mètres environ.

Ayant interpellé les conducteurs de nous déclarer leurs noms et de nous dire à qui appartenaient ces voitures, ils nous ont répondu que le sieur Loriz, commissionnaire à Dijon, en était le propriétaire, déclaration que nous avons reconnue exacte par l'examen de chacune des plaques apposées auxdites voitures, et que, quant à eux, ils se nommaient, l'un

———

(1) Ou sur deux roues et attelées d'un seul cheval (le convoi dans ce cas ne se forme que de trois voitures); ou de trois voitures dont l'une d'elles était attelée de plus d'un cheval (deux voitures forment un convoi, lorsque l'une d'elles est attelée de plus d'un cheval), chaque voiture attelée de plus d'un cheval doit avoir un conducteur.

Gardin (Philippe), et l'autre Fortier (Jacques), au
service du sieur Loriz.

Attendu qu'aux termes des articles 13 et 14 du décret du 10 août 1852, trois conducteurs devraient être
préposés à la conduite de ces dix voitures, de manière
à être distribuées en trois convois, et qu'un intervalle
de cinquante mètres au moins devait être observé
d'un convoi à l'autre, nous avons informé les nommés
Gardin et Fortier que nous allions, tant contre eux
que contre le sieur Loriz, dresser procès-verbal de
cette double infraction au décret précité.

Fait en double expédition pour l'une être adressée
à M. le sous-préfet de l'arrondissement, et l'autre
hiérarchiquement à M. le chef d'escadron commandant la compagnie.

A Corbeil, les jour, etc.

---

*Dispositions applicables aux voitures ne servant pas
au transport des personnes.*

(Art. 3 de la loi du 30 mai 1851 et 16 du décret du
10 août 1852.)

PROCÈS-VERBAL (1).

Aujourd'hui, quatre mars mil huit cent....., à deux
heures de relevée, nous, Toilon (Jacques), maréchal

(1) Toute voiture circulant sur les routes impériales,
départementales et chemins vicinaux de grande communication, doit être munie d'une plaque conforme au modèle prescrit par le règlement d'administration publique
rendu en vertu du n° 4 du 1er paragraphe de l'article 2.

Sont exceptées de cette disposition, conformément à la
loi du 30 mai 1851, article 3 :

1° Les voitures particulières destinées au transport des
personnes, mais étrangères à un service public de messageries;

2° Les malles-postes et autres voitures appartenant à
l'administration des postes;

3° Les voitures d'artillerie, chariots et fourgons appar-

des logis; Urbin (Philippe) et Canelle (Louis), gendarmes, tous trois à la résidence de Nanterre, revêtus
de notre uniforme, revenant d'une conduite de prisonniers, avons rencontré sur la route impériale n° 13, se
dirigeant sur Ruéil, territoire de cette commune, une
voiture de deux (ou quatre) roues, attelée (le nombre
de chevaux), n'ayant pas, en avant de ses roues et au
côté gauche, la plaque métallique prescrite par l'article 16 du décret du 10 août 1852 (1), que ce fait cons-
tituait une contravention à l'article précité, nous avons
fait invitation au conducteur de cette voiture de nous
justifier de son identité, ce qu'il a fait en nous exhibant une lettre de voiture, par l'examen de laquelle
nous avons reconnu qu'il se nommait Verron (Philippe), demeurant à Paris, rue Saint-Denis, n° 40, et
qu'il était propriétaire de la voiture et du chargement.
Cette vérification faite, nous avons déclaré au nommé
Verron que nous allions contre lui dresser procès-
verbal.

Fait en double expédition pour être, l'une adressée
à M. le sous-préfet de l'arrondissement, et l'autre
hiérarchiquement à M. le chef d'escadron commandant la compagnie.

A Nanterre, etc.

tenant aux départements de la guerre et de la marine;

4° Les voitures employées à la culture des terres, au
transport des récoltes, à l'exploitation des fermes, qui se
rendent de la ferme aux champs ou des champs à la
ferme, ou qui servent au transport des objets récoltés du
lieu où ils ont été recueillis jusqu'à celui où, pour les
conserver ou les manipuler, le cultivateur les serre ou les
dépose.

(1) Ou ayant une plaque métallique, dont les caractères
ayant moins de cinq millimètres, ne sont ni apparents
ni lisibles; ou nous avons reconnu que la plaque portait un faux nom; ou domicile faux, ainsi qu'il résulte
de, etc., ou qu'étant dépourvue de plaque, il a déclaré
un nom ou domicile autre que le sien, ou que celui du
propriétaire pour le compte duquel il conduit la voiture.

Dispositions applicables à toutes les voitures.

(Art. 5 de la loi du 30 mai 1851 et 3 du décret du 10 août 1852.)

PROCÈS-VERBAL.

Aujourd'hui, onze mai mil huit cent..., à midi, moi, Cordier (Félix), gendarme à la résidence de la Belle-Épine, étant de planton à la résidence, et revêtu de mon uniforme, j'ai remarqué circluant sur la grande route, dans la direction de Corbeil, une voiture à deux roues (1) attelée de six chevaux. Je me suis porté à la rencontre de cette voiture chargée de marchandises dont je n'ai pu connaître la nature, recouvertes qu'elles étaient par une bâche, et interpellant le conducteur, je lui ai fait observer qu'il ne devait avoir à son attelage que cinq chevaux au lieu de six, conformément à ce que prescrit le décret du 10 août 1852, article 3; qu'en conséquence de cette contravention, je lui enjoignais de me déclarer ses nom, prénoms, et s'il était ou non propriétaire de la voiture; ce qu'il a fait en me justifiant, par l'exhibition de papiers parfaitement en rapport avec l'inscription de la plaque placée au brancard gauche de sa voiture, que cette voiture appartenait au nommé Sivard (Louis), filateur, domicilié à Corbeil (Seine-et-Oise), et que lui, Oudot (Nicolas), n'en était que le conducteur.

Cette opération terminée, je me suis retiré en déclarant audit Oudot que je dressais procès-verbal de

_____

(1) Ou à quatre roues attelée de neuf chevaux, ou à huit chevaux ayant six chevaux de file au lieu de cinq.

Les voitures servant au transport des personnes ne peuvent être attelées de plus de trois chevaux si elles sont à deux roues; de plus de six si elles sont à quatre roues.

Cet article 3 n'est pas applicable sur les parties des routes ou des chemins vicinaux de grande communication affectées de rampes d'une déclivité ou d'une longueur exceptionelle.

sa contravention tant contre lui que contre le sieur
Sivard.

Fait en triple expédition, dont deux seront adressées
à M. le sous-préfet de l'arrondissement, et la troisième hiérarchiquement à M. le chef d'escadron commandant la compagnie.

A la Belle-Epine, etc.

S'il s'agit d'une contravention de la compétence du
conseil de préfecture, copie du procès-verbal est no-
tifiée avec citation, par la voie administrative, au domicile du propriétaire, tel qu'il est indiqué sur la
plaque, ou tel qu'il a été déclaré par le contrevenant,
et, quand il y a lieu, à celui du conducteur. (Art. 23
de la loi du 30 mai 1851.)

---

*Dispositions applicables aux voitures ne servant pas
au transport des personnes.*

(Art. 2, paragraphe 2, n° 5 de la loi du 30 mai 1851
et 11 du décret du 10 août 1852.)

PROCÈS-VERBAL.

Aujourd'hui, trois juin mil huit cent ...., à dix heures du matin, nous, Robert (Etienne) et Philidor
(Auguste), gendarmes à la résidence de Pantin, revêtus de notre uniforme, étant en observation sur la
route départementale n° 17, nous avons vu venir à
nous une voiture à quatre (ou à deux roues) attelée de
quatre chevaux, laquelle voiture ayant un chargement
de balles de coton, bâché de paille.

Examinant avec soin la largeur du chargement, il
nous a paru excéder deux mètres cinquante centimètres. Nous avons alors invité le conducteur à arrêter sa voiture, et nous avons procédé au mesurage de
la largeur du chargement que nous avons trouvé être
de deux mètres quatre-vingt-cinq centimètres. Ayant
interpellé le conducteur de nous déclarer s'il était
porteur d'un permis de circuler avec un chargement

excédant la largeur réglementaire, délivré par MM. les préfets des départements que ce chargement doit traverser, il nous a répondu négativement. Répondant ensuite à notre interpellation, il a dit se nommer Evêque (Philippe), charretier chez le sieur Cauvin (François), domicilié à Paris, rue Saint-Claude, 7, auquel appartient la voiture et le chargement. Vérification faite de cette déclaration par l'inscription portée à la plaque de la voiture, nous avons, tant audit Evêque qu'au sieur Cauvin, déclaré procès-verbal de cette contravention que nous avons rédigé en double expédition, dont l'une sera adressée à M. le sous-préfet de l'arrondissement, et l'autre à M. le chef d'escadron commandant la compagnie.

Fait à, etc.

NOTA. Sont affranchies de toute réglementation de largeur de chargement, les voitures d'agriculture employées au transport des récoltes de la ferme aux champs et des champs à la ferme ou au marché.

Dispositions applicables aux voitures de messageries.

(Art. 24 du décret du 10 août 1852.)

PROCÈS-VERBAL.

Aujourd'hui, premier juin mil huit cent ...., à cinq heures de relevée, nous, Guillaume (Louis), brigadier, et Nollet (Jean), gendarme, à la résidence de Ponthiéry, revêtus de notre uniforme, faisant une tournée pour surveiller l'exécution des lois et règlements sur la police du roulage, nous avons vu venir à notre rencontre une voiture messagerie, estampillée sous le n° 4, attelée de cinq chevaux, sur la banquette de laquelle plusieurs colis étaient chargés (1). Ayant fait

(1) Ou qui n'était pas muni d'une machine à enrayer; ou d'un sabot et d'une chaîne d'enrayage; ou dont la

signe au postillon d'arrêter, et nous étant approchés du conducteur, nous lui avons fait remarquer que la banquette était chargée de (désigner les objets), que ce fait constituant une contravention à l'art. 24 du décret du 10 août 1852, qui interdit de charger aucun paquet sur cette banquette, destinée exclusivement à recevoir des voyageurs, nous lui avons dénoncé procès-verbal après que, sur notre interpellation, il nous a eu déclaré se nommer Féret (Joseph), au service de l'administration Giquet et C°., dont le siège est à Fontainebleau.

Fait en double expédition pour être, l'une adressée à M. le sous-préfet de l'arrondissement, et l'autre hiérarchiquement à M. le chef d'escadron commandant la compagnie.

A Ponthiéry, etc.

Nota. Dans les simples contraventions, il est inutile d'employer les *pourquoi*, les *comment se fait-il?* ou autres locutions semblables; il suffit de constater le fait.

lanterne à réflecteur placée à droite et à l'avant de la voiture, n'était point allumée; ou n'ayant pas dans l'intérieur l'indication du nom et du domicile de l'entrepreneur, etc., etc.

TABLE DES MATIÈRES.

Iʳᵉ PARTIE.

De la police judiciaire.

CHAPITRE Iᵉʳ.

CHAPITRE II.

Objet de la police judiciaire.

CHAPITRE III.

Du flagrant délit.

CHAPITRE IV.

Visites domiciliaires.

CHAPITRE V.

De l'arrestation.

CHAPITRE VI.

Délégation ou commission rogatoire.

CHAPITRE VII.

Mandats.

CHAPITRE VIII.

*Observations générales sur la recherche de quelques
crimes, délits et contraventions.*

CHAPITRE V.

Police administrative dans ses rapports avec les personnes.

Actes de restriction.

Actes de surveillance.

CHAPITRE VI.

Police de l'État dans ses rapports avec l'industrie.

CHAPITRE VII.

Police municipale et rurale.

CHAPITRE VIII.

Instruction sur les secours à donner aux noyants et asphyxiés.

IIIᵉ PARTIE.

CHAPITRE 1ᵉʳ.

Code de justice militaire.

CHAPITRE II.

De la police judiciaire et de l'instruction.

CHAPITRE III.

Commissions rogatoires.

CHAPITRE IV.

Prévôté.

CHAPITRE V.

Désertion.

CHAPITRE VI.

Des crimes, des délits et des peines.

CHAPITRE VII.

Conseils d'enquête.

IVᵉ PARTIE.

Lois, ordonnances et décisions ministérielles ayant un caractère de permanence.

Vᵉ PARTIE.

Mélanges ou simples aperçus historiques.

. . . .

ERRATA.

Page 175, ligne 11, *supprimez l'article :* Passeports à l'intérieur.

Page 176, ligne 11, *supprimez les mots :* autres que e passeport.

Page 158, 12ᵉ ligne, ils, *lisez :* elles.

Page 158, 26ᵉ ligne, ils, *lisez :* elles.

Page 335, 14ᵉ ligne, la bataille, *lisez :* les batailles.

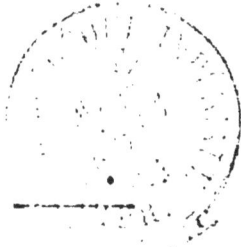

Impr. de Léautey, rue Saint-Guillaume, 23.

www.ingramcontent.com/pod-product-compliance
Lightning Source LLC
Chambersburg PA
CBHW050548270326
41926CB00012B/1969